侯仁之先生为本书初版题名。（摄于2005年8月17日）

走读侯仁之（修订本）

陈光中◎著

当代中国出版社
Contemporary China Publishing House
2017年·北京

图书在版编目(CIP)数据

走读侯仁之 / 陈光中著 . -- 修订本 . -- 北京 : 当代中国出版社,2017. 9
(走读历史名人系列)
ISBN 978-7-5154-0814-9

Ⅰ. ①走… Ⅱ. ①陈… Ⅲ. ①侯仁之(1911-2013)—传记 Ⅳ. ①K825.89

中国版本图书馆 CIP 数据核字(2017)第 222393 号

出 版 人 曹宏举
策划编辑 隋 丹
责任编辑 隋 丹
责任校对 康 莹
封面设计 胡椒设计
出版发行 当代中国出版社
地　　址 北京市地安门西大街旌勇里 8 号
网　　址 http://www.ddzg.net 邮箱:ddzgcbs@sina.com
邮政编码 100009
编 辑 部 (010)66572264 66572154 66572132 66572180
市 场 部 (010)66572281 66572161 66572157 83221785
印　　刷 北京润田金辉印刷有限公司
开　　本 720 毫米×1020 毫米 1/16
印　　张 22.5 印张 1 插页 插图 181 幅 366 千字
版　　次 2017 年 9 月第 1 版
印　　次 2017 年 9 月第 1 次印刷
定　　价 69.00 元

目录

自序

这篇序文，当初本是想请我的朋友——北京大学新闻与传播学院的萧东发教授写的。

15 年前，我由他所引，第一次前往燕南园 61 号拜访侯仁之先生。萧东发教授对我说："你应当写写侯先生。"经他鼓励，终得书成，这其中的经过，他最了解，请他作序，应是最为合适的；交往多年，实为知心好友，若是提出请求，想必不会拒绝。

但是，在写作的过程中，我读到 60 年前洪业先生写给侯仁之的一封信，颇有感触。此事已在书中有所叙述：1945 年抗战胜利前夕，天津工商学院决定出版侯先生的《天津聚落之起源》，他十分高兴，写信给自己的老师洪业先生，请其写序，洪先生当即回信，居然拒绝所请。信中称："廿余年来，友好以著作来命作序文者，无虑数十起，业辄逊谢，弗敢执笔。……吾读书但恐无成，倘博观约取，厚积薄发，而能有述作，当不求人为序。又推己所不欲，勿施于人之言，亦不敢为朋友文字作序耳。"随后侃侃列举古人著书之序，虽风格内容各有不同，"然其有一贯相同者，一律则自己之著作，自己为之序……未见有书成自我，序出友朋，借彼吹嘘，发此幽潜者也。"

对于近世标榜之风日盛的现象，洪业先生深恶痛绝："甚矣，此风之不可不革也！"

▲ 2004 年 12 月 6 日，陈光中（左）与萧东发前去燕南园 61 号祝贺侯仁之先生（中）寿辰。（侯方兴摄）

洪业先生从不请人为自己的著述作序，自己也从不为他人作序，原因很简单："文章千古事，得失寸心知"；"文当无待于外序，实无益于书"。

有洪先生如此言论在，我这本书的"序"，是断然不敢请别人作了！

"序"无定法。如洪业先生所言："……或仅为目录纲要，或仅注意校雠完阙，或复纵论古今著述，或并兼道家人身世，亦自不必一律。"像顾颉刚的《古史辨》，序文，竟长达百页；而冯友兰的《三松堂自序》，为三十万言的长篇回忆录，实为"人生之序"，而非"著作之序"了。

我未曾想、也写不得如此的长序，倒是有些话，想与我的读者谈谈。

这本书，写的是一位学者，一段历史，一门学问。

这学者，自然是侯仁之先生——著名的历史地理学家。

侯先生是长寿之人。出生于辛亥之年，历战争之磨难，经运动之坎坷，始终坚持在科学之路上的艰苦跋涉，而成为一代学术巨擘，那独特的经历，实在是很有些值得追寻探究的地方。

说来也许有些不敬。许多传记中的名人，往往被誉为"自小聪慧过人"的天才，但我认为侯先生不是。

侯先生幼时体弱，竟至几度辍学。若不是慈爱智慧的母亲教子有方，也许难以成才。至于他后来如何成就大业，书中自有介绍，此处无须赘述。但若要究其根本，我认为最重要的一点，是他本人独有的个性。假如仅限用两个字概括，那应当是——坚韧。

自少年时期开始，侯先生最喜欢的体育运动是长跑。从德州博文中学跑到通州潞河中学，再跑进燕京大学的校园而成为全校越野长跑比赛的冠军。在被日寇判刑而流寓津门的时候，在下放江西“五七干校”劳动改造的时候，他都没有中断奔跑的脚步。这已经不仅是身体的运动，更是精神的运动。长跑是需要持久韧性的，而侯先生一生都在不停歇地“跑”！一个以跑步的方式度过人生的人，自然能达到更远、更高的目标。所以，他才一直“跑”上了科学的巅峰。

超过百年的人生轨迹，与百年来国家、民族的风雨历程交织在一起，那其中会有多少诱人、感人的故事！对于历史背景的介绍，自然应当成为这本书的一项重要内容，而身为作者，我更关注的是“长跑”的过程：他在这漫长的路途上，都经历了些什么、想了些什么、做了些什么。但是，让我无奈而感动的，是每次认真的交谈，最后往往变换了方向。在不知不觉间，话题就转到了他的那些老师身上：“顾颉刚老师好极了！洪业老师好极了！”这是他最常说的话。

说来是巧，在每个人生的转折点，似乎都有一位老师的身影在等着他：顾颉刚老师一篇宣传抗日的文章，使他决定放弃学医改攻历史，从而进入燕京大学；洪业老师“择校不如投师，投师要投名师”的肺腑之言，使他从历史走向地理；远赴英伦投至达比教授门下求学，又使他终于迈进历史地理学的大门……当然，还有司徒雷登校长呢，还有夏仁德教授呢，还有冰心先生呢，还有梁思成、林徽因夫妇呢……老师们对他的影响，自然不仅仅局限于学业，更有思想与精神上的熏陶。给我印象最深的，还是那件事情：侯先生被日寇判刑后暂居天津，因意外情况面临再次被捕的危险，正当他不知何去何从的时候，洪业先生带话过来：不能走！就是被判处死刑，燕大人也会知道“侯仁之是为什么而死的”！——洪先生自己就是一个榜样：在日寇的监狱里，他不仅恪守气节，还教诲身边的学生要坚持民族大义，不畏威胁利诱。正是在这些贤师的引领与鞭策下，侯仁之才逐渐走向成熟，在以后漫长的岁月当中，经得起名利的诱惑，抗得住命运的播弄，耐得过长久的寂寞，以坚韧的精神求学治教，不仅成为学术泰斗，还是后辈学子敬崇的楷模。在这一代代杰出的学者身上，我们不难看到，中国知识分子传统的治学之道和气节操守是如何薪火相传、经久不息的。

说到学问，侯仁之的名字是与历史地理学紧密相连的。作为这门特殊学科在中国的奠基人和开拓者之一，侯先生在学科基础理论的建立与实践，以及相关的城市历史地理、沙漠历史地理、环境变迁、城市规划等诸多具体方面，都倾注了极多心血，并取得卓著成果。历史地理学是一门内容精深、理论严谨的科学，要想深入系统而且通俗易懂地介绍这门学问，并非一件容易的事情。我既不是侯先生的学生，此前对历史地理学也一无所知，是完全彻底的外行。为了克服这一严重缺陷，我用了大约一年的时间自学。对我来说，这个学习的过程是既艰苦又愉快的。说它艰苦，是因为不仅要正确理解侯先生本人的学术思想，还必须了解学界各种不同的观点，否则，便不足以全面掌握这门学科的精髓。不过，受学力所限，我也许仅能做到囫囵吞枣、一知半解而已。若是在叙述的过程中出现严重谬误，责任自然应当由我负；只希望读者不致被谬误所累，能正确理解侯先生的学术思想。

而那学习的愉快，则是我事先完全没有想到的。当我逐渐进入历史地理学的领域之后，突然发现，它原来是那样一个新奇而广阔的天地！如果换一种眼光——历史地理学的眼光——去观察我们身处的这个世界，会发现每一件貌似平淡无奇的事物都蕴藏着极为诱人的灿烂光辉。那密林葱郁的冈峦，也许曾是幽深海水下的一堆礁石，是造化之功赋予它如今奇妙的风采；那荒蛮可怖的大漠，也许曾是广袤的良田，是上天的无情摧残加上人们贪婪的掠夺，使昔日的风光为黄沙所掩埋……历史地理学的任务，用达比教授的话来说，就是“重建过去的地理”；用侯仁之先生的话来说，就是“使今日的地理情况还原它原来的面目”。这含义都是一样的。举一个未必适当的例子：从街头那弯腰弓背蹒跚而行的老妇身上寻找并复原她青春少女时期曼妙的身影，是不是一件很有意思的事情？在一个历史地理学家眼里，一处干涸的沟壑、一截残墙的遗址、一座峻峭的山崖、一段废弃的古道……都具有可供深究的丰富内涵。因此，如我在书中所写：“我还是下决心大胆地尝试一下，力求使用虽显浅薄但比较通俗的语言，以引领读者和我一起轻轻揭开遮挡着那个美丽世界的帷幔，看看侯仁之以及许多像他一样勤奋的耕耘者们是如何通过艰辛的劳作，在科学的沃土上栽培出历史地理学这株璀璨的奇葩。”做学问并不是一件枯燥的事情，只要深入进去，其中自有无穷乐趣。如果有读者因为看了这本书而对历史地理学开始产生兴趣，那真是对我最大的褒奖！

这本书的写法，也许并不符合一般传记的规矩，它更像一个长篇的对话：是我以一个作者的身份，与侯先生的文章对话，与侯先生的学问对话，与侯先生的心灵对话。当然，更重要的是与侯先生本人对话。实事求是地说，侯先生并不喜欢写自己，他一再说，希望我不要在他身上“浪费笔墨”，而应当去写那些“真正了不起的人”。此前曾有人想要为他写传，都被他婉言谢绝了。当然，在耄耋之年，能有人帮他回忆、整理那些散失的往事，他还是感到宽慰、感到高兴的。那些年，在燕南园61号小小的客厅里，我曾数十次与他对坐长谈。感谢侯先生的信任，向我述说了许多不为人知的往事，使我得以掌握大量的第一手材料。如果说，在刚开始采访的时候，我还多是出于好奇和崇敬，那么随着时间的推移，则逐渐演化为一种平和的感动。侯先生说自己“是一个平凡的人”，我也力求用一种平凡的语言来写这本书，以抒发我的感动。

侯先生曾说，历史地理学这门学问，“是需要‘读书’和‘行路’的”。这对我的写作是极大的启发。由此开始，我把作者的“亲历、亲写、亲摄、亲绘”作为基本的原则，把“图文并重”作为主要的表现形式，体现“边走、边读、边想、边写”的写作特点，力求在书中人物、作者与读者三者之间形成一种对话的气氛，从而此引发思想与感情的共鸣。我的一些作品以“走读”命名，表达的就是这样一个意思；我也希望，如此有关“走读”的尝试，能够得到读者的认可。

书中配有180余幅照片与插图，其中部分照片由侯先生及其家人提供、部分插图取自侯先生的著作。由于历史的原因，侯先生自己保存的照片所余甚少，现有的这些，无疑是珍贵的历史资料。为了弥补缺憾，我尽可能自己多拍一些照片，以反映侯先生所去过、所提到的那些地方，为此，曾三至天津、一去江西、两赴张家口。我在本书的“后记”中，记述了一些“走读”的经历，其间的感受还是蛮多的。当然，由于客观条件的限制，有一些地方不能亲至，也只能留作遗憾了。我的许多照片拍摄于数年前，经过时间的磨砺，那些景况必然会有很大的改变。也许重新拍摄并非难事，但我不想画蛇添足。就让这些照片作为历史的物证留在这里，而将重新探索的机会留给有兴趣的读者，让他们也有机会品味一下“走读”的乐趣吧。

光阴如梭，距离本书2005年初版，转眼已经过去了十几年。侯先生于2013年10月22日逝世，享年102岁；他的夫人张玮瑛则于2015年10月27日去世，享年100岁；而当初引我走入侯先生寓所的萧东发教授，不幸于2016年4月15日英年早逝，年仅67岁。这怎能不让人感叹岁月之无情、人生之短促！

感谢当代中国出版社有心再版这本传记，不仅是对故人的纪念，还让更多的人有机会了解前贤的故事。感谢编辑隋丹，为这本书付出了艰辛的劳动。为保持原貌，我仅对个别地方进行了修订与补充，没有进行大的改动——包括当初“自序”结尾的那段话，如今读来，似乎更有了一些特殊的意义。

一个人的生命有长短，关键还在于如何有意义地度过。因此，我想节引61年前侯仁之先生为天津工商学院1944年毕业生写下的一段话，作为这篇序文的结语，送给本书的读者：

愿诸君有坚定的事业，愿诸君有不拔的士节，愿诸君有光荣的献身。

2017年5月修改于北京会城门

壹

一 人生之始

出生之时，辛亥风云正炽；幼岁体弱，几不得进学，先母订画报启蒙；少年求学辗转，先德州博文中学，后济南齐鲁大学附中，再通州潞河中学……

——侯仁之

1911 年，为农历辛亥年。这一年在中国的历史上具有十分重要的意义：10 月 10 日，由革命党人发起的武昌起义取得成功，敲响了封建王朝彻底覆灭的丧钟。

就在革命烽烟迅速地在神州大地四处燃起的时候，在华北平原一个普通的小镇上，一个男孩子悄然出生了。

那是 1911 年 12 月 6 日，侯仁之出生于隶属河北省枣强县的肖张镇。这里离他的祖籍所在地——山东恩县庞庄并不太远。

顺便说一句，恩县有着很悠久的历史，因农业发达而著称。至明清时，因其“棉绒细软洁白，为近州县之冠”，而成为声名远播的富饶之地。不过，作为一个行政辖区，它的隶属关系曾有多次变革。远的不说，在 1952 年以前，它曾是属于河北省的，那年 10 月，因省界调整，恩县划归山东。而到了 1956 年，山东省一下子撤销了 24 个县，恩县也在其中，它原有的辖区分别划归如今的平原、夏津和武城三个县了。因此，在现在的中国地图册上，已经没有“恩县”这个地名了。

有趣的是，我通过计算机网络查了一下“恩县”，发现列出的相关条目并不少，竟有 1000 多条！而其中不少内容，居然是归属在“侯仁之”名下的。一个已经消失多年的县名，竟会因为是一位名人的祖籍而得以留存，这也应算是一件很有意思的事情。

▲ 侯仁之的母亲刘毓兰留下的唯一一张照片。（侯馥兴提供）

侯仁之写过许多回忆自己人生历程的文章，但是却很少谈到自己的童年和家庭。对于我们来说，这实在是一个很大的遗憾。根据一些极为简单的文字资料可知，他的父亲侯天成毕业于协和大学，在肖张镇一所教会学校中任教。侯仁之的母亲没有正式进过学校，她的父亲教她学会了识字读书。侯仁之于 1918 年入小学读书，那年刚刚七岁。但是，由于他从小体弱多病，曾经数次辍学。所幸母亲对他给予了最真切的关注，为他订阅了不少画报作为特殊的启蒙教材，还经常讲述《旧约圣经》中的小故事启发他的学习兴趣，使他的学业得以维持。由于父亲工作忙碌，在侯仁之的学习过程中，母亲始终发挥着很重要的作用。

侯仁之还有一个比他小两岁的弟弟，叫侯硕之。母亲一直注意培养他们独立生活和参加劳动的习惯，在他们很小的时候，就要求兄弟俩自己动手洗一些小件的衣服。母亲还让他们在院子里开出一块菜地，种瓜植豆，两个人各管几畦，看谁的收获大。院子里有两条甬道，母亲要求他俩各扫一条，看谁扫得又快又干净。她把两条甬道命名为“津浦路”“京汉路”——这是当时中国最有名的两条铁路，有了这么个象征性的名字，哥儿俩觉得自己像个小火车头，扫得更带劲了。这些，为他俩以后独自去外地求学打下了良好的基础。

▲ 侯仁之老家的庭院。（侯馥兴提供）

1926年，15岁的侯仁之到山东德州博文中学读书。初次接触外面的世界，任何事情都让他感到新奇和兴奋。20世纪20年代，新文化运动推动了中国文学事业的发展，鲁迅、郭沫若、茅盾、冰心……一大批优秀作家的作品极大地影响了当时的青年一代。那时的侯仁之，对文学产生了浓厚的兴趣，读了不少书。他还记得，刚上初中的时候，住在同一间宿舍的同学得到一本新书，是那同学在燕京大学读书的哥哥寄来的，书名叫《超人》，作者是正在燕京大学任教的著名女作家冰心。侯仁之如获至宝，一口气读完了。那是他离家第一年所读到的第一篇小说，对他产生了很大的影响。正如侯仁之自己所说："它好像忽然把我引进到一个心灵中所能亲切感受的新境界，同时也就启发了我广泛涉猎当时正在蓬勃兴起的所谓新文学作品……"他后来所写的许多文章——甚至包括学术著作，都有很优美的文笔，如同一篇篇抒情散文，这与他少年时代所受到的熏陶是分不开的。侯仁之当时完全不会想到，后来自己竟会与这位了不起的女作家结下深厚的友谊。

中学时代的侯仁之已经是一个挺活跃的学生了。博文中学各方面的条件都很好，尤其是学生的体育活动搞得很出色，每个班都有自己的篮球队，经常举行篮球比赛。侯仁之很羡慕，壮着胆子找到篮球队长，想加入球队。可他那时候个子矮小，身体瘦弱，和那些人高马大的篮球队员站在一起，实在太不相称了，因此说了几次人家就是不同意。就连班上的同学分队比赛，双方都不选他。侯仁之赌了一口气，干脆自己练跑步。每天下午课后，围着操场一圈一圈地跑，坚持跑了一冬天，天天不间断。转过年来，学校要举行春季运动会了，班上同学找到他，说："侯仁之，你参加长跑吧！1500 米，怎么样？"他吃了一惊，说："我怎么能长跑？我从来没跑过！"同学说："你当然能跑！我们看见你天天在操场上练来着。"侯仁之一鼓劲，真的报了个 1500 米。比赛时，发令枪一响，他拼命往前冲。操场的跑道一圈是 400 米，跑过一圈，转弯的时候他挺奇怪：怎么旁边一个人都没有了？回头一看，原来所有的人都被他远远地甩在后面了！从那时开始，他的身体就慢慢地好起来了。

除了跑步，侯仁之还很积极地参加各种课余活动。比如初二的时候，他曾经参加过话剧的演出，那话剧叫《山河泪》，看这名字，就知道它是一个宣传爱国主义精神的作品。侯仁之很兴奋地讲给母亲听，她非常高兴，大大地夸赞了一番。侯仁之很受鼓舞，居然根据母亲小时候讲过的一个故事，自己写了一个话剧的剧本《基甸救国》，那是他第一次进行文学创作的尝试。

初三时，侯仁之参加全校演讲比赛，取得第一名的好成绩，他兴奋地写信告诉母亲。母亲高兴极了，她对侯仁之说："如果有一天你能站在讲坛上讲课，我坐在最后一排听也心里高兴！"

遗憾的是，母亲没有等到这一天。侯仁之初中毕业那年，母亲不幸病逝，他怀着悲痛前往济南齐鲁大学附属高中继续学习。齐鲁大学是当时中国13所有名的教会大学之一，下设文理学院、医学院、神学院。父亲让侯仁之到齐鲁大学的附属高中读书，是打算让他将来能进一步到医学院深造，成为一名医生。

然而，当时学潮迭起，侯仁之学业中断，不得不再次回到德州博文中学读高中。

不久，侯仁之的命运发生了一个较大的转折。

由于博文中学尚未在中国教育部门办妥注册，学生不能直接报考大学。因此，侯仁之的父亲便安排他们兄弟俩前去天津，去另一所著名的教会学校——新学中学读书。

新学中学所在地原为“养正学堂”，始建于1864年。1902年，英国基督教伦敦会得到中英庚子赔款董事会的资助，在养正学堂的校址上创办了“新学书院”。1929年教育部对全国私立学校进行注册，因为新学书院不具备大专学校的规模，便改为“新学中学”。

侯仁之还记得，主持面试的是一位名叫埃里克·利迪尔的英国老师。

当时他还不知道，埃里克·利迪尔原是一位著名的运动员，1924年在巴黎参加第八届奥运会的时候，以47秒的成绩打破了男子400米奥运会纪录，夺得该项目的金牌。1925年，利迪尔放弃了优厚的条件和待遇，毅然返回他的出生地天津，到新学书院执教。后来，侯仁之和弟弟一起看过一部电影，这才知道他是一个很了不起的人。那部电影翻译成中文后名为《烈火战车》，说的就是利迪尔成为奥运会冠军的故事。

面试结果，侯硕之顺利录取，而侯仁之却落选了。落选的原因之一，是侯硕之的英语水平好于哥哥；另一个原因，则是侯仁之有意“应付”——他对博文中学有很深的感情，实在不想离开。

不过，继续留在博文中学显然是一件很不现实的事情。1931年夏末，为了实现让儿子将来当医生的愿望，父亲将侯仁之送到河北省的通县，进入另一所很好的中学。他在这里再读一年高中，便可以报考大学了。

那是侯仁之第一次来到北京（那时候是叫“北平”）。他记得很清楚，火车停在前门东车站——那西洋风格的火车站如今仍然矗立在那里，与雄伟的前门相映成趣。当他随着人流走出车站的时候，正是黄昏时分。那带有浓郁异域

▲ 前门箭楼。（摄于 2005 年）

情调的车站钟楼，飞檐凌空气势壮观的前门城楼，造型独特且带有欧式装饰的箭楼，还有高阔浑厚的古城墙，都被金黄色的夕阳抹上了一层耀眼的金色。他的心里激动极了，从那一刻开始，他就与这座古老的都城结下了不解之缘。

不过，他的新学校远在京城东面的通县，从前门到那里还有 40 里路呢。

“通县”如今已经改名为“通州”，成为北京属下的一个行政区，但在 20 世纪 30 年代，尚属河北省所辖。说到通县，历史相当悠久。早在 2000 多年前的西汉初年便已建县，称“路县”。至东汉时改称“潞县”。本是一条“路”，后来却特地加上了“水”变成了“水路”，可见“水”在通县的发展历史中有着极为重要的作用。事实也确是如此。秦朝时，军队就曾利用流经此地的白河作为水道向北部边关输送粮草；而隋朝开通的大运河贯通南北，恰从通县（当时仍称“潞县”）境内穿过，大大促进了当地经济的发展，以至于到了金朝，索性将“潞县”改名为“通州”，要的就是“漕运亨通”的意思。通州借水陆交通之便，很快成为华北地区的重要商埠，竟有“九重肘腋之上流，六国咽喉之雄镇”的美誉。辛亥革命以后不久，它改为“通县”；再后来，时“州”时

"县"多次变换，但一个"通"字总是它固定的名称。

侯仁之就读的那所学校，名为"潞河中学"。其名字的来由似很清晰：一是取自通县的古名"潞"，一是取自了不起的大运河。融古通今，颇有些深意。

这潞河中学可算是一所很有名气的老学校了，它是1867年由美国基督教公理会创建的。刚开始的时候，叫做"八境神学院"，这是通州历史上第一所教会学校。

19世纪90年代，八境神学院改为潞河书院。后来又改为协和书院，并附设中斋，叫做"协和中斋"（"中斋"就是中学的意思）。1900年"庚子之乱"，通州协和书院遭到严重破坏，后来得到恢复，规模倒扩大了不少，重建了教学楼、学生宿舍等一批很好的建筑。1911年前后，基督教公理会、伦敦会、长老会协商决定联合办学，原协和书院改名为华北协和大学，由美国牧师高厚德任校长。到了1917年，华北协和大学的大学部迁至北京城内，与汇文大学合并，至1919年，组成燕京大学。

关于燕京大学成立的经过，是一个很复杂的过程，将留在后面慢慢叙述。在这里要说的是，华北协和大学虽然将大学部迁走了，但它的"中斋部"仍然留在通州，改为"私立潞河中学"。华北协和大学的场地和建筑物，都拨给了潞河中学。

1931年那个晴朗的秋日，未满20岁的侯仁之在一片蝉鸣声中走进了绿树浓荫的潞河中学校园。

此时的侯仁之，已经不再是那个体弱多病的乡下孩子，而长成一个朝气勃勃的英俊青年，他对新学校充满了好奇。尽管这些年来他所就读的多是条件较为优越的教会学校，但潞河中学那宽阔整洁的校园、碧水荡漾的小湖、风格独特的校舍、高大明亮的教室……仍让他赞叹不已。

不过，他很快就发现，令人钦羡的校园环境还并不是最让人兴奋的。在这里，他遇到了一位极其值得信任和敬爱的良师——校长陈昌佑先生。

若从最早的"八境神学院"算起，直到"潞河中学"定名，这所学校已经有半个多世纪的历史，名字也几经变换，而校长的更迭却并不频繁。第一任校长谢卫楼，主持校政的时间长达30多年，直到后来成为华北协和大学校长；其后则由美国牧师高厚德、田和瑞相继任校长。1919年，有一位中国人被任命为副校长，他就是陈昌佑。

▲ 位于通州西海子的燃灯佛舍利塔。该塔始建于南北朝北周宇文氏时期，距今已有 1300 多年历史。（摄于 2005 年）

陈昌佑字众良，1892年生。他祖籍原本是浙江绍兴，很小的时候便迁居通州。1915年，他于华北协和大学毕业后留校，因才能出众，四年后居然成为潞河中学的副校长，那时只有27岁。后来他去美国留学，1926年回国的时候，遇到了一个特殊的机会。那一年，教育部规定：外国人在华捐资设立的学校，应办理立案手续，校长则必须由中国人担任。于是，陈昌佑也正式成为潞河中学的第一任中国人校长。从第二年开始，潞河中学成立了校董会，1929年经河北省教育厅批准正式立案。

▲ 陈昌佑画像。

陈昌佑是一位杰出的教育家，上任伊始，他就对学校的各个方面进行了大规模的整顿。首举之措，是对学制的改革。原先潞河中学实行的是四年制，陈昌佑果断改为“三三制”。所谓“三三制”，就是初中高中均为三年，以使学生能够接受更全面、更充分的基础教育。这是一个正规的完全中学的框架。

他所进行的最大胆的改革，是取消了传统的宗教课。作为一所教会学校，宗教课本是必有的课程，如今彻底取消这一课程，是需要很大勇气的。陈昌佑本人原是一位虔诚的教徒，但他认为一所学校培养的是对社会有用的人才，因此在思想上便不应对学生有任何强制和束缚。他积极推行的，是“循循善诱，三育全备”的“人格教育”。所谓“三育”，是指智育、德育、体育。他为学生确立的发展方向是“爱祖国、倡勤劳、尚简朴、重道德”。总而言之，陈昌佑希望每一个学生都能够在各个方面得到全面的发展，以高尚的人格、卓越的学识、健壮的体魄走向社会，成为国家的栋梁之材。

对于教会学校来说，通常都比较注重外语教学，像潞河中学的许多课程就是使用英文教授的。同时，国文课也得到相当的重视，在教学方法上，国文课与人生、思想、兴趣、欣赏能力紧密地联系在一起，使学生对祖国的传统文化能有深刻的了解。

陈昌佑十分重视学生全面、均衡的发展。除了必修课和选修课之外，还设置了许多特殊的课目。比如，潞河中学周边都是农村，为了适应和发挥这一特点，学校专门开设了园艺课，并在校园内建立了养蜂场和苗圃，使学生能够在实践中学习养蜂、养鸡、园艺以及果树的栽培、嫁接、剪枝等技能。学校还组织学生到山东的泰山、曲阜等地游览，以开阔视野；并分批安排学生到远在天津的碱厂、盐场参观，甚至还去医院、监狱开展调查，借此加强对社会的深入了解。

潞河中学的学生基本都是住校，许多老师也在校内住宿。学校有意把教职员与学生的宿舍交叉安排，使师生之间有更多的接触机会。

当时著名学者梁漱溟正在山东进行“乡村自治”的实验，在社会上产生了很大影响，陈昌佑大胆引进梁漱溟的经验，用于对学生的管理。“村治”如何变成“校治”呢？他首先把学生变成“村民”。在 1932 年的《校刊》上，有如下说明：

> 潞河现分十村，丁香村、兰石村、菊隐村、桂槐村、紫薇村、槐荫村、翠松村、碧竹村、雪梅村、五槐村，每村设村长一人，村长负管理全村之责任。村长之下每屋设屋长一人，负管理一屋之责任，十村之村长组织联合会议，附属于自治会。

▲ 潞河中学的“红楼”。建于 1903 年，为纪念潞河中学首任校长谢卫楼而命名。（摄于 2005 年 3 月）

▲ 潞河中学“红楼”一角。（摄于2005年）

每季各村组织卫生比赛，请评判员评定，最清洁村为模范村，更择宿舍之最整洁者二，曰模范室，特赠挂屏一幅，以示奖励，籍资提倡卫生。

望同学继村治之事业，贯彻初旨，以维潞河美满之校风。

至于潞河中学实行“村治”的意义及目的，《校刊》中是这样说的：

……论历史它是未满周岁的婴儿，论组织它是学生会的机关。若专以效用言之，它确是养成学生自治唯一的途径。……一则练达学生自治和养成责任心；二则村民可以直接与当局共同促进全村之治安与卫生；三则以村治收分工之效，集中力量以防意外，这就是村治在潞河之意义。

当年潞河中学的学生，对学校的这种管理方式都有极其深刻的印象。据一位老校友回忆，初中一年级新生刚入校的时候，是三名学生住一间宿舍，其中一名是比较有经验的高班学长，由他担任屋长，指导年龄幼小的新生如何整理房间、打扫卫生。初一的学生虽然只有十来岁，也要独立承担力所能及的劳动。这位老校友比侯仁之高几届，他入校的时候学校里还没有电灯，宿舍里使用的都是煤油灯，几名学生要轮流负责每天擦净灯罩、添加煤油。宿舍里有一张书桌，一面靠窗，三个学生分坐其他三面，集体自习，预备功课。他还记得，当时学校的体育场地很好，足球场、篮球场、网球场应有尽有，还有一个小湖可以游泳。

说到体育活动，早在协和书院时期就已经很有特色，它的学生代表队曾经参加了 1910 年的第一届全国运动会。陈昌佑本人当时还是协和书院的学生，既是学校代表队成员，还是全国体育代表队的运动员。他担任校长以后，推动潞河中学的体育运动有了更大的发展。有趣的是，他不仅亲自负责学校体育代表队的教练工作，还直接担任许多项目的教练——比如足球队。他曾率领潞河中学体育代表队参加北平市、河北省举办的运动会以及华北运动会，均取得突出的成绩……

由于陈昌佑校长的努力，潞河中学很快就发展成为具有一流水平的名校。

侯仁之就是在潞河中学繁荣发展、蒸蒸日上的时候，走进了它的校门，

▲ 潞河中学校园内的陈昌佑墓。（摄于 2005 年）

成为陈昌佑校长的学生。

一个人的成长过程，与其个人的经历及环境的影响是密不可分的。正是由于这样一位校长和这样一所学校所构筑的这样一个特定的环境，造就了一大批杰出人物，比如侯仁之。

当然，这是后话了。在 1931 年那时候的侯仁之，还只是一名普通的高中学生。

侯仁之面前的人生道路十分明确：努力读书，打好基础，力争一年后顺利考入一所理想的医科大学——比如北平城里那著名的协和医学院。再以后，他应当成为一名济世救人的称职医生。

然而，侯仁之最终并没有成为一位独树一帜的医学专家，却作为杰出的历史地理学家闻名于世。影响他毕生命运的，除了潞河中学和陈昌佑校长的影响之外，还有一个也许是十分偶然的因素：一本杂志和一篇文章。

二 走进燕园

青年负笈燕大，燕园风光旖旎，同学少年多不贱；名师风流，学林宿儒，一时云聚……

——侯仁之

2002年夏天，我与我的朋友、北京大学新闻与传播学院的萧东发教授曾数次专程前去拜访侯仁之，有幸亲耳聆听他回忆那段往事。那是在侯仁之不大的书房里，一抹夕阳从窗外射入，映着他满头白发灿灿生辉。尽管时间已经过去了70多年，但侯仁之仍然记得十分清楚。

1931年秋，就在侯仁之进入潞河中学不久，日本人在东北制造了“九一八”事变。面对日寇的猖狂侵略，全中国爆发了大规模的抗日活动。侯仁之说：

那年秋天，同学们掀起了轰轰烈烈的学生运动，宣传抗日、抵制日货，检查日货，军训。那时候真是有爱国热情。正好啊，潞河中学旁边住着一户人家，姓李的，是李德全的弟弟。李德全呢，就是冯玉祥的夫人。李德全的这个弟弟是日本士官学校毕业的，不同意南京政策。同学知道了，就把他请来做军训的教官。这个人，严格极了。当时那学生运动真是轰轰烈烈啊，军训也是极认真的，大家还都做了制服。……但是到了年底，政府再也不许提抗日了。我们想不通！

当时已经是冬天了，该放假了，我也没有回家，心里十分烦闷啊！当时我们都有那个制服，那天，我实在闷得很，穿着制服一个人去城里。从我们学校一出校门就是火车站，如果坐火车到前门只要20分钟。但是我憋着一口气，我说我走着去！从学校一直走到前门。干什么去呢？我是想买一本杂志，上海开明书店出版的一个杂志，就是《中学生》，我非常喜欢这个杂志。开明书店在北京有一个分店，在前门外的杨梅竹斜街。我一直走啊，一个人走。心里太烦闷了。当时没希望啊，抗日也不允许了！我们该怎么办呢？也不知走了多长时间，到了杨梅竹斜街，买了这本杂志回去了，一路上看这本杂志。这本杂志对我影响太大了！里面头一部分，是一组总标题叫《贡献给今日青年》的文章，其中有一篇文章，不长，但写得特别好，满腔热情地勉励青年“不要空谈救国”，要“到民间去”，“要把自己的脊梁竖起来，真正去唤醒民众”。那作者的署名是顾颉刚。

1932年初的这个冬末，对于侯仁之以及当时无数胸怀爱国之心的热血青年来说，是一个非常关键的历史阶段。“国家兴亡、匹夫有责”，是句童叟皆知的老话，但国难当头之际，政府不仅自己不抵抗，还禁止“匹夫”们抗日，这如何让人想得通？！

紧接着，就是“一·二八淞沪抗战”十九路军英勇抗敌，大大激励了全国民众的斗志，但最终却被政府出卖。这又如何能让人想得通？！

20 岁的侯仁之在苦闷中彷徨，顾颉刚的文章似乎为他指出了一个方向。然而，应当做什么、如何做，还并不是十分明确的。

我就想，怎么到民间去呢？我本来应当是学医的，我父亲本来让我学医，那年我已经高中三了，要毕业了。有一天，学校的陈昌佑校长找我，他和我父亲认识。他说：“怎么样，要毕业啦，怎么打算？”我正在考虑，怎么能像顾颉刚说的那样，到民间去呢？顾颉刚的名字我也不熟悉，我就跑到图书馆借书去了，借了他的《古史辨》。这个《古史辨》是一大本，我也没兴趣啊。但是他的“序”，我才忘不了。序很长，100 多页，像是一篇自传，从他小时候到苏州学习时写起，详细讲了他自己读书和成长的过程……我很感动。但是当时我还没想到学历史，我就想，到小学教书总可以吧？不就到民间去了吗？那就能够宣传抗日了啊。

因此，陈校长找我，问有什么打算的时候，我说，我想回原籍，教小学。我想到民间去，我正在考虑这个问题。陈昌佑校长说，不行啊，你要考学啊，学医啊。我说对学医没兴趣，我看见顾颉刚的书了，看了他的序了。陈校长说，顾颉刚是燕京大学的历史系教授，你应该到燕京大学去向他学习。这个陈校长真好。他说：“你的成绩可以保证投考，得奖学金。”

然而，真正促使侯仁之下决心报考燕京大学学习历史的，却是他的同胞兄弟侯硕之。

决定我最后抉择的，是我的弟弟。当时我弟弟在天津一个英国人的学校读书。我跟我弟弟商量，是学医呢，还是到燕京大学学历史，他完全是另一个思路。他说，我主张你学历史，学医只能给个人看病，学历史可以给社会治病。他说，鲁迅、郭沫若都是学医的，后来都从事文学创作、文史工作。这对我是很大的支持。

一说到弟弟，侯仁之的情绪就显得很激动。他不由自主地岔开了话头。

他的英文很好，学校要送他到英国去进修，但他不去，非要到清华考水力发电。我就讲一件事吧。我记得 1935 年，我那时候到清华去住，因为清华都是一个屋子两个学生。他那个同屋的人家在北京，经常回家，床空着，我就住在那儿，和我弟弟住在一块儿。他带我到清华大学图书馆看画报，苏联的画报，很大。打开一看，都是大水电站的建设，第聂伯河大水电站。他说列宁说过“苏维埃加电气化就是共产主义”，这是他第一个对我讲的，以前我还真不知道这些事儿。我这才知道他当初为什么非要学水力发电。

他那时候已经出书啦。翻译了一本讲天文的书，是一个名叫金斯的英国人写的。侯硕之翻译的书名叫《宇宙之大》，是我写的“序”。他中学的时候就已经翻译这本书了，后来开明书店出版了。

当时，金克木也翻译了这本书，但是还没出版，看到开明书店也出了这本书，金克木听说译者是清华大学的，是侯仁之的弟弟，就来找我了。他和我弟弟两个人一见面，谈了差不多有大半夜。清华有观象台啊，我弟弟带他去，在那里畅谈啊！他和侯硕之只见过两次面。第一次见面是在清华，高谈阔论啊，非常高兴。后来，我弟弟正在上海闸北水电厂实习的时候，发生了卢沟桥事变，所以他就没有回来，到了长沙，后来到昆明。抗日战争期间，金克木经过昆明去印度，两个人第二次见面。后来，金克木写了一篇文章《记一颗人世流星——侯硕之》，说“一颗流星消失了”，写的就是我弟弟。这次在茶馆见了面。侯硕之说，我毕业两年了，无所事事，根本用不了水力发电。我想到西北去。他想到延安去，但是没走过去，死在西北了。是在去延安的途中遇害了……不说了！唉，说到这里真难受……

在侯仁之的心中，那英年早逝的弟弟显然有着很重的分量，一提起弟弟，便难以克制自己的情绪。沉默良久，才稍许平静了一些。他说：

……我始终保存着他的一张照片。那是他去上海闸北学习的时候，我到火车站去送他，那是我们最后一次见面。……他的影响，确定了我的人生。

1932 年夏天，侯仁之参加了燕京大学的特别考试，如愿获得四年奖学金，进入该校历史系学习。从走进燕园的那天开始，他的命运就和这座美丽的校园永远联系在一起了。

在这里，我觉得有必要对燕京大学创办前后的历史作一个简单的介绍。

晚清的时候，基督教教会在北京创办了三所大学——北京汇文大学、华北协和女子大学和位于通县的华北协和大学。1900 年庚子事变时，汇文大学和协和大学的校舍被毁，在重建的时候，两校曾经有过合并的打算。但是，由于这两所学校的创办者涉及美国基督教公理会、长老会、美以美会和英国公理会四个教会组织，在学校的名称和校长的人选问题上始终未能达成一致的意见，以致一拖就是好几年。开始的时候，他们曾定名为“北京大学”，理由是汇文大学从 1888 年开始使用的英文名字是“Peking University”，译成中文就是“北京大学”，这比后来“正牌”的北京大学要早 20 多年呢。但是，就在两校的决策人员为校名争来争去的时候，由京师大学堂演变而来的国立“北京大学”正式成立，无论规模还是名气，都是那两所小小的教会学校所无法相比的。这的确是一件令那些传教士们十分扫兴的事情，他们终于感到，必须由一位与两校都没有关系，而且具有相当能力的“局外人”来担任校长，事情也许才会有所进展。于是，当时正在南京神学院任教的美国人司徒雷登最终成为合适的人选。

▲ 司徒雷登画像。

1919 年 1 月 31 日，司徒雷登来到北京。他明确提出，如果双方仍然纠缠不清，他无法接受担任校长的使命。尽管他的“威胁”起了一定的作用，争吵仍然持续了好几个月。当时，甚至专门成立了一个由蔡元培、吴雷川、胡适、傅增湘、王厚斋等人组成的五人委员会，试图予以协调。最后的结果是，既没叫“汇文”，也没叫“协和”，更没叫“北京大学”，甚至连“汇、文、协、和”四个字都不用，而是采用了一位诚静怡先生的建议，定名为“燕京大学”。

司徒雷登在担任了燕京大学校长之后，还做了一件很重要的事情：说服华北协和女子大学一同合并归入燕大，并结合该校特点设立女部。这样，燕大便成为中国最早实行男女合校的大学之一。

并校以后，校舍问题马上就成了迫切需要解决的头等大事。当时，学校本部在城区东南的盔甲厂，而女部在佟府夹道，实际上仍是“分校”。司徒雷

▲ 司徒雷登在燕京大学时的寓所——临湖轩。（摄于 2005 年）

▲ 临湖轩素描。

登在接受校长职务的那一刻起，便下决心要把燕大办成一流的学校，因此立即着手筹建新的校舍。他亲自骑毛驴或自行车四处勘察，看中西郊一处宽敞的地方。那本是明朝勺园与清朝淑春园的所在地，几经易主，至清末时归睿亲王的后代所有，因屡经战乱，已经破败不堪。民国时陕西督军陈树藩买了这处废园，原打算盖别墅的，司徒雷登专程前往西安游说，终于将其买下。

校址选定后，司徒雷登聘请另一个美国人——毕业于耶鲁大学的设计师亨利·墨菲进行总体规划，以中国的园林艺术及古典建筑风格为基点，开始了大规模的建设。而司徒雷登在接下来的十几年里，连续十次回美国募捐，为燕大的发展提供了雄厚的经济基础。

经过数年建设，新校园初具规模。1926 年 6 月，燕大迁入新址，蔡元培还亲自题写了“燕京大学”匾额，高悬于校门之上。但是，校园的总体建设直到 1929 年才基本结束。燕京大学的校园借远山近水之势，巧妙地安排建筑布局，成为北京西郊一处令人瞩目的新景点，它也有了一个独特的名称——“燕园”。

▲ 燕园办公楼。即原“贝公楼”。（摄于 2005 年）

▲ 燕园内的“静园”。（摄于2005年）

燕园之内，冈峦起伏，林木幽深，未名湖一池碧水，映衬着蓝天白云下造型古朴的博雅塔，那绮丽的景色让侯仁之陶醉。他曾写道：

> 校门西向，遥对西山。……从教学中心深入校园腹地，岗阜逶迤，林木丛茂。大路起伏，畅通无阻。羊肠曲径，经过其间。出人意外的是穿过这一区岗阜，突然展现在眼前的是一片微波荡漾的湖泊，水光天色，视野开阔，这就是享有盛誉的未名湖。……从入学的第一天起，我就为这座校园的自然风光所吸引……

然而，校园中让他深深迷恋的，不仅是那青山秀水，还有一种说不出的特殊氛围。

侯仁之入校后没几天，就是“九一八”一周年纪念日。学校在大礼堂召开了一次规模很大的纪念大会，众多师生争相上台发言，那慷慨激昂的气氛给侯仁之留下了极为深刻的印象。

还有一件小事，使他对这所学校有了更为深刻的认识。

▲ 燕园未名湖。（摄于 2005 年）

原燕京大学图书馆楼。▶
（摄于 2005 年）

▲“魏士毅女士纪念碑”。（摄于 2005 年）

一次，侯仁之从图书馆出来，随意漫步，偶然在路边的一处丘岗上看到一座不大的石碑，那上面刻着一行笔迹拙朴的大字：“魏士毅女士纪念碑”。

许多年后的 2002 年，在与我们交谈的时候，侯仁之谈到刚进燕大时的感受，首先提到的就是这座碑。

“我为什么对燕京大学有好感，首先就是这座墓、这座碑。那碑文写得好极了！我没想到，还有人会写出这样的碑文！”出乎意料的是，说到这里，侯仁之当即高声背诵了那段言辞激昂的碑文：

国有巨蠹政不纲，
城狐社鼠争跳梁。
公门喋血歼我良，
牺牲小己终取偿。
北斗无酒南箕扬，
民心向背关兴亡。
愿后死者长毋忘！

那一刻，他那病弱之躯挺得笔直，目光炯炯，音调铿锵。70 年前深印在他脑海里的碑文居然至今仍能朗朗吟诵，这不能不使我们深深地感动。

▲ 魏士毅纪念碑碑文。（摄于 2005 年）

1926 年 3 月 18 日，北京各界群众前往段祺瑞执政府游行请愿，要求拒绝八国通牒，竟遭到残酷镇压，当场死伤 200 余人，燕大女生魏士毅为其中之一。这就是震惊中外的“三一八惨案”。惨案发生后的第二天，司徒雷登便派人设法领回魏士毅的遗体，并举行了有全校师生参加的追悼会。数年后，当侯仁之看到魏士毅的碑文时，受到了极大的震撼，他说：

> 我那时刚到燕京，对那碑文的一些典故还不太懂啊。我说这是什么意思呀？就去查。“国有巨蠹政不纲，城狐社鼠争跳梁……”国家有大奸臣，政治腐败，狐狸老鼠都做官了。“公门喋血歼我良”，政府部门把我们的好青年都杀掉了。那个“北斗无酒南箕扬”，“北斗无酒”是对的，“南箕扬”就是错的，一正一反，也是向背关系吧。“人心向背关兴亡”，人心向则兴、背则亡。“愿后死者长毋忘！”这是多么激动人心的词句啊！我看了以后想，在校园里立这样一座碑，是要冒很大风险的。真是了不起啊！谁也不知道这个碑文是谁写的，我问过，谁都不说，都说不知道。司徒雷登是校长，他不同意不能立起来。所以我在燕京大学当学生这是使我最受教育的一件事，永远忘不了。我当时感到，燕大真是一所了不起的学校，司徒校长真是一位了不起的校长！

司徒雷登是一个特殊的美国人，他与中国有一种不同寻常的关系。他的父亲，是 19 世纪中叶美国基督教南长老会派出的首批赴华传教士之一，此后，他的母亲也相随而来。司徒雷登出生在中国的杭州，后来，与当年他的父亲一样，带着新婚的妻子回到杭州，开始从事传教事业。燕京大学的筹建，为司徒雷登提供了一个难得的机遇；而司徒雷登执掌燕大，也使这所教会大学有幸得遇一位良才！

燕京大学作为一座教会学校，突出宗教教育是必然的，但本是传教士的司徒雷登却大胆地提出："燕大必须是一所经得起任何考验的、真正意义上的大学。它所传授的真理，应当是没有被歪曲的真理。至于信仰什么，或表达信仰的方式，则完全是个人的私事。"由此，他废除了原有的一些规定，宣布学生不必再像以前那样一定要把宗教作为必修课，也不必一定要做礼拜。他还将原为学校下属的宗教学院单独设立，对外并不作为学校的组成部分。他在办校思想上突出"使燕大彻底中国化"的方针，极力邀聘更多的著名中国学者来校任教，并给予他们与外籍教师同等的待遇，在几年的时间里，使中国教员的比例由建校初期的三分之一发展到三分之二。由于司徒雷登面向美国社会筹集资金，使来自教会的经费逐渐减少，而私人捐赠的资金达到一半以上，这样，燕大的宗教性质下降为从属的位置，而其教育职能日渐突出。1929 年，燕大在中国注册，自此开始必须遵守中国政府教育部的一切规定，校长必须由中国人担任，所以从那时开始到抗日战争爆发，司徒雷登的职务是"校务长"，不过，人们出于习惯，往往还是称他为"校长"。

如果使用一句"政治味道"较浓的话来说，外国教会在中国开办学校的初衷，是企图通过传播西方文化以达到征服中国的目的。但是，大批教会学校在中国努力了几十年，培育出了无数人才，真正继承殖民文化衣钵的寥寥无几，绝大多数反倒成为激进的爱国主义者或彻底的革命者。而在那些前来中国积极推行西方教育的人当中，尽管鱼龙混杂、目的各异，但也不可否认，确有一些信仰坚定、目标明确的人物。有趣的是，恰恰是这样一些人，居然会爱上这里的土地和人民，甚至深层次地融入中国社会的政治斗争之中，有时竟比一个普通的中国人显得更激进、更大胆。这种奇特的现象，也许很值得历史学家们进行深入的研究。

我们说司徒雷登是一个"特殊的美国人"，主要就是表现在这一点上。他以实际言行落实自己为燕大制定的校训："因真理，得自由，以服务。"为谁服务？就是要为民众服务，为社会服务，为国家服务！

燕京大学建校伊始，正值五四运动风起云涌、中国各地学潮迭起的重要历史时期。以"传授真理"为己任的司徒雷登立场鲜明地站在爱国学生一方。他说："中国的学生运动是全世界民主运动的一环。学生是中国的希望。……此时此刻正是中国生死存亡的关键时刻，燕京大学面对这样的报国时机，是有着深远意义的。”

其实，在侯仁之入学的前一年，司徒雷登还亲自参加过中国学生的爱国运动。1931 年“九一八”事变发生后，燕大有 100 多名学生参加南下请愿团，赴南京请愿。燕大校方公开支持学生的行动，决定停课一周，举行“爱国行动周运动”。当时已改任校务长的司徒雷登还亲自带领数百名燕大师生走上街头，在海淀镇游行。一个高个子外国人，在学生队伍中领头高呼“打倒日本帝国主义”，格外引人注目。同时，他还专门接收了 50 多名东北流亡学生进入燕大学习，这些学生后来多是“一二・九”运动的积极参与者。

说到这里，我们也就不会再感到奇怪，燕京大学为什么敢于在自己的校园里为魏士毅烈士立碑，而且敢于在碑上刻下那样一段慷慨激昂的碑文。

作为一个血气方刚的青年学生，侯仁之当时在魏士毅纪念碑前所感受到的精神冲击是极其强烈的。那使他对这学校的热爱和对校长的崇敬提升到一个新的高度。

当然，那时他还不会想到，尽管他只是一个刚入校不久的年轻新生，但在接下来的岁月里，他本人的命运还会有一些特殊的机会与那位可敬的外国校长交织在一起，为自己留下许多永生难忘的回忆。

54

三　投师名门

顾颉刚师、洪煨莲师的教诲，如醍醐灌顶，使我得沐重化……

——侯仁之

叁

与侯仁之聊过多次，有一个特点给我留下的印象最深：本来是想多听他说说自己的故事，但不知怎么的，每次都是不由自主地就把话题转到了他的老师身上。侯仁之最常提到的是对他一生影响最大的两位老师：顾颉刚和洪业。他最常使用的一个词是“好极了”——顾颉刚老师好极了，洪业老师好极了！

所以我想，也许很有必要占用一些篇幅来介绍一下这两位老师。

顾颉刚原名诵坤，字铭坚，1893 年 5 月 8 日生于江苏苏州一个书香世家，自幼学的是“四书”“五经”等传统儒家经典著作。14 岁的时候他考入一所公立小学，开始接受新式教育。

1913 年，顾颉刚考入北京大学预科，自此来到北京；三年后正式进入北大文科学习哲学；1920 年毕业留校，任图书馆编目员；第二年，在北大研究所新开办的“国学门”担任助教。此后，他曾因祖母患病而请长假返乡，直到 1923 年底才回京复职。1927 年，顾颉刚离京南下，先后在厦门大学、中山大学任教；1929 年任燕京大学国学研究所导师研究员及学术会议委员，后任历史学系教授。

▲ 顾颉刚画像。

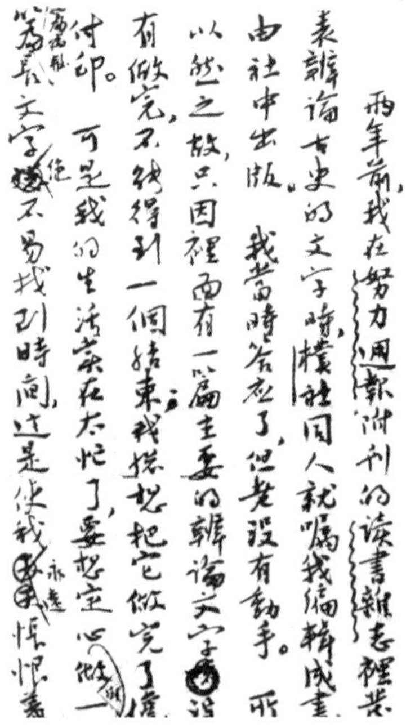

自序

兩年前，我在努力週刊附刊的讀書雜誌裡發表辯論古史的文字時，樸社同人就囑我編輯成書，由社中出版。我當時答應了，但老沒有動手。所以然之故，只因裡面有一篇主要的辯論文字沒有做完，不能得到一個結束，我想把它做完了付印。可是我的生活實在太忙了，要想定心做一篇長文字很不易找到時間，遂是使我永遠悵悵着

▲《古史辨》第一册的顾颉刚“自序”手迹。

从 1920 年开始，顾颉刚与胡适、钱玄同通信讨论古史问题；1923 年，他发表了《与钱玄同先生论古史书》，提出“层累地造成的中国古史”理论。1926 年，顾颉刚将自己与胡适、钱玄同等人的讨论文章结集出版，即《古史辨》第一册；到 1941 年，《古史辨》已先后出版了七册。《古史辨》第一册的“自序”长达六万多字，通过历史背景及个人经历，详细叙述了自己“层累地造成的中国古史”思想的由来及发展。顾颉刚通过对大量历史资料的剖析，证明延续多年的古史系统存在严重的作伪问题，需要以科学的态度重新加以认识。他的观点形成了“古史辨派”的基本理论。

具体而言，顾颉刚想要做到的是“辨史”，他的理论基点是“疑古”。他说：

> 我很想做一篇《层累地造成的中国古史》，把传说中的古史的经历说一说。这有三个意思：第一，可以说明“时代愈后，传说的古史期愈长”；……第二，可以说明时代愈后，传说中的中心人物愈放愈大；……第三，我们在这上，即不能知道某一件事的真确的状况，但可以知道某一件事的传说中的最早的状况。

首先要说明的是，顾颉刚并不是第一个对前人记述的历史产生怀疑的。远的不必说，如清代学者崔述，早就对古籍中的许多神话与传说进行过辨斥；康有为在他的《新学伪经考》中也说过“上古茫昧无籍”。比顾颉刚只大两岁、却是其老师的胡适，曾扮演了启蒙者的角色，正是由于他安排顾颉刚标点《古今伪书考》，才使得后者对辨别“伪书”产生了浓厚的兴趣，从而开始了辨识“伪史”的事业。还有一个人是钱玄同，他早就是一个“疑古派”，甚至连自己的姓都改了，自称为“疑古玄同”。

所谓“时代愈后，传说的古史期愈长”与其说是顾颉刚的一种观点，不如说是一个很重要的发现。他在阅读大量古籍的时候，发现了一个十分有趣的现象：中国历史的记载，是随着时间的推移而日益“向前”发展的。比方说，在西周的时候，人们认为中国历史上最古老的人物是“禹”，在他前面的还有一些什么样的人物则一直没有资料反映。直到孔夫子的时候，在他的弟子辑录其语录而成的《论语》里，却突然出现了两个据说是在“禹”之前的人物——“舜”和“尧”。又过了若干年，到了战国时期，凭空又出现几位更早的人物：在尧舜之前的“黄帝”、在黄帝之前的“神农”、在神农之前的

“庖牺氏”……就这么“层层累加”，等到了汉代的时候，最古老也是最伟大的“盘古”被创造出来了。盘古是开天辟地的英雄，汉代以后的人们有些吃亏，因为他们已经不能再把历史“向前推进”了——在天地被开辟之前不可能有人类的存在。

但是后人往往也是不甘寂寞的，既然没有了“推进历史”、进行“纵向发展”的可能，那么不妨另辟展现自我的途径，向“横”的方向努力，把前人“塑造”出来的这些人物加工得更真实、更完美。如此千百年下来，今天我们所看到的这部“中华上下五千年”的历史，究竟有多少是虚假的、有多少是可信的，就很值得认真地考虑了。

正如顾颉刚所说：

> 所谓“源”者，其始不过一人倡之，……不幸十人和之，辗转应用，不知其所自始，甚至愈放愈胖，说来更像，遂至信为真史。现在要考哪一个人是第一个说的，哪许多人是学舌的，看他渐渐的递变之迹。

我觉得最后一句话最重要：所谓“辨”，并非“否”，而是“辨识”“辨别”“辨证”，是在大胆怀疑的基础上进行科学全面细致认真的“辨析”，以达到“去伪存真”的目的。所以，从根本上说，顾颉刚提出的是一种方法，一种“辨析”历史真伪的方法。我们希望看到的，是一部真实的历史，然而，由于存在着那么多“作伪”的成分，在难以判断什么是“真”的时候，起码应当设法判断哪些是“假”，这正是“辨”的目的。

顾颉刚的学说在前人“疑古辨伪”的基础上向更高的层次猛进了一大步，在当时的史学界引起了极大的轰动，据说20世纪二三十年代国内各大学纷纷设立历史系的原因，主要就是因为这《古史辨》所造成的影响。

从理论上说，要想否定顾颉刚的学说似乎并不困难，只要有真实的古籍文献或考古成果可以证明前人的记载基本可靠，“三皇五帝”确实曾经存在，顾颉刚的学说立刻便失去了立足的根基，自然是不攻自破了。但是，时至今日尚无人能做到这一点。

顾颉刚的《古史辨》不仅只局限于精深的学术研究，而是提出了一种值得认真思索的理论和方法。如果不带任何偏见、完全从客观的角度仔细想想，我们所认知的历史究竟有多少是真实可信的，又有多少是经过人加工“修正”的，还有多少是在“加工”之后被删改或被“放大”了的呢？所谓“层累地造成的中国古史”，不仅适用于古史，同样也适用于今史；不仅适用于古人，同样也适用于今人。

顾颉刚的成就不仅表现在史学方面，在其他许多领域，他也有不菲的业绩。比如在现代民俗学方面，他曾投入了很大的精力。就拿当初在厦门的时候来说，他在厦门大学仅有一年，却有半年时间用于收集当地民俗物品。后来到了广州中山大学，他又发起成立了中国第一个民俗学会。他搜集整理的《吴歌甲集》被誉为“独立的吴语文学的第一部”，他也成为研究歌谣的专家。他对孟姜女故事的研究，竟持续终生。

当侯仁之进入燕京大学的时候，顾颉刚就住在北大东门外蒋家胡同3号。2002年，该地的街巷悉数拆迁，侯仁之曾建议保留顾颉刚的故居。也许是他的意见发挥了作用，蒋家胡同3号不但没有拆除，还得到了全面修复。不过，如果说明真相，侯仁之会感到非常失望的，因为此3号非彼3号。几十年来这胡同的门牌排位已有很大变化，2001年蒋家胡同拆除前，侯仁之与夫人张玮瑛曾在顾颉刚的故居门前摄影留念，照片上的门牌是7号。

▲ 2001年侯仁之与张玮瑛在即将拆除的蒋家胡同7号顾颉刚的寓所门前，这是当年侯仁之经常来的地方。（侯馥兴提供）

2002 年施工时，工程部门把 5 号院和 7 号院的部分房屋及建筑构件拆除后移到 3 号院的北侧重建，使 3 号院扩大了几乎一倍。如果有人说这保留下来的 3 号院就是顾颉刚故居，那显然是误会——但这误会又有部分是真实的，因为如今 3 号院的后半部分倒的确有一些顾颉刚故居的原物。我很希望这处院落日后的使用者能够在适当的位置设置标志，说明这一变动的原因及状况。否则，后来的人们将误以为这 3 号院真的就是顾颉刚的故居，而不会想到，他们所看到的是一处被异地而置且"层累"地"放大"了的史迹。

侯仁之报考燕京大学是受到顾颉刚一篇宣传抗日的文章影响，而他在学业上受益最深的则应是洪业老师。

洪业姓洪名业，生于 1893 年 10 月 27 日，福建侯官人。他的号很有意思："煨莲"，是其英文名字"威廉"的音译，颇有些"洋味儿"。这与他本人的经历很有关系。

11 岁时，洪业离开家乡，随担任知县的父亲去了山东曲阜，进入县上的新式学堂读书，开始学习数学、物理、化学、英语等。对于这些与旧学颇为

▲ 从蒋家胡同 5 号和 7 号院拆除的部分建筑材料被移到 3 号院的后部重建。（摄于 2002 年 8 月 31 日）

▲ 修复后的蒋家胡同3号后院的正房。这里的部分建筑材料来自原先的顾颉刚寓所。（摄于2008年9月）

不同的课程，他倍感兴趣，成绩始终在学生中居于前列。

▲ 洪业画像。

那正是20世纪初叶，列强入侵、国运不昌，青年洪业满怀爱国热情，决心投笔从戎、投考海军，当一名抵御外强的军人。他独自前往上海，计划搭船北上，不料轮船误期，耽搁了时间，使他错过了考试的日期。后来，他接受了父亲在上海的一位朋友提出的建议，决心改学国际外交。那是1910年，他去福州进入鹤龄英华学院学习；1915年以优异的成绩毕业。据说他各科成绩斐然，尤以口才出众见长。

但是，洪业后来并没有成为外交家。他得到鹤龄英华学院一位董事的资助，前往美国留学，在五年的时间里，先后获得俄亥俄韦斯良大学文学士、哥伦比亚大学文硕士和纽约协和神学院神学士等诸多学位。

1922年，洪业应燕京大学之聘担任助理教授，当时他尚在美国，协助燕大副校长路思义筹得巨款，以兴建新的校舍，这也许应当算是他与燕大结缘的开始。

不久后洪业回国，就任燕京大学历史系教授，还兼任了图书馆馆长。他不仅是一位杰出的历史学家，在制定现代化的科学图书馆管理制度以及工具书编纂、索引研究等方面也造诣颇深。同时，还为哈佛燕京学社的创办做出了很大贡献。

说到哈佛燕京学社，对燕京大学来说，是一件很重要的事情。那时有一位名叫霍尔的美国人，是用电解法处理铝土矿以提炼铝的技术发明者。然而这位霍尔早年在大学读书的时候似乎并不聪慧，考试成绩很差，许多美国同学对他百般歧视，倒是班上的中国留学生总是热情地鼓励他，使他得到很大的安慰。谁也没想到，霍尔后来居然成为著名的发明家，而且拥有了一大笔财富。想到当年中国留学生对自己的关心，霍尔深怀感激，在自己的遗嘱中指定将部分遗产捐献出来，作为研究中国文化的基金，用于发展和资助中国乃至亚洲的教育机构。当时，计划在中美双方各选定一所大学，美国选定的是哈佛大学，中国选的是北京大学。但是，据说因为北京大学曾派人参加过美国的华尔讷考古队，该考古队因盗窃敦煌文物而闹得名声很差，燕京大学校长司徒雷登抓紧时机到处活动，为自己的学校争取到了这个难得的机会，终于在1928年成立了哈佛燕京学社。当年，哈佛燕京学社在燕京大学成立国学研究所，顾颉刚就是在第二年被国学研究所聘为导师研究员及学术会议委员的。而洪业早在1924年便受燕京大学的委托，参与磋商筹备哈佛燕京学社。在学社成立那年，他应聘在哈佛大学担任客座教授，直到1930年回国，任历史系教授，并兼任大学研究院文科主任。后来，则担任哈佛燕京学社的北平办事处总干事。

哈佛燕京学社除了提供大量资金用于资助学术研究和发展教育事业，就具体工作而言，还支持燕京大学出版两种学术性刊物，一个是《燕京学报》，另一个是《哈佛燕京学社引得》。而《哈佛燕京学社引得》正是洪业创办的。

洪业在哈佛大学讲学的时候，许多美国学生对中国的历史和文化产生了浓厚的兴趣，但是由于中国的古籍文献数量繁多、浩如烟海，若想从中寻找一些具体的资料，费时费力，极其困难。其实岂止是外国人感到头痛，对于中国的学者专家来说，这也同样不是一件很容易的事情。因此，洪业提出成立一个“引得编纂处”的建议和计划，很快就得到哈佛燕京学社本部年会的批准，洪业则成为编纂处的首任主任兼总纂。

“引得”，源于英语中的“index”一词，如今人们更习惯于称之为“索引”。但是仔细想想，“索引”实在不如“引得”翻译得巧妙。从英语的“index”变为汉语的“引得”，既是音译，又是意译：引导求索者沿着正确便捷的途径以获得所需的信息，“引得引得，一引便得”，音义俱佳，何其妙也！

洪业在当时所著的《引得说》一书中，系统总结了中国典籍索引的编制方法，是一部深入探讨索引学基础理论的重要著作，对索引学的发展具有很重要的意义。而他主持引得编纂处20多年，先后编纂出版了经、史、子、集各种引得多达64种、81册，为古籍的检索提供了极大的便利。

当侯仁之入学的时候，洪业早已是蜚声海内外的著名学者了。而洪业对于燕京大学校园历史所进行的多方面的研究，从一开始就给侯仁之留下了深刻的印象。

侯仁之说：

> 洪业是最先研究燕大校园的历史，研究勺园的。勺园的图非常重要，很难得了。他在美国的时候，听说燕大买下了这个地方就是原先的勺园，他很感兴趣，回来以后就研究勺园，结果居然找到《勺园修禊图》。当时只知道有这个图，是明朝万历年间这勺园的主人米万钟亲自绘制的，已经有很多年了。可那图到底还存在不存在，他并不知道。当时琉璃厂有个书商真有本事，他居然给找到了，据说被天津一个姓陈的人收藏了。结果燕京大学就买回来了。洪业就通过研究这张图，写出了《勺园图录考》，就在我入大学的那一年出版的，中国式的装订，中国式的印刷。我受他的影响很大。

洪业的《勺园图录考》出版于1932年，他不仅作了极为详尽的考证，还在书后附有燕京大学校园以及周边地区河湖水系的地形略图。其后，洪业还继续深入进行了有关淑春园的研究，并用英文发表。所以侯仁之说：洪业对燕京大学校园历史及地理环境的变化所进行的这些研究“一直影响到了我日后的研究方向。……引导我进行对于北京西北郊区历史上著名园林区的实地考察，进而又扩大到对整个北京地区开发过程的研究”。

侯仁之进入燕京大学后，第一年是基础课，从第二年开始学习专业课。多年以后，他在回忆恩师洪业的时候，仍是充满感激之情。他说：

> 我来到燕京以后，在历史系学考古，跟着洪业。他教我们上课的那个俄文楼，是1922年盖成的，教室在俄文楼南头向西边的一个房间。我记得从教室里看到他走过来——他个儿很高，我们就赶紧坐好了。我二年级学他一年课，主要是学习“初级史学方法”。内容之一，是学科论文写作的训练。上了半个多学期，该讲的内容似乎都讲完了，没讲的了，理论的问题都讲完了。我们还想呢，下边该干什么呢？下一堂课，他来了，一进门就给我们做了个鬼脸，对我们笑。他把那个书包往桌子上一放，开始在黑板上写，一个题目就是一黑板。1、2、3、4作了分配：历史上最爱藏书的是谁？中国第一个造墨的是谁？……每个学生负责一个题目，为那些历史人物写传。他要求我们自己到图书馆去查阅资料，整理卡片，分析研究，最后写成论文，作为这个学期的学习成绩。布置完了，他问大家：有问题没问题？没人提问题。他说：“好，下课，自己到图书馆去查。”下次来了就问：“你怎么去查？什么时候开始查？走冤枉路了没有？”让我们汇报。他要求每一篇文章必须要用前人没有用过的材料、新材料，从来没人用过的。只有这样，你的文章才能有价值。他盘问得很严格的。厉害呀！
>
> 当时我所分配到的问题是：“历史上最爱藏书的是谁？”经过查阅图书资料，我觉得有三位学者符合要求，进行比较研究后，我向洪业老师汇报，最后决定将其中一位名叫胡应麟的明朝学者作为重点研究对象，并写好了说明，接着开始写传。遇到什么问题，就直接到老师家里去问。他在燕南园住，我每当周末都去看望老师。

侯仁之那篇论文的题目是“最爱藏书的胡应麟事绩考略”。洪业阅后很是欣赏，在论文上批复了两个大字：“佳甚。”虽然只有两个字，但对于一向严格治学的洪业来说，这已经是很高的赞誉了。这使侯仁之受到极大的鼓舞，一直珍藏着那篇论文，作为永久的纪念。他说，那是他“学术训练的第一课。”

洪业的家在燕南园54号，是一座二层的小楼。从燕南园东北边的小路一上坡，拐过弯走不几步就是了。

▲ 燕南园 54 号的洪业故居。(摄于 2005 年)

据说，早期燕京大学的教职员住宅区分为两个部分：中国学者多在燕东园，外籍学者多住燕南园。其实也不尽然，比如洪业就是燕南园最早的主人。

1923 年洪业回国的时候，燕园尚在建设的过程中，燕南园也刚具雏形。洪业对燕南园的规划提出了不少建议，据说这 54 号楼还是他本人参与设计的呢。

对于这座小楼，侯仁之自然是再熟悉不过了。有一件事情，侯仁之始终记忆犹新。

有一次，燕京大学医预科的主任博爱理突然找到侯仁之，请他去作一次题为“历史上的北京城”的学术讲演。尽管侯仁之当时已经是硕士研究生了，但让一个研究生出面承担这样的任务，还是一种很特殊的荣誉。

可是，侯仁之接到邀请后，却是胆怯大于兴奋。原来，对方要求，讲演必须使用英语，而侯仁之尽管英语很好，却从来没有作过讲演。所以，他极力想推辞这件事。他这一推辞，倒让那位主任为难了。最后，她索性对侯仁之说明了缘由。原来，她本来是要请洪业教授前去讲演的，不料洪业郑重其事地推荐了侯仁之，认为他的这位研究生完全有能力完成这个任务，同时还建议将讲演的题目改为“地理上的北京城”。

侯仁之当即怀着忐忑不安的心情跑到老师家去了，对洪业说自己的英语水平恐怕还难以到公开场合去讲演，希望老师推荐别人。可洪业很严肃地说：“这正是给你一个练习英语的好机会嘛！”不过，洪业自然不会让侯仁之马马虎虎地对付了事，他专门送给侯仁之一本关于英语讲演的书，并要求侯仁之认真写好讲稿，然后先对他试讲。侯仁之至今还记得那天，他站在客厅一角，面对端坐在沙发里的洪业夫妇练习讲演，他们就是侯仁之的第一批听众。洪业对学生的要求是很严格的，不会放过任何一个发音或语法方面的微小错误。经过这样的“强化训练”，侯仁之的讲演自然获得理想的成功。

顺便说说，当时冰心与吴文藻夫妇也住在燕南园，恰和洪业的小楼相对，位于院子的西北角。这边也有一个入口，沿着那个上坡走去，一拐弯，西边的第一座楼就是。那楼原来是 60 号，20 世纪 50 年代，校方曾将燕南园的住宅门牌序号重新调整了一下，它就变成 66 号了。

冰心生于 1900 年，比侯仁之大 11 岁。她一生笔耕不辍，在 20 世纪的中国文坛上享有极高的声誉。侯仁之在潞河中学高中毕业的时候，因为成绩优

▲ 1935 年秋，燕京大学历史学会在燕南园 54 号洪业教授家中开会，会后在楼外紫藤架下合影。中立穿长衫者为邓之诚，其后侧倚柱穿西装者为洪业，坐者后排戴眼镜的为侯仁之。（侯仁之提供）

异，根据陈昌佑校长的建议，被保送参加燕京大学的“特别考试”。这“特别考试”是比正常考试提前进行的，而且仅考国文和英文两门。考试在燕京大学进行，侯仁之和其他应考的学生按时进入考场，国文考试正式开始，一位负责命题的女教师在黑板上写下了两篇作文的题目。一篇是语体文，题目是“雪夜”；另一篇是文言文，题目是“论文学革命与革命文学”。这位老师写完题目后就离开了考场，由其他的老师负责监考。侯仁之后来才知道，原来那位女教师就是冰心。尽管后来他并没有亲耳聆听过冰心讲课，但在心里一直把冰心当做自己的老师。许多年后，侯仁之自己也已经成为一位颇有声誉的学者了，但还尊敬地称冰心为“我师”。那时他已经和冰心建立了深厚的友谊。1988 年，也就是在第一次见到冰心的 56 年后，侯仁之主编的《北京历史地图集》出版，他特意呈送给“冰心我师”。他还在信中充满感情地写道：

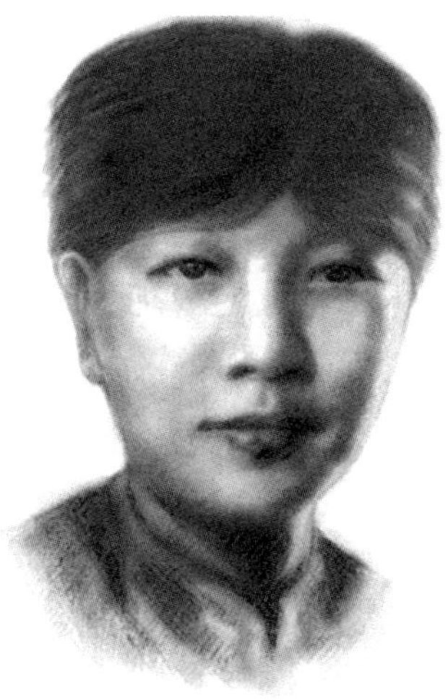
▲ 冰心画像。

……《北京历史地图集》，送上一部请我师笑纳。追本溯源，如果不是《超人》把我带入了一个新的精神世界，如果不是在燕京大学入学的语文考试中由于您的命题而得到顺利过关，我恐怕也就不会和北京结下这种不解之缘了。

1999 年 2 月的一天晚上，听冰心的女儿说她妈妈病重，第二天一大早，侯仁之和妻子张玮瑛便赶到北京医院探望。看到冰心平静地躺在病床上，呼吸也很正常，医生护士都守护在旁边，似乎不会有什么事情，他们放心了。不料，第二天早上就得到冰心去世的消息。侯仁之始终十分怀念这位老师。

四　从历史迈向地理

顾亭林经世致用的思想深刻地影响着我，颉刚师指导我参与后套水利调查，在煨莲师诲导下考辨陈潢治河……

——侯仁之

肆

顾颉刚和洪业等老师那种严谨的治学态度和孜孜不倦的探索精神，对侯仁之产生了很大的影响。使他在认真学习历史的同时，也开始努力扩大自己的视野，尝试向更广阔的知识领域延伸。

▲ 燕京大学学生时代的侯仁之。（侯馥兴提供）

侯仁之在进入大学二年级的时候，开始聆听顾颉刚开设的“中国疆域沿革史”。这门课程是顾颉刚在燕京大学和北京大学同时开设的，它的主要内容，是探讨中国历代疆域及地方政区的演变。有些资料中称这门课程的名称是“中国古代地理沿革史”，似乎更贴切些，包容的内容也更广泛些。从另一个角度说，名称本身也许并不重要，那微小的差异却引起我这个外行的一丝兴趣：顾颉刚本来是历史学专家，而这门课程却似乎是侧重于地理的。对于一般人来说，历史与地理本来是两门不同的课程，分属于不同的学科，那么顾颉刚的这门课，到底应当算是地理，还是应当归于历史呢？这真是一个很有意思的问题。

当时，曾是顾颉刚学生的谭其骧正在辅仁大学任教，也开设了一门课程“中国地理沿革史”。顾颉刚与谭其骧经常在一起讨论学术问题，他们觉得，如果能将燕大、北大、辅仁等学校有心研究地理沿革的学生联合起来，形成一个“学会”类的组织、创立一个学术性的刊物，给大家提供一个相互交流心得的机会，应当是一件很有意义的事情。他们说干就干，1934 年 2 月 4 日商定之后，几天之内，便在蒋家胡同 3 号顾颉刚的寓所门口挂上了“禹贡学会筹备处”的牌子；3 月 1 日，《禹贡》创刊号便正式编辑出版了！

“禹贡”这名字取自《尚书》中的《禹贡》篇。《尚书》是中国古代最早的一部历史文献汇编，被称为“中国第一部古书”。据说中国古代有两部著名的古书，一部的文字有韵，被称为《诗》；另一部无韵，称作《书》，也就是散文集。所谓“尚”，是“上古”“远古”的意思，形容这书的历史久远——“尚书”即“上古之书”。自汉代以后，《尚书》成为儒家的重要经典之一，所以又叫做《书经》。

关于《尚书》的成书年代、成书过程乃至作者，也存在着种种谜团以致真伪之疑，这是个太复杂的问题，难以细说。但是《尚书》的内容记载了许多重要史实以及天文、地理、思想、教育、典章制度等各方面的情况，是后人深入了解古代社会的珍贵史料，这却是非常值得重视的。而《尚书》中的《禹贡》篇，被认为是中国最早的一部地理书籍。

顾颉刚、谭其骧原本都是历史学家，而他们所成立的这个学术组织及其刊物却以中国古代著名的地理书籍“禹贡”命名，确有特殊的含义。后来学会所开展的工作以及刊物所发表的文章，已经不再仅仅局限于“历史”的范畴，而是涉及大量与“地理”有关的问题。或者从另一个角度说，这个学会和它的刊物，在“历史”与“地理”这两门不同的学科之间建立了一座相互联系、相互融合的桥梁。所以有许多学者认为，顾颉刚、谭其骧等人的工作为中国现代历史地理学的发展打下了一个很好的基础。“禹贡学会”的许多成员，后来都成为颇有建树的历史地理学家，比如——侯仁之。

《禹贡》在创办初始的时候，每期发表的稿件总量只有一两万字，还仅仅是相关学校的师生交流学习心得及信息资料的一个“学术园地”。但是它逐渐引起了社会各界的注意，稿件的数量日益增多，分量增加到十几万字，会员也从区区数十人增加到数百人，并且从北平扩展到外地。

在顾颉刚的课上，侯仁之第一次接触到了《尚书》中的《禹贡》篇，对于中国古代地理产生了极为浓厚的兴趣。在“禹贡学会”成立后，他自然成为参加学会各种活动的积极分子，不仅自己撰写文章，还翻译了不少稿件。比如1935年夏天长江中下游地区遭遇严重水灾，侯仁之撰写了《记本年湘鄂赣皖四川水灾》一文，在《禹贡》上发表。这篇文章虽是论文，但也反映出作者强烈的忧国忧民之心。另外，顾颉刚当时正在主持编绘一套很重要的资料——《历史地图底本》，这是为进一步编纂绘制《中国历史地图集》所进行的必要准备。侯仁之在顾颉刚的安排下，参加了《历史地图底本》的校对工作，从中获益颇多。

侯仁之在历史系学习四年，在选择毕业论文的题目时，曾经有过较大的反复。起初，他认为自己几年来认真阅读过一些有关中国水利史的典籍著作，也写过相关的文章，所以确定的题目是“清康熙朝治河始末”。在他向洪业汇报了自己的想法后，洪业提出了一连串的具体问题，并十分尖锐地指出：毕业论文的写作时间只有一个多月，在这样短的时间内要想将康熙朝60年间治河的情况全面加以介绍、分析、论述，这个题目所涉及的范围未免太大了。洪业再三叮咛侯仁之：应以务实为要。老师的提醒使侯仁之顿然醒悟，认识到自己确实有些好高骛远。经过慎重考虑，他终于决定改选一个更为具体的专题，那就是后来写成的毕业论文《靳辅治河始末》。

然而，事情并不以论文的完成而结束。侯仁之在写作的过程中，发现有一位名叫陈潢的普通人，辅佐靳辅治河，发挥了很大作用，后来却被诬陷下狱而冤死，可历史上却少有关于陈潢的记述。洪业听他说了这个情况，马上要他以“陈潢治河”为题写一篇专文。文章写好后，洪业在自己参加主编的《大公报》“史地周刊”上发表了。

老师对学生的这种指导和帮助，使侯仁之深受感动。但后来洪业所说的一段话才更加让他感到震撼。洪业说：“历史上就是有那么一些十分杰出而又关心民生疾苦的人，就像陈潢那样，志不得酬，竟遭诬陷，且以身殉职，但是他们将永远活在人们心里。”

侯仁之始终认为，顾颉刚、洪业等老师对他的影响不仅是学业上的，更多的还是思想上的。在处世为人上，老师们自有其鲜明的立场和准则。比如1935年的“一二·九”爱国学生运动，首发于北平学界。侯仁之当时虽然正在忙于撰写毕业论文，但在这样的时刻，如何还能冷漠处之，因此积极参加了游行示威。出于对老师的尊重，事先他请示了洪业，而老师则表示了完全的支持。那时，洪业本人也在写着一篇名为《考利玛窦的世界地图》的长篇论文，收笔之时，他在文末注明：“1935年12月28日燕大学生罢课之第十九日。”这清楚地表明，洪业始终在关注着学生运动的进展过程。

洪业的《考利玛窦的世界地图》于1936年4月在《禹贡》上发表，引起学界很大反响。曾有一位日本学者来信就学术问题进行讨论，洪业自然要写信作答。当时已经占领中国东北的日寇野心日益膨胀，正在策划进一步侵略华北的行动。洪业在给这位日本学者的回信末尾写道：“国际风云，舆图改色；扬波助澜者，貌同而心异。史地之学，典籍散阙；商考旧实者，貌异而心同。”话虽简短，却充分反映出洪业的心情。前一句是激愤：日寇的狼子野心居然得到一些汉奸推波助澜的响应，这些家伙虽“貌同”中国人，却早已出卖了自己的良心；后一句是感慨：对方虽是“貌异”的日本学者，但仅就探讨历史、考据史实、进行学术讨论的出发点来说，双方还是相通的。

这些一点一滴看似不大的事情，在潜移默化地影响着年轻的侯仁之。有一次，他在图书馆查阅资料时，看到了著名学者顾炎武的著作，其中有这样一段话：“感四国之多虞，耻经生之寡术。”那意思是：国家正值多难之时，而作为一介书生却束手无策，实在可耻！联想到眼下的国家形势，侯仁之深受刺激，竟至泪下！他把自己的感受说给洪业老师听，洪业指出，顾炎武“经世致用”的学术指导思想是值得学习和推崇的。正如顾炎武自己所说：“君子之为学，以明道也，以救世也……”何为“明道”？何为“救世”？还是他说的：“拯斯人于涂炭，为万世开太平，此吾辈之任也。”

顾炎武生于 1613 年，原名“绛”。他经历了明末清初朝代更迭的特殊历史时期，在清兵入关后曾参加起兵抗清。明亡后，为表示不与清朝合作，改名为“炎武”，并遵继母遗训，坚守气节，终生不在清朝为官。他的后半生曾遍游各地，且有颇多著述，其中最有名的，当数《肇域志》和《天下郡国利病书》。前者侧重地理，后者侧重社会经济，均对后世有较大影响。而顾炎武的言行著述，无不突出那四个字——“经世致用”。这一点，对青年侯仁之的影响是很大的，在他以后漫长的学术生涯中，也时时在贯彻着这四个字。

1936 年夏天，侯仁之本科毕业，获得文学士学位。然而他的学业并未结束，继续留校攻读硕士。恰在这一年，顾颉刚被燕京大学聘为历史系主任，他当即推荐侯仁之为系主任助理。这一年，顾颉刚还开设了一门新的课程——“古迹古物调查实习”，侯仁之的主要任务，便是协助老师开展教学。同时，他还在燕京大学附中兼任教学。

对于在燕大附中兼课这件事，应当重点说一下。侯仁之刚进校的时候，同宿舍有一位读大四的同学，原先也在德州博文中学读过书，应算是老校友了。这位同学是学教育的，按规定必须要进行教学实践，因此在燕大附中兼教历史课。寒假将临的时候，他因长辈去世而必须回家奔丧，便想请侯仁之代课。因为这是刚入校的第一个学期，学习任务很重，所以开始的时候侯仁之没有答应。但那同学急于回家，再三恳请，侯仁之一想，这也未尝不是一个锻炼自己的好机会，便应承教到期末，接着便开始认真备课。没想到，他的教学效果非常好，学生们不肯放他走。那同学回来后，说：“你教得很好，很受欢迎，我马上就要毕业了，你还是接着教吧！”这一下，侯仁之就持续教下去了。说来侯仁之比那些中学生大不了多少，作为一个青年教师，他与同学们相处得很融洽，正像他后来说的：“亦生亦友，相得其乐。”

▲ 20 世纪 30 年代，侯仁之在燕京大学研究生宿舍内。（侯馥兴提供）

为了配合“古迹古物调查实习”的教学，侯仁之协助老师顾颉刚组织学生们定期进行现场实习，将书本知识与调查实践有机地结合起来。根据顾颉刚的要求，每隔两个星期，就要利用周末的时间组织一次实地调查，主要目标是北平城内和郊区的文物古迹；在时间较长的节日或假期，则组织赶赴外地考察。在回忆这段经历的时候，侯仁之曾写道：

> 我的主要任务是每次确定调查目标之后，如某处的古建筑、某处的古园林以及某处的考古发现或古迹古物等，颉刚师就向我提供一些必要的参考资料，再加上我自己搜集所得，先写成一篇简要的介绍书，事前要铅印出来，在出发前发给学生，人手一份，作为到现场调查时的参考。这无疑对我是一个极好的训练。可是仅凭文字记载，常常出现错误，来到现场对比实迹实物的时候，往往会发现我所根据的资料不尽可靠，也有时是调查对象本身已经发生了变化。对于这些情况，班上的学生往往不甚注意，我却格外留心。这使得我深深体会到现场考察是多么重要。

侯仁之所参加的第一次大规模野外考察，是参加禹贡学会组织的黄河“后套水利调查团”。那是他刚刚毕业后的第一个暑假，便遇上了这么一个难

▲ 1936 年，侯仁之在北平郊区实地考察古代石渠遗迹。（侯仁之提供）

▲ 侯仁之在考察途中与村民李二交谈。（侯仁之提供）

得的机会。顾颉刚分配给他的任务是参与调查团的部分组织工作。调查项目本是顾颉刚亲自联系的，因临时有事而未能前去。对侯仁之来说，这次调查工作的经历是一次难得的锻炼。说来也巧，他在本科学习的那些年，对不同历史时期的水利问题格外关注，连毕业论文写的也是水利问题，而这次考察的重点内容又是对后套地区水利情况的调查，这对他今后的研究方向无疑产生了深刻的影响。无论是在自然地貌的形成和变迁过程中，还是在人类历史的演变与发展过程中，“水”——像自然的江河湖海、人工的沟渠运河——都有着绝对不容忽视的重要作用。而侯仁之一生学术探索的主要内容，也与“水”有着密切的关系。我想，这也许与他早期所进行的这些学习和实践是分不开的。

对侯仁之来说，印象最深的，是一次特殊的野外实习。那次适逢假期，侯仁之跟随顾颉刚老师带领学生乘火车前往宣化和张家口一带调查古迹。在张家口，侯仁之第一次登上了“外长城”。

▲ 侯仁之在玉泉山下考察清代饮水石槽遗迹。（侯仁之提供）

▲ 张家口大境门。（摄于 2005 年 8 月 3 日）

张家口位于北方少数民族地区与中原汉族地区交界处，历来是兵家必争之地，因此，这里居然有六个不同历史时期修筑的十段长城。明朝初年，北京曾被称为“北平府”，为防止战事重生，朝廷在北平府北面军都山一带修筑长城，但是毕竟距离太近，游牧民族的骑兵轻易便可长驱南来直逼城下。永乐元年明成祖朱棣将“北平府”改称“北京”，开始营建京城，继而都城也由南京北迁——那是“北京”正式得名之始。朝廷为了加固北部边防，在张家口一带原北魏长城的基础之上，又重修边墙。为了有所区别，习惯上便把军都山长城称为“内长城”，而张家口那里的长城则被称为“外长城”。

张家口市区北端，有一座高大的城门，被称为“大境门”。它是张家口的标志性建筑。那次考察的时候，侯仁之特地登上大境门，一览关内外不同的风光。他在无意中发现大境门旁边有一段砖砌的坡道，沿阶而上，可至城墙顶端。在那里，居然有一个平台，上面有一座破烂不堪的建筑，看来年代已经很久远了。他感到很好奇：为什么在长城重要隘口的一侧要修建这样一座小城堡？为什么小城堡内的高台上会有这样的一座古建筑？回到学校后，他马上到图书馆查阅了一大堆资料，居然从中找到了答案。原来，那是明代后期沿着长城开设“马市”的市场之一，也就是长城内外的百姓进行牲畜等商品交易的场所。这种商品交易定期举行，其实就是现在农村常见的集市。侯仁之还了解到，那个小城堡起初叫“张家口市城”，后来改称“来远堡”。平台上的那座古建筑，曾是明朝万历年间兴建的“观市厅”。

侯仁之的发现有一些很特殊的意义。中国古代长城并非一朝一代所筑，而是历朝历代不断重修新建，已有数千年历史。修筑长城的理由，往往是“抵御外侮”，那“关里”“关外”，分得很清。所谓“万里边关”，长城沿线诸多关隘的名字，不是叫“关”就是叫“口”，鲜明地表现出长城的“御敌”功能。然而，偏偏张家口这里出了个另类的“大境门”，恐怕并非偶然。说来战争往往是一种政治斗争的产物，而普通百姓总是渴望和平的。不打仗的时候，民间总会悄然产生自发的贸易往来，这是再高再长的城墙也难以挡住的。张家口的“大境门”，是清朝顺治年间开启的，目的是促进民间经济交往的发展，这是当时“门户开放”政策的具体产物。由“观市厅”到“大境门”，它们的存在直接展示了历史发展的具体过程，有着耐人寻味的深厚内涵。

这次考察，侯仁之的收获甚为丰厚，他写出了一篇题为《明代宣大山西三镇马市考》的论文，后来，论文被《燕京学报》刊登。他说：“这篇论文是我第一次把一处古代遗址的研究扩大到一个地区的开始，也就是‘从点到面’的开始，从而使我进一步认识到历史遗迹应该得到充分重视的意义。”

对于侯仁之来说，这些实地调查的意义是十分长远的。在后来的日子里，他始终十分重视并提倡野外考察和考古研究。而在另一方面，他的兴趣已经开始逐渐由“历史”向“地理”的方向转化了。

顾颉刚与谭其骧将学会及刊物均命名为“禹贡”，不仅有学术上的意义，还有政治上的意义。20 世纪 30 年代初，中国正面临着日本帝国主义的侵略，在此危难之际，即使是在书斋里埋头做学问的学者也无法置身世外。禹贡学会把自己的任务定为编辑中国民族志、研究中国地理沿革史及沿革图、研讨中国边疆问题，等等，还通过组织对西北河套地区的实地考察以研究边陲地区的地理、历史、民族情况，充分表现出一种“国家兴亡、匹夫有责”的态度。从 1936 年 7 月到 1937 年 7 月的一年间，《禹贡》在正常发刊的同时，还出版了《西北研究专号》《东北研究专号》《南洋研究专号》《康藏专号》《察绥专号》，等等，这是用一种特殊的方式报效祖国，以弘扬“华夏不可侮、国土不可裂”的民族精神。

1937 年 7 月 16 日，也就是“七七事变”后的第十天，《禹贡》半月刊坚持出版了第七卷第十期，这是它的最后一期。在三年多的时间里，它竟出版了七卷之多，是一个很了不起的事情。有意思的是，30 年后，日本的历史地理学者居然成立了一个“《禹贡》目录编辑会”，在 1971 年出版了《禹贡》的《总目次·索引》。再过了 12 年，当年顾颉刚的学生、此时已是著名历史地理学家的侯仁之接到一位素不相识的日本学者寄赠的这部《索引》，颇为感慨，因为这一任务本来是应当由中国的学者完成的。

从进入燕京大学学习到成为顾颉刚先生的研究生，侯仁之由一个毛头小伙子逐渐变成了思想较为成熟的青年。但有一点并没变：像中学时代一样，他仍是一个比较活跃的人物，积极参加学校的各种活动并且表现很突出。他始终引以为自豪的，是曾经在学校的越野赛上两次夺得 5000 米长跑的冠军。

著名艺术家黄宗江曾写过这样一段文字，颇有兴味。他在文中恭称侯仁之为“师兄”：

……师兄侯仁之……我初上燕京大学时他已经是研究生。我们曾一同参加越野赛，从西校门跑至颐和园再折回未名湖。他获冠军，我居第

▲ 1938 年，获得燕京大学文学硕士学位的张玮瑛与侯仁之在校友桥合影。（侯馥兴提供）

五名。在我前的三名均是外籍学生，乃有人戏称我为中国学生之亚军，亦殊荣也。

很多年以后，这仍是侯仁之很得意的一件事情，在聊天的时候，他常会饶有兴味地说起当年如何自西校门直奔颐和园，在东宫门外的大牌坊前调头转弯，再一路领先跑回校园，把那些人高马大的“洋同学”远远甩在后面。

侯仁之跑步速度快，在燕京大学是出了名的。不过，若论别的方面，还有人“跑”得并不比他慢。确切地说，应当是“跳”。这个人，就是侯仁之的夫人张玮瑛。

侯仁之很少提到他与张玮瑛从恋爱到结婚的经过，唯有在他的《晚晴集》“自序”里简单地说了一句：“在燕园，我还遇到了以后我的夫人张玮瑛，当时还是一个勤奋学习的同学……”

说实话，我对于 20 世纪 30 年代的大学生是如何谈恋爱的，还真有些好奇。然而侯仁之毕竟是长辈，尽管同他聊过许多次，却总也壮不起胆子探问这件事情。我倒是曾经半开玩笑地问过张玮瑛：“……当初，是侯先生先追您的，还是您先喜欢侯先生的？”张玮瑛微笑而不答。想来的确挺有意思：他们虽然同在燕京大学历史系，张玮瑛比侯仁之小四岁，却比他高了一级，应算是“师姐”呢！有一次我给侯仁之打电话，恰是他的长子侯方兴接的，他比我大几岁，应算同龄人，说话不必太拘束，我便借机绕着弯儿问道：“你母亲比父亲年纪小，为什么在大学里倒高了一级呢？”他回答得很诙谐：“人家都说我母亲小时候很聪明，上小学就比别人早，后来又跳级。跳来跳去，就比我父亲高了一级……”

张玮瑛的父亲早年曾在美国和法国留学，当时是天津一位很有名的医生。张玮瑛出身书香门第，自小受家庭熏陶，自然聪慧过人。不过，尽管她“跳”得快，看来还是不如侯仁之“跑”得快，秀美聪颖的张玮瑛，最后还是被英俊倜傥的侯仁之“追”上了，成就了一段携手并肩 70 多年的好姻缘！

伍

五　国难当头

当此之时，国事日忧，风雨如晦，鸡鸣不已……

——侯仁之

1937年7月，日寇全面发动了侵华战争。7月7日，“卢沟桥事变”爆发；8月8日，日军侵入市区，北平沦陷。

侯仁之回忆道：

“七七事变”之后，日本人要逮顾颉刚了，因为他宣传抗日嘛。我在中学毕业的时候就是因为看了他的文章“唤起民众”“到民间去”啊，所以才考了燕大。在“七七事变”以前的几年间，顾颉刚在燕大东门外自己家中，组织了一个“通俗读物编刊社”。他当时编了许多宣传抗日的大鼓词唱本，我记得有“大战喜峰口”等，培养爱国艺人在天桥演唱。好多种啊！进行各种各样的抗日宣传。所以日本人要逮他。他没办法，他非走不可。我记得很清楚，蒋家胡同那些书，顾廷龙搬，我去找地方。顾廷龙就住在蒋家胡同3号顾颉刚家里的西房，论辈分顾廷龙比顾颉刚还大一辈，可论年龄顾廷龙年青。顾廷龙在燕京大学毕业之后，是中文编目部的主任，管图书馆。

由于顾颉刚创办的“通俗读物编刊社”编印散发了许多材料，积极宣传抗

▲“卢沟桥事变”发生地——宛平城。（摄于2005年8月）

▲“卢沟晓月”碑。（摄于 2005 年 8 月）

▲ 通往临湖轩的路。（摄于 2005 年）

日，因此早就被日本人列入了黑名单。听到这个消息，他只好仓促出走。然而当时乘火车南下已经不可能了，他只好先北去张家口，然后再设法南下。顾颉刚藏书颇多，装了好多箱，带走不可能，丢下又实在可惜，便委托侯仁之想办法藏起来。侯仁之还真的找到了一个挺理想的地方：他和顾廷龙把那些书运进燕大校园，全部藏到临湖轩的地下室里了。

▲ 1939 年 8 月 7 日，侯仁之与张玮瑛结婚。正值国难期间，他们只是在临湖轩举行了一个简单的婚礼。（侯馥兴提供）

临湖轩在燕园未名湖畔的一处高岗上，是当年一对美国夫妇为燕京大学捐资时指定修建的校长住宅。那是一座典型的中式建筑，雕梁画栋、砖饰精美，北坡山石嶙峋，南侧翠竹环绕，环境极为幽静。不过校长司徒雷登并没有真的把它当做自己的私宅。他的妻子早年因病去世，儿子又在美国，只有司徒雷登孤身一人在中国工作，因此，这临湖轩便时常作为“公共场所”，用于接待来访的贵宾，一些重要的会议也在这里召开。燕大的青年教师结婚的时候，经常在临湖轩举行婚礼，司徒雷登很乐于为他们担任证婚人，侯仁之与张玮瑛的婚礼就是在这里举行的。侯仁之把顾颉刚的书藏在临湖轩，实在是再安全不过了。但是几年之后，因形势突变，那些珍贵的书籍还是落到了日寇手里。当然这是后话了。

顾颉刚老师走了，侯仁之的学业还要继续，他便转为洪业的研究生。

前面说过，侯仁之对清代著名学者顾炎武极为敬崇，在与老师讨论顾炎武的《天下郡国利病书》时，洪业曾提醒侯仁之说：“你的祖籍是山东，而学校图书馆的藏书中与山东地方志有关的书籍数量很多，何不利用这一难得的条件，根据清初以来比较完备的资料，重修《天下郡国利病书》中有关山东的部分。”当时侯仁之已经选定将“靳辅治河始末”作为毕业论文的题目，洪业老师的这一建议暂时被搁下了，直到他成为洪业的硕士研究生以后，才重新开始全面研究这一专题。

后来，侯仁之才认识到，老师的建议不仅是一个普通的课题，而是自己在学术研究上的重要转折点。从某种意义上说，它决定了自己一生要走的道路。

当时，侯仁之的兴趣已经从历史学转向了地理学，洪业老师发现了这一点。恰好洪业的弟弟在清华大学教地理，他建议侯仁之可以直接到清华去听课。洪业预感到侯仁之将是一个可成大器的学生，他认为自己有责任为这个学生创造更多的机会。

多年以后，侯仁之在他的《怀念我师洪业教授》一文中满怀感激之情地写道：

> 在这里需要着重说明的是煨莲师的这一命题，实际上已经把我引向历史地理的研究领域，而煨莲师自己并非历史地理学家。现代历史地理学的理论与方法，首先是在西方地理学界开始得到发展的。我清楚地记得，1938 年春天的一个早上，煨莲师忽然打电话要我到燕南园 54 号他的家中去看他。按习惯我去看煨莲师总是在傍晚或晚间，现在竟然约我在早上去，必有急事。这次煨莲师也不是在客厅里而是在他极少让人进入的他的书房中等待我。我进门后刚一落座，他就突如其来地大声对我说：“择校不如投师，投师要投名师。”我当时听了有些茫然，正待发问，他

就接着对我说："你应该到外国去专攻地理学。论西方大学，哈佛很有名，但是那里没有地理系。英国的利物浦大学，虽然论名气不如哈佛，但是那里有一位地理学的名师，可以把你带进到地理学的领域里去。"这也就终于决定了我一生深入进行学术研究上的道路。

在侯仁之考虑确定求学方向的关键时刻，洪业的话起到了决定性的作用。若仅就名气而言，哈佛大学无疑是理想的选择。这所美国名校已经有 300 多年的历史，出了好几位美国总统、数十位诺贝尔奖得主和普利策奖得主，同时，它还在许多方面是燕京大学的合作者。相比之下，英国利物浦大学的历史要短得多。所以，似乎无论从哪个方面考虑，哈佛大学都应是侯仁之的首选。

但是哈佛大学至少有一点不如利物浦大学：它居然没有地理系！而利物浦大学不仅有地理系，更重要的是这地理系还有一位名师——著名的地理学家罗士培教授。洪业正是建议侯仁之投向罗士培门下求学。

2005 年 3 月，一个春寒料峭的傍晚，我去燕南园拜访侯仁之，正好遇到他在夫人张玮瑛的陪伴下由他的博士研究生王毓蔺搀扶着出来散步。我随其身后

▲ 侯仁之与张玮瑛在燕南园 54 号洪业故居门前。（摄于 2005 年 3 月 8 日）

漫步而行。侯仁之因腿疾渐重，步伐有些蹒跚，但他仍坚持要按习惯的路线走一圈。在走到54号楼洪业旧居门前的时候，他停下了脚步，注视良久，突然回过头来说："洪业老师，我永远忘不了。那次，他把我叫来，叫到他的书房里，对我说，'择校不如投师，投师要投名师。'他这句话决定了我的命运……"

时间过去了67年，他还时时不忘当年的情形，可见老师的那句话，对他来说是何等重要！

其实，对于每一个志向坚定的学子来说，这"择校不如投师，投师要投名师"12个字，都如同醍醐灌顶。当然，若能名校名师兼得，自然是最理想不过的事情了。但世上还没有一所名校能统揽天下各科各系的名师，若盲目崇拜名校，难免会空得虚名而迷失原先确定的求学方向。相比之下，名师的作用显然更重要些。譬如侯仁之，幸有顾颉刚、洪业等名师点拨，最终方成大业。

1940年，侯仁之在导师洪业的指导下完成了研究生论文《〈天下郡国利病书〉山东之部》，并获得硕士学位。按照洪业的安排，侯仁之应当在这年的秋天前往英国利物浦大学继续深造。但是，由于此前一年——1939年的9月，德国入侵波兰引发欧洲大战，形势发生了极大的变化，他未能如期成行，而是留在学校，在任教之余，还承担了一项十分重要的工作。

在这里，有一件很重要的事情需要说明。尽管日本侵略者占领了北平，但由于燕京大学是美国教会创办的学校，因此在战争初期还能够保持相对的平静。为了保护学校免遭日寇骚扰，司徒雷登重新担任校长，并让学校悬挂美国国旗，在校门张贴告示阻止日军进入校园。在被日本侵略者占领的北平，燕大成了一个环境十分特殊的地方。

当时，由于燕大没有与北大、清华等高校一起南迁，曾经受到许多燕大师生的指责，但是后来的事实证明，司徒雷登的决定并不是错误的。由于燕大留在北平，不仅为许多沦陷区的学生保留了一处可以继续求学的地方，还成为沟通沦陷区与解放区及大后方的秘密通道。

抗日战争开始后，燕大原来的学生生活辅导科改为"学生生活辅导委员会"，辅导委员会的委员由燕京大学下属的文、理、法三学院各选派一名教师担任，另设副主席、主席各一名。这副主席与主席是由校长直接委派的，属于义务兼职的性质。侯仁之作为毕业留校任教的青年教师，在燕大连学习带工作已经有八年的时间，与学生有广泛的接触，为人正直可靠，被校长司徒

▲“穆楼”西侧。二楼西北角为侯仁之在燕京大学学生生活辅导委员会工作时的办公室。（摄于2005年）

雷登任命为辅导委员会的副主席；担任主席的，是美籍教授夏仁德。

司徒雷登选择夏仁德为主席，显然经过了慎重的考虑。夏仁德虽然是个外国人，却一贯支持中国学生的爱国行动。“一二·九”的时候，大队学生徒步进城参加示威游行，被反动军警拦阻在西直门外，夏仁德怕学生饿肚子，亲自送去了很多食物。他是个心理学教授，在为学生指定参考书时，居然包括《共产党宣言》，许多学生是通过他的介绍第一次接触马克思和恩格斯的著作。夏仁德的课讲得很好，据说当时全校的800多名学生中，竟有150多人选修他主讲的“心理卫生”课。他与学生的关系十分融洽，还经常自己出钱资助经济困难的同学，因此深得学生爱戴。

不过，在确定辅导委员会人选的时候，侯仁之的导师洪业提出了异议：他不同意侯仁之兼任辅导委员会的工作。出于对学生的爱护，他认为侯仁之应当把精力集中在教学和学术研究上。经过司徒雷登校长的说服，洪业了解到这项工作还有一些特殊的意义，最终还是同意了，但条件是只能任职一年。

辅导委员会每两周开会一次，讨论决定一些重要的事情，而日常的工作，则由夏仁德与侯仁之共同承担。这个辅导委员会公开的任务，是资助生活困难的学生继续学业。由于战事影响，许多来自外地的学生因与家庭中断联系而失去了经济来源，生活受到很大影响。辅导委员会在校园里为这些学生安排“自助劳动”，比如协助图书馆、实验室工作，修剪草坪、打扫卫生，等等，由学校拨出经费作为报酬。

由于困难学生数量较多，没有足够的工作岗位，委员会的日常工作十分繁杂，需要根据学生的申请分配不同的工种，确定合理的报酬标准，还要核定、计算工值，按时发放报酬。夏仁德兢兢业业、不厌其烦，管理得井井有条，使侯仁之深受感动。

侯仁之在配合夏仁德工作的同时，还进行了一项更为重要的工作：秘密协助爱国学生通过各种途径前往解放区或大后方。这项工作得到司徒雷登的大力支持。

应当说，在中国遭受外寇入侵、面临危难的关键时刻，司徒雷登的态度是鲜明的，立场是坚定的。他坚决支持中国人民反抗侵略的正义斗争。对于辅导委员会的工作，他明确提出，只要有学生为了参加与抗日有关的工作而要求学校帮助离开沦陷区，校方一定给予支持；对于要走的学生，凡有经济困难的，校方将予以必要资助。学生临走前，他都要在临湖轩设宴饯行，并告诫道："燕大的学生无论是到解放区还是大后方，都要在国民党和共产党之间起到桥梁作用，以加强合作，共同抗日。"对于那些试图逃出北平的人，司徒雷登不顾危险，经常直接提供帮助。冰心曾经回忆道：有一次，她和吴文藻找司徒雷登商量，想借用他的汽车将两个要去大后方的学生在夜里送到郊外，司徒雷登毫不犹豫地答应了。燕大的一些外籍教师也是在司徒雷登的支持下离开北平、投入抗日斗争的。比如英籍教授林迈可秘密为共产党领导的游击队提供医疗与通讯设备，司徒雷登经常让他乘坐自己享有外交豁免权的小汽车外出，以躲开日寇的检查。这位林迈可与学校里一些人成立了一个秘密组织，专门破坏日寇的交通运输。据说，司徒雷登有一次找到这个组织中的一个成员，询问是否有办法炸掉石景山发电厂……他的这种态度和立场，直接影响了全校师生。

侯仁之协助安排出走的第一批学生，是前往"国统区"的大后方。

在中国人民抗击日寇侵略的战争中，有许多国际友人的积极参与，来自新西兰的路易·艾黎就是其中之一。20 世纪 20 年代末期，路易·艾黎来到中国的上海，后来曾参加由外籍人员组织的马克思主义小组活动，并积极帮助中共地下党工作。抗日战争爆发后，他发起成立了"工业合作社促进委员会"（简称"工合"），并在西北、西南各地成立工业合作社，把分散的手工业者和技术人员组织起来，开展工业生产，支援抗战。燕京大学数学系有一位名叫赖朴吾的英籍教师，是路易·艾黎的朋友。1939 年夏天，他在司徒雷登的帮助下，与林迈可等人历尽艰险经过解放区到达西安，林迈可完成任务后返回北平，而赖朴吾则前往四川，协助“工合”开展工作。他在“工合”的情况传回学校后，有些学生也想去那里工作。侯仁之听说了那些同学的打算后，认为辅导委员会有责任为他们提供帮助，便和夏仁德前去请示司徒雷登。司徒雷登不仅坚决支持他们，还提出了一个很好的建议：为了保证途中安全，可以先绕道上海，由在上海的燕大校友设法帮助这些学生去内地。那次一下子走了十多个人，在经过曲折漫长的旅途之后，都顺利到达了目的地。

在辅导委员会和侯仁之的帮助下，还有一些学生陆续奔向中国共产党领导下的解放区。

实际上，在“七七事变”刚刚爆发的时候，北平西北远郊的爱国民众便自发成立了“国民抗日军”，并得到中共地下党的支持。后来，国民抗日军接受了八路军的改编，中共陆续派出精干的工作人员成立了宛平中心县委和平西抗日游击队支队。1938 年 3 月，晋察冀军区的邓华支队开进平西，协助地方在东斋堂建立了宛平县抗日民主政府，后又建立了中国共产党的地方组织——平西地方工作委员会。邓华支队以斋堂川为基地向周围地区发展，逐步形成了平西抗日根据地。十个月以后，也就是 1939 年 1 月，根据毛泽东等中央领导关于在冀热察地区创立游击根据地的意见，萧克将军率部队来到平西的宛平地区，成立了八路军冀热察挺进军、区委员会和军政委员会，萧克任挺进军司令员兼政委，马辉之任区委书记，并由萧克、宋时轮、邓华、伍晋南、马辉之组成军政委员会，萧克任军政委员会主席。他们的任务，是巩固平西抗日根据地，坚持冀东和开辟平北的游击战争，创建冀热察抗日根据地。

在中国共产党领导下的抗日队伍粉碎了日寇发动的多次大规模扫荡，主动出击，予敌人以重创，根据地日益扩大。到了 1941 年，平西、平北、冀东终于连成一片，建成了规模达 320 万人口的抗日根据地，形成对北平城区的全面包围。

因此，对于那些想要逃出北平的人们来说，只要设法穿过封锁线进入游击区，便可在抗日武装的掩护下前往晋察冀边区。当初，赖朴吾和林迈可等人就是通过西山的樱桃沟，再攀上妙峰山，便顺利地与游击队会合了。当然，“所谓”顺利是相对的。对于如今去西郊山区旅游度假的“休闲一族”来说，这实在是一段极短的路程，但当年要想逃出日寇占领下的北平却绝非易事。虽然燕京大学地处郊外，距西山稍近些，但要想在光天化日之下穿过封锁线仍然十分危险，如果没有必要的掩护和配合，几乎是不可能的。其实，赖朴吾他们旅行的每一个过程，都是在地下抗日组织的安排下进行的，燕京大学那些勇敢地前往解放区的学生们同样也受到这样的关注。

据侯仁之回忆，当时经他负责联系安排而前往解放区的学生共有三批。根据去向的不同，离开北平的方式也不太一样。侯仁之记得，前两批学生的路线与赖朴吾他们基本相同，都是翻山越岭穿山沟走小路，经过西山再至妙峰山，萧克的司令部就设在那里，八路军的部队负责安排下一步的行程。第三批学生则是设法先乘火车沿平汉线南下，到达位于河北与河南交界处的磁县，再从磁县步行进入太行山区的抗日根据地。

侯仁之所进行的工作是需要严格保密的，当时中共地下党派出的同志与他实行的是"单线联系"。凡是打算去解放区的学生，地下党实际上已经进行了慎重的选择，他们需要通过一定的过程方可与侯仁之接触；而侯仁之事先对他们的情况已经有所掌握，在确定了名单之后，才代表学校进行具体的安排。当事情基本有了眉目以后，侯仁之会通知那些同学提前做好准备。为了安全，每一批以四五人为限，只能随身带少量的干粮，装成要去郊游的样子，随时等候通知。而出发的时间取决于向导。当时曾有好几次下达了通知后又临时取消，原因是向导因故未能准时到达，而没有向导是绝对不能贸然出发的。

对护送学生去解放区的工作，地下党安排得十分周密。为了防止把传染病带进解放区，事先还要给那些学生注射防疫针，这项工作也是由侯仁之负责安排的。为了保密，夏仁德让学生们趁深夜到他的家里去，由校医院的吴继文大夫负责注射。

在确定了出发时间的前一天晚上，侯仁之赶在全校统一熄灯之前单独当面通知每一个要走的同学，告诉他们第二天的集合地点和时间。他对通知的内容记得很熟：

> 我亲自把"信息"当面传达给要走的同学："明天早上八点钟，在学校机器房照例鸣汽笛的时候，准时到达前去颐和园中途的挂甲屯村，在那里就会看到有个农民装束的老乡迎面走来，就可以问他：'老乡，去圆明园怎么走？'如果他回答说：'我们是同路的。'那就证明是带路人。他答完话后就转向路北一条石板道，顺着达园的西墙（现在达园尚在，石板道的石板已被起走），向着圆明园走去，这时就要隔开一定的距离跟着他，一直进圆明园。"
>
> 当时我只负责传达这一信息，绝不能去现场。据说这样走的学生，先要隐蔽在圆明园的废墟里和一些偏僻的农村，然后沿着行人稀少的小

道，翻越西山，直奔妙峰山，也就是平西游击队萧克同志司令部所在地。

许多年以后，侯仁之还与当年他亲自送走的一些同学保持着联系。但是，那时去解放区的路程是充满艰险的，有的同学甚至付出了年轻的生命。比如有一位名字叫吴寿贞的女同学，是侯仁之任教的那个班的学生，在经过西山奔赴解放区的途中遭遇日寇的突然袭击而不幸牺牲。侯仁之记得她本是一个性格恬静、十分用功的学生，他怀着沉痛的心情说："她的形象至今还深深印在我的脑海中。"

对于燕京大学所进行的抗日活动，驻北平的日寇不可能没有察觉，只是碍于美国当时尚未参战，一时无法下手，他们只能派人暗中监视，侯仁之自然也是严密监视的对象。对此，侯仁之自己也有所感觉。

当时，西苑日本宪兵队有一个名叫花田的鬼子，是专门负责监视燕大的小头目，经常穿着便衣四处活动。有一次他趁侯仁之和张玮瑛都去了学校的机会，闯进侯仁之在燕大南门外的住宅，与女佣老于妈搭讪，非要侯仁之的照片看看，而且还放肆地拉开书桌的抽屉仔细察看。也许是生怕主人发现的缘故，他什么东西也没动便悄悄离去了。更蹊跷的是，有一个星期天，家里来了个不速之客，是一个貌似学生的青年，说是要找侯仁之问一下怎样才能去大后方。也许并非巧合，那天侯仁之恰好又不在家，那青年没有问出什么东西，讪讪地走了，此后再没来过。事后家里人告诉侯仁之这个情况，他很吃惊，因为护送学生出走的事情始终是秘密进行的，外人不可能知道，更不可能直接来找他联系。其后不久，侯仁之发现在离自己家不远的地方突然冒出来一个瘸腿的乞丐，从早到晚坐在地上讨饭，而那里平常并没有多少行人。这个人的出现，使侯仁之预感到自己已经被严密地监视起来了，他的行动只能更加谨慎。

侯仁之是一个十分仔细认真的人，每送走一批同学，他都要在一张薄薄的打字纸上记下那些学生的名字和个人情况、离开学校的日期和路线、学校提供的资助，等等。他想，在胜利到来的时候，这将会是一个十分珍贵的历史记录。这份材料非常重要，放在家里显然很不保险，而燕大的校园应算是美国的"领地"，日寇无法擅入，相对来说要安全得多。因此，他把材料装入一个封套，小心地藏在教员办公室自己的写字台抽屉里。

可是，他万万没有想到，一场巨大的灾难在毫无思想准备的情况下突然来临了。那份材料居然会潜藏着可怕的危险。

陆

六 身陷囹圄

因掩护学生抗日，惨遭日寇逮捕，人间炼狱，矢志弥坚……

——侯仁之

1941年，国际形势愈加严峻。6月22日，德国突然入侵苏联，日本认为乘机扩大在东南亚军事行动的机会已经成熟。经过周密策划，出动了以六艘航空母舰为主体的特混舰队，远离日本本土南下，秘密航行4000多海里，于1941年12月7日夏威夷时间7时55分，向美国海军在太平洋上最大的基地珍珠港发动了大规模的偷袭。日本在两个小时内出动350余架飞机，炸沉炸伤美军舰艇40余艘，炸毁飞机200多架，毙伤美军4000多人。

当天，美国总统罗斯福发表了“国耻日”演说，美国国会以压倒多数通过对日宣战，太平洋战争就此爆发。

由于时差的关系，珍珠港与北平的时间相差18个小时，日本偷袭珍珠港的时间是北平的12月8日凌晨。几乎与轰炸行动同步，在与珍珠港远隔万里的北平城里，日寇也对所有与美国有关的机构实施了突然袭击，燕京大学自然是主要目标之一。

12月7日是星期日，侯仁之和妻子照例在家休息。前一天正是侯仁之30岁的生日，虽然正处国难之时，家里还是设法做了些好吃的，以示小小的庆祝。12月8日是星期一，由于上午安排有课，侯仁之照常提前骑自行车赶往学校。临近学校南门的时候，他突然发现情况异常：在大门内外，有许多全副武装的日本士兵，气氛十分紧张。侯仁之顿时产生一种危险来临的预感，赶紧掉头往回走，想先回家再说。没想到离家门还有一段距离的时候，远远看到家里的佣人老于妈靠在门边向他急急地摇手，他反应很快，马上转身躲到旁边一个熟悉的燕大附中老师家里。然而，总这么躲着毕竟不踏实，等了一段时间见没什么动静，他就请那位老师的小女儿去打探一下情况，好在是个孩子，料也不会出现什么意外。很快，那孩子就跑回来了，说是没什么反常。侯仁之连忙赶回家中，家里倒是一切照常，但家人还是受到很大的惊吓。原来早上侯仁之刚刚离开，就有一批日本宪兵和伪警察闯了来，见侯仁之不在家，很快就走了。

此时，侯仁之和家人当然不知道太平洋战争已经爆发，但完全可以猜出来一定发生了什么异乎寻常的大事情。当时他的第一个念头是，如果能立即逃往西山就好了。但是，妻子张玮瑛怀孕在身，离预产期已经很近了，她的母亲梁撷香老人两天前刚刚从天津赶来看望，这么一大家子人，是完全不可能一起逃走的。再说他也不能抛下即将分娩的妻子，只顾自己逃命。眼下已经无法和任何人进行联系，侯仁之有些束手无策。想来想去，他决定索性留在家里，看看到底会发生什么事情。同时，他想应当马上设法把岳母与妻子以最快的速度送回天津，由自己来面对将要发生的危险，那样心里还踏实些。

12 月 8 日这一天，大家怀着忐忑不安的心情一直熬到晚上，居然没发生任何新情况。第二天一大早，张玮瑛的堂弟张汉槎突然跑来了。他正在燕京大学读研究生，一直住在学校里。据他说，日本鬼子已经把校园占领了，命令全体学生立即离校。他和几位同学没了住处，想搬到侯仁之家里暂时住几天，侯仁之毫不犹豫地让他赶快搬来。根据张汉槎所说，学校里现在乱得很。侯仁之想，也许可以趁乱混进学校去，看看具体情况到底如何。由于南校门被日本兵把守着，戒备很严，他便绕了一个大圈子，跑到西校门。那是学校的正门，有许多学生拿着行李往外走，显得乱糟糟的。侯仁之逆着人流挤进学校，突然看到两个日本兵端着带刺刀的步枪，站在校门的内侧的石桥上，再往里，还有不少日本宪兵和伪警察，正在逐个检查被驱赶出校的学生。人丛中有个外国人，对那些日本兵视若不见，正跑来跑去地帮着学生们搬运东

▲ 燕园西门内。（摄于 2005 年）

西。侯仁之仔细一看，那居然是夏仁德教授！侯仁之正在进退两难的工夫，人丛中挤过来一个熟人，压低嗓子急切地对他说："你怎么还在这里？日本人已经开始抓人了，有人说你已经被捕了呢！还不赶快离开！"侯仁之赶紧随着出校的学生返回家中。这时候，张汉槎和他的四五个同学已经带着行李搬过来了，家里也显得挺乱的。侯仁之觉得应当赶紧安排好家人，当天就送岳母和妻子去天津了。

对于自己应当何去何从，侯仁之还没有考虑好。想到日本人早已对自己进行了监视，想走恐怕是不可能的，是祸躲不过，不管有什么事，只能硬着头皮顶着。好在家里人安全离去了，心里倒也轻松了许多。侯仁之定下心来，坐等日本鬼子上门。

在静坐默想中，他试着分析了一下情况。日本人对自己进行监视已经有一段时间了，昨天上门寻衅，似乎也不像要抓人，否则不会轻易离去。至于发生这些事情的原因，肯定与自己在辅导委员会的工作有关，具体而言，就是安排学生离开北平的事情。这里面有两种情况：一种是秘密去解放区的事情，侯仁之相信地下党安排得十分周密，敌人不会了解。反过来说，如果日本鬼子知道他与地下党有联系，早就动手抓人了。另一种则是许多学生在他的帮助下乘火车南下，这件事可算是一件公开的秘密，因为它本来就是辅导委员会的任务。学校里有许多家在外地的学生，尤以南方为多，由于战争爆发，中断了经济来源，还有不少已经毕业的学生急于返乡，让他们长期滞留在学校总不是办法。因此，对于经济困难缺乏路费的同学，校方通过辅导委员会予以帮助，让他们可以平安离开北平，这本是一件很正常的事。实际上，另外还有不少学生并未与辅导委员会联系，而是自行离去的。他们多是乘火车经津浦线南下，到徐州后再设法转车，最后往往还需要步行。途中尽管有封锁线阻拦，但并非想象的那样严密，只要花些钱给日本兵，一般都可以通过。当时还有不少商人也是使用这样的方法往来于封锁线两侧。

所以，侯仁之认为，如果日本鬼子来找麻烦，问到这些事情的话，自己还是能够应付过去的。为了证明自己行事坦然，只有在家坐等。

然而，不知是因为大战初起日寇忙不过来还是风头已经过去，侯仁之一连等了几天，居然没有任何动静。但学校已被封了，无法进去；这种非常时期，也不好与别人联系。而最使侯仁之牵肠挂肚的，是即将分娩的妻子返回天津后不知情况怎样了。想来想去，他决定不再等下去，而是马上赶天津。临走之前，他向张汉槎说明了情况，并留下了天津的住址，如果有日本人来找，可以直言相告，以此证明自己并非有意躲避。接着，侯仁之匆匆整理了一些书籍带上，便赶回天津去了。

当一个重大的历史事件发生的时候，由于每个人其时所处的位置不同，对这一事件的观察角度与亲身体会自然也各不相同。那几天学校里的情况，他是很久以后才知道的。

12 月 8 日这一天，当侯仁之照常去学校上课的时候，日寇的大队士兵刚刚包围了燕大校园。当天早晨，虽然有一些同学已经从电台中收听到日本偷袭珍珠港的消息，但大家对这突然到来的情况缺乏必要的思想准备。不久，全校学生都被集中到大礼堂，临时代理校务的高厚德博士被日本人拥上主席台，面容严肃地对大家说："由于当日清晨日美已经宣战，学校完全失去自由，希望大家静候命令。"接着是日本宪兵大佐荒木讲话，声称学校已属日本占领，所有人必须服从命令，若有反对行动，必将从严处置。与此同时，学校的全体中国教职员被集中到女生体育馆、外籍教师集中到临湖轩，分别召开了内容相同的会议。

整个白天，全校笼罩在一片恐怖气氛中。但日本鬼子忙着查封教室和办公室，到处贴封条，一时还没有新的举动。许多学生趁机处理可能涉嫌抗日的书籍、信件等，有的烧，有的撕，楼道里弥漫着烟雾，垃圾堆里都是破烂的书籍，就连未名湖里也漂浮着许多零碎的纸张。

晚上，各宿舍楼的门口都贴出了告示："夜晚禁止出入，以免危险。"真正的恐怖刚刚开始。趁夜色深沉，日本宪兵和汉奸们闯进各个宿舍楼，按名单开始搜捕。当夜，一共逮捕了 7 位教师和 11 名学生。他们被暂时押在贝公楼，第二天转移到城中沙滩北大红楼的地下室里关押。这座昔日的著名高等学府，此时已经是日本宪兵队本部所在地。

12 月 9 日，司徒雷登在天津被捕。他本是上一个星期六应天津校友会的邀请前去度周末的，原计划星期一返校，却在这天落入日寇手中。他被押送回北平，关到已被日军占领的美国领事馆里去了。

还是在这一天，日寇突然发出命令，限上午 10 时至下午 3 时，全校学生一律离校。校园里立刻就乱了。学生们住校数年，行李书籍都积了不少，如今仓促离去，来不及收拾，只能带些紧要的物品，所以带走的东西还不及扔下的多。那么多人必须在限定的时间内经过日本宪兵的严密检查一起出校，并不是一件容易的事。一时间，校园西门内的广场上挤得到处是人，除了学生，还有校工、挑夫、车夫……甚至还有叫卖食品饮料的小贩，居然也想乘机发点小财！

也许是因为如此轻易地放走全校学生太过简单，12 月 10 日，本来是计划驱逐教员的，日寇突然改变了主意，下令严禁任何人外出，而搜捕的行动则继续进行。在接下来的十几天里，又陆续逮捕了数名教师，其中包括侯仁之的老师洪业先生。夏仁德也未能逃脱魔掌，他与一批外籍人士被日寇逮捕后，千里迢迢押送到山东，关进了集中营。

而侯仁之回到天津后才几天，日本宪兵便寻踪而来了。

侯仁之的岳父张子翔是天津城里著名的医学专家，由于他家住在法租界，所以日本宪兵是由法国巡捕陪同前来的。那天一大早，他们便闯进侯仁之岳父家中，先搜查了侯仁之的房间，接着把他带到法国工部局，进行简单的盘问后，再押解到花园街的日本宪兵队关了起来。对此，侯仁之早有思想准备，始终坦然面对。

第二天，侯仁之被戴上手铐，由一名年轻的日本宪兵押上火车，遣往北平。那宪兵居然是个知识分子，得知侯仁之是位大学教师，不禁有些尊敬，还聊了几句，说他的叔叔也是一位大学医科教授。在宪兵队的汽车把他们送到天津火车站后，他将侯仁之的手铐卸了下来，直到抵达北平的日本宪兵队时，才重新给他戴上。

从天津到北平才 130 多公里，乘火车要不多久就到了。时近黄昏，他们在前门火车站下车。侯仁之难免心生感慨：十年前，他生平第一次到北平，前往潞河中学求学，也是在这里下车，如今时过境迁，在日寇的铁蹄下，那城门箭楼已失去昔日光彩。车站内外鬼子伪军气焰嚣张，街上路人行色匆匆神情惶然，让人感到心情无比沉重！

在沉沉暮色中，侯仁之被用汽车送到了目的地。他惊讶地发现，这日本宪兵队的所在地，就是北京大学那著名的红楼。

两地的日本宪兵办理完交接手续，侯仁之便被推搡着带到地下室，那里的房间已经被改造成了牢房，房门加装了木栅栏，他得弯下腰才能从栅栏下面的小门钻进去。进牢房后发现，原来这里已经关着一个人了。定睛一看，

▲ 位于沙滩的原北京大学红楼。日寇发动侵华战争占领北平后，这里是宪兵队所在地。（摄于2005年）

▲ 雪中燕南园。（摄于2004年）

那原来是燕京大学的学生，名叫孙以亮。这位孙以亮，就是后来的著名电影表演艺术家孙道临。

孙以亮原本已经躺下了，见有人关进来，连忙坐了起来，看见是侯仁之，也不禁又惊又喜。牢房里没有床铺，只能席地而卧。他帮着侯仁之在地上铺好毯子，两个人便躺了下来。虽然仅仅早进来几天，孙以亮毕竟比侯仁之多了一点经验。为了便于交谈，他们两个人的腿脚各自朝着另外的方向，头却尽量挨得近一些。牢房里的电灯是彻夜通亮的，看守时刻在监视着"犯人"的举动。不管是白天还是黑夜，他们经常蹑手蹑脚地在过道里巡视，一旦看见"犯人"相互说话，冲进来就是一顿毒打。因此，孙以亮让侯仁之像他一样，把一块毛巾遮在脸上，假装是挡住灯光，这样，在低声交谈的时候就不会被看守发现了。

想到居然在这种特殊的地方相逢，真是一段难得的缘分，他们根本无法入睡。孙以亮被捕的原因，是日本人得知他曾在学校内参加演出有抗日色彩的话剧，侯仁之也说了自己被捕的经过。由孙以亮口中，他才知道，燕京大学大约有 20 多名师生被捕，都关在这地下室同一条过道的那些牢房里。尽管

▲ 原北京大学红楼地下室。（摄于 2005 年）

相互之间无法联系，但每天下午让每个牢房出两个人，用铁链拴着，在宪兵的押解下到外面的厕所里去倒恭桶，偶尔可以看到一些熟人。在路过走廊拐弯处的时候，趁看守视线难及，可借机小声交谈几句。

第三天早晨，发生了一件特殊的事情。侯仁之正在牢里坐着，突然从栅栏外面飞过来一个小纸团，准确地落在他面前。此时外面没有看守，只有一个打扫过道的人刚刚从侯仁之的牢门外经过。侯仁之赶紧捡起纸团，打开一看，那是另一间牢房里的刘子健写的一封信，说自己已经过完堂了，现在与洪业先生关在一起。

说来洪业被捕实有些出乎意外。一年前美国俄亥俄韦斯良大学授予洪业文学博士，他应邀赴美接受授衔。当时日美关系已日趋紧张，许多人劝他暂留美国，但他坚持回国与全校师生共度危难，毅然在1941年初重返燕园。燕京大学被封以后，他也在日寇搜捕的名单里。那天，日本宪兵已经闯到燕南园54号家中，正要把他带走的时候，夫人很镇定地提出一个要求，说饭已做好，希望能让他吃了饭再走。日本宪兵居然答应了。最离奇的是，在吃饭的这段时间里，宪兵却变了主意，自行撤离了！有人认为是洪先生名气大，曾有许多日本籍的学生，因此日本宪兵也许是碍于情面，放他一马。这话可能有些道理，但不久后他还是被捕了，而且与大家关在一起，“待遇”完全一样。

刘子健的信上有一些话显然是出自洪业口中。他提醒侯仁之，在过堂的时候，日本鬼子“先侦察思想，后侦察行为。务要避实就虚，避重就轻。学生西游之事，似无所闻”。洪业对自己的学生十分关心，而最关心的是他的气节。这几句话极其简单，却表现出深厚的关切之情。尤其是最后一句中的“学生西游之事”，自然说的是送学生由西山去解放区的事。他既是告诉侯仁之要放宽心，敌人“似无所闻”——也就是可能还不了解这件事；同时也是提醒侯仁之，无论遇到何种严峻的情形，一定要咬紧牙关保守秘密。

在这样的时候聆听老师的嘱咐，侯仁之异常感动。在按照信上所说“立即毁掉”之时，他对即将到来的审讯也做好了充分的思想准备。

很快，对侯仁之的审讯正式开始了。在被宪兵押出牢房的时候，他心中充满大义凛然的悲壮之情。在此之前，他已经听说，许多学生在提审时被打得头破血流、伤痕遍体，因此对日本鬼子的凶残已有预料。但是，他也知道，在身后有许多双眼睛在注视着自己，他相信自己一定能经受住考验，不给自己的老师和学生们丢脸，不给中国人丢脸！

对于那段经历，侯仁之是这样写的：

……在我开始被提审时，宪兵首先给我纸和笔，要我写下自己的思想和在燕大的工作情况。于是我就着重写了我出身于一个基督教家庭，从小在教会学校读书，自己也信仰基督教以博爱和服务为宗旨的教义。我毕业于燕京大学，这也是一所教会大学，毕业后留校教书，也曾兼任过学生生活辅导委员会的工作，主要是帮助学生解决他们生活上的问题，等等。当时提审我的宪兵，看来是个头目，他看了我所写的东西之后，大发雷霆，一下子把我所写的几页纸撕得粉碎，于是面对面的审问开始了。

审问的焦点是向我反复追问燕京大学办学的目的是什么。我着重说明我只是一个青年教师，无权过问学校的大政方针，只是我从本科到研究院都在燕大学习，毕业后留校教书，也曾兼任过学生生活辅导委员会的工作。在自己的学习和工作中，都亲身体会到学校的目的就是要遵从基督教的教义，培养乐于为社会服务的专门人才。我还引征了“因真理、得自由、以服务”的校训，作为说明。我的讲话不止一次地被打断，还多次受到严厉的斥责和威吓，一连审讯了好长时间。我想这样拖下去，对我很不利，最好是快点结案。我想到送学生南下早已是尽人皆知的事，正好以此为例，把问题引到实处。于是我说：“学校只管培养人才，决不干涉学生毕业后的出路，他们愿意到哪去和选择什么样的工作，都由个人决定，有的毕业后就留在当地，也有的就到南方去了。”说到这里，才算扣了题。于是我被命令把南下学生的名字和怎样离开北平的，都一一写下来。我就写下了一些家在南方的学生名字，说明他们有人是坐火车从上海回家的，有人是从河南商丘南下的，但是上海和商丘以下的路线怎么走法，我都不知道。这样交代了之后，我才算“过了关”。最后，要我在翻译记录下来的口供上捺手印，这时我才看到口供上所记提审我的日本宪兵名叫黑泽宽一，官衔记得是司法警察主任，我的“罪名”是：“以心传心，抗日反日。”

在提审过程中，我最担心的就是追问我有没有送学生去解放区。可是正如刘子健在纸条上所写的那样，对“学生西游之事，似无所闻”。我也曾考虑到，万一追问起来，我就准备说，燕京大学是基督教大学，基督教是信上帝的，听说共产党是不相信有上帝的，有没有学生自己去共产党那里，我就不知道了。幸而这些设想都是过虑了。又，最初要我写“侦察思想”的材料时，我已经考虑到如何按照子健假设的那样，要“避实就虚”，所以着重写了自己的家庭出身和信仰基督教的事。

也许是考虑到侯仁之毕竟是教师，不必像对待学生那样粗野，也许是因为真的没抓到什么严重的把柄，在审讯的过程中，日本鬼子只是声色俱厉地呵斥威吓，倒未曾施用刑罚。审讯完毕后，又被重新关押起来。直到 1942 年 1 月 10 日，被捕的那些学生因为找不到更重的罪名而被释放了，其中也有孙以亮。他们经过这样一段难友生涯，彼此已经建立了更深的感情，相别时难免有些伤感。

七 牢狱外仍是牢狱

出狱之时，小女馥兴已四月有余，家人重聚，牛衣对泣；弟之噩耗，次第传来，长歌当哭，不能自已……

——侯仁之

柒

1942年2月10日，星期二，按中国的农历算，是腊月二十五。日本人将11位被关押的燕大教职员提出牢房，强迫每个人在写有自己名字的一张纸上捺手印。那11个人中，年龄最小、职务最低的是侯仁之。其他10人中，最熟悉的自然是历史系的洪业教授和邓之诚教授，此外还有教务处的教务长林嘉通、总务处总务长蔡一谔、研究院院长陆志韦、法学院院长陈其田、宗教学院院长赵紫宸、社会系主任赵承信、新闻系主任刘豁轩、哲学系教授张东荪。

当天，他们被用囚车押解到铁狮子胡同的日军司令部。日寇在那里设立了一个所谓的“军事法庭”，负责审讯的“法官”职位挺高，居然是个少将。审讯完毕，他们又被送到东直门内炮局三条的日本陆军监狱里关押起来。也许因为这里是正式的监狱，入狱手续格外严格，随身所带物品一律没收不说，还要脱去所有的衣服，手足贴地，仔细检查身上是否携带违禁物品。时值严冬，又刮着大风，大家冻得直打哆嗦，年老体弱的邓之诚当时就感冒了，咳嗽不已。后来，他们又被审讯了一次，出乎所有人意料的是，那“法官”显得有些敷衍了事，只是按照在宪兵队的口供再重问一遍。侯仁之想，看来大概快要结案了。

▲ 北京张自忠路3号（原铁狮子胡同），是1926年的“三一八”惨案发生地。抗日战争期间是日寇华北驻屯军司令部。（摄于2005年）

那个农历的新年，

▲ 北京张自忠路 3 号院内东北角这处楼房，曾经是囚禁、审讯爱国人士的牢房。（摄于 2005 年）

他们是在炮局胡同的监狱里度过的。“每逢佳节倍思亲”，除夕之夜，在冰冷的牢房里，侯仁之格外思念自己的妻子。入狱之时，张玮瑛即将分娩，按时间算，早就应当把孩子生下来了。而自己却与妻子分隔两地，不仅不能与她分担难处，就连孩子是男是女也无法知道。偶尔，看守会拿来一些经过仔细检查的衣物，说是家里人送来的，但家中情况如何却不得而知。世上再也没有什么比这种思念更痛苦的事情了，侯仁之心如刀绞，夜不能寐。

刚开始的时候，他们 11 个人关在一个大牢里，按照囚号排列，每人一小块地方，白天席地而坐，晚上就地而卧。排号为“503”的邓之诚，冻饿致病，晚上辗转反侧难以入眠。侯仁之排号“511”，他冒着被看守发现的危险，偷偷调换了铺位，移到邓之诚旁边，把自己的衣服给老师盖上御寒，晚上则紧紧地贴在老师身边，用自己的体温温暖老师。邓之诚也是历史系教授，曾指导侯仁之研究中国史学专著，侯仁之对邓先生始终十分尊敬。如今在狱中能够为老师尽一点微薄之力，也是理所应当的。而邓之诚对此很是感动，他后来在文章中写道：“予病甚……侯君，予门人也，服事尤谨。”

监狱里的生活自然是异常艰苦的，这些老师们生平未曾受过这样的虐待，

▲ 北京炮局胡同原日寇陆军监狱遗存的炮楼。（摄于2005年）

但他们咬紧牙关顽强地支撑着。在忍无可忍的时候，也会进行反抗。有一次，开饭时送来的窝窝头又凉又硬，还掺了不少砂子，根本没法吃，大家十分气愤，决定集体绝食。这下惊动了当官的，亲自来查看。教务长林嘉通拿着一个冰凉的窝头给他看，大声说："小小的 YaMa，大大的有！"日本话中"山"的发音是"YaMa"，"小小的 YaMa"是有意讽刺，说的是砂子，而且还是很不小的砂子！难友们一起发笑，弄得对方挺尴尬。他们的抗议行动取得了一定的效果，后来的伙食还是稍微好了一些。但日本鬼子为了防止他们再次"聚众闹事"，把所有的人分开，单独关押到另外的牢房里去了。也许是抓人太多、牢房不够用的缘故吧，后来又变成了两个人一间。

冬天总算熬过去了，天气一天天变暖，他们仍被监禁着，谁也不知道结局将会如何。开始的时候，侯仁之与赵承信教授关在一起。以前在学校的时候，他们只是认识而已，并没有什么来往，如今成了难友，才有了深入的了解。赵承信天性乐观，作为一位社会学家，虽然身处牢狱之中，居然还想利用这特殊的环境来研究人的社会行为。他们俩把那小小的囚室变成了一个特殊的课堂。赵承信很严肃、很认真地为侯仁之讲授社会学基本知识，从都市社会学讲到人文区位学，洋洋洒洒，十分尽兴。侯仁之则详细介绍了历史地理方面的内容，还有黄河及运河水利开发史，等等。两个人时而是学生，时而当老师，有问有答，连讨论带交流，有时还会争辩不已，使那枯燥的牢狱生活变得其乐融融。

但是，日复一日的监禁严重地影响了他们的身体，赵承信不幸感染了伤寒，眼看病情越来越重，侯仁之只能尽自己的力量照顾他。也许是怕相互传染的缘故，看守强行把侯仁之转移到另一间牢房，而赵承信病情危急，被送进了医院，经过很长一段时间的治疗，总算得以痊愈。后来，他在自己所写的《狱中杂记》中，对他们俩这段共同的经历有详细的记述。多年后，侯仁之在谈及赵承信时，难免百感交集。他曾写道：

> ……四十多年前的往事，恍然如在眼前。但是我已经不能再和这位秉性憨直、心地坦白的好友面对面地共话当年了。解放后，他遭受到不公正的对待，含冤而去。他生前有一次遇到玮瑛，曾嘱咐她转告我说："务必叫仁之来人民大学一次。"我去了，却遭到拦阻，没有见到他。最后诀别竟也未能一见，真是终生憾事！

离开赵承信以后，侯仁之又和陆志韦教授关在一起。说来也是不巧，没有几天，陆志韦先生也患了痢疾，腹泻不止，病情严重，甚至无法起床了。侯仁之根本没想到自己也可能被传染，只是尽力服侍。手纸不够用，情急之下他把内衣撕成布片为他擦拭。看守见情况不妙，赶紧把陆志韦拖出去送往医院，总算拣回一条命。幸运的是，侯仁之与两个患有传染病的难友相处多日，居然保持健康，实属万幸。

时光荏苒，转眼已是初夏了。日寇本想把这批学者作为工具，利用他们的声望为自己涂脂抹粉。不料关押数月，极尽威胁利诱之能事，却一无所获，已经是黔驴技穷，再关下去也不可能有什么收获。终于，洪业、邓之诚、刘豁轩被宣布无罪释放，赵承信与陆志韦则因患病而取保就医，也得以出狱。1942 年 6 月 18 日，侯仁之与林嘉通、蔡一谔、张东荪、赵紫宸、陈其田被押上"法庭"接受"宣判"。蔡一谔、张东荪被判处徒刑一年半、缓刑三年，林嘉通、赵紫宸、陈其田被判处徒刑一年、缓刑二年；侯仁之以"以心传心，抗日反日"的罪名被判处有期徒刑一年、缓刑三年。

所谓"缓刑"，自然是不必再受牢狱之苦，但是他在三年缓刑期间的人身自由受到很大限制：不得随意迁居旅行，若因事外出，必须事先写出书面报告，说清去向及时间；另外，在缓刑期内必须随传随到，不得有误。出狱之前，还有一个重要的手续需要办理，那就是"取保开释"。也就是说，必须有一位可靠的人以自己的身家为侯仁之担保，如果被担保人违反了上述规定，将由这位担保者负全部责任。由于家人已经前往天津，侯仁之在北平举目无亲，上哪里去找这么一位敢于为自己承担风险的保人呢？没想到，关键时刻

▲ 原天津海大道60号侯仁之岳父张子翔的寓所，后改为大沽北路50号。（摄于2005年4月9日）

还真有一位不惧危险的好人挺身而出，那就是曾经协助学生辅导委员会秘密为去解放区的学生注射防疫针的燕大校医吴继文大夫。他当时在东城区开了一个“光明诊疗所”，听说侯仁之的事后，自愿为他作保。

保人的问题终于解决了，侯仁之又为自己出狱后的去向而发愁。北平的家已经没了，看来只好回天津岳父家里去住，可是那样难免会给岳父一家带去麻烦甚至是危险。

然而，侯仁之的岳父对女婿的遭遇十分同情和理解，他曾说过：“中国人是绝不会屈服在日本侵略者的屠刀之下的。”这话让侯仁之十分感动，终于决定还是去天津住在岳父家。

2004年12月6日，按中国习俗，是侯仁之94岁寿辰，我和我的朋友萧东发前去探望他。那天去的人很多，我们去的时候刚好一大群人刚刚离开，小小的书房兼客厅稍显空闲，因此有机会同他多聊了几句。我抓紧时间询问他当年在监狱里的情形，但是刚说了一半，又涌进来一大批贺寿的老师和学生，我怕打断侯仁之的话头，很冒失地请大家安静一下，让侯老把故事讲完。侯仁之话兴很浓，也说：“还是让我说完吧。”那时屋里屋外满满的都是人，但很快就静下来了。侯仁之正说到他出狱：

……那天半夜，我终于回到天津，到家的时候已经很晚了。大门关着，我从门缝里看，一个女仆叫李华，我认识她，天气热，她睡不着觉，在院里散步。我就叫她说：“李华李华，你开开门，是我！”她听出我的声音，又惊又喜，赶紧开门说：“三姑爷，三姑爷回来啦！”我爱人在家里排行老三。她说你看楼里边、楼下，灯还亮着呢！那是我爱人住的地方。我就慢慢进去了，她在蚊帐里都睡着了。那是夏天，六月中旬了，都支蚊帐了。我一看，我爱人躺在那儿，旁边是我的女儿，四个月了，我第一次见到！那么小，那么小……我爱人一下子突然醒了，一把抓住我，问："真的回来了……你真的回来了？"我说："真的，真的回来了！"

侯仁之的故事吸引了所有的人。张玮瑛坐在他旁边的沙发里，始终轻轻地握着他的手，微笑着静静地听。侯仁之突然大笑起来：

哎呀！我看那蚊帐里，小孩儿那么小！和她妈妈躺在一起，像一条大船旁边的一条小船，一条小救生船，我们的救生船！她说：……简直活不下去了，但为了女儿，也要活……

张玮瑛的眼睛有些湿润。侯仁之侧过身子，轻轻地拍了拍她的手，两个人相视而笑。

满屋子的人都被深深地感动了。

就这样，侯仁之回到了自己的家里，一家人平平安安的，这就是最大的幸福。尽管他还时刻处于日寇的监视之下，基本没有行动的自由，但是与在监狱里的环境相比，已经是天上地下了。起码，不会再整天被大灯泡照着，连咳嗽一声都可能引来看守的呵斥。夜里醒来，听着身边熟睡着的妻子和女儿那平静的呼吸，热泪常常会情不自禁地溢满眼眶。

但是，有一件十分重要的事情始终压在侯仁之心头。还在监狱里的时候，每当想起这件事，他就坐立不安，甚至常常突然从睡梦中惊醒。那就是他当初记下的那份名单。所有去解放区的学生姓名以及个人情况全写在上面，还有他们的去向及联络方式。这份名单藏在他学校办公桌的抽屉里。这次他被轻判缓刑，说明日寇还没有发现那份材料。但是燕大校园被封，所有的东西都不知下落，万一有一天材料落到敌人手里，他本人难免再次入狱，弄不好还会牵连一大批人，那才是最可怕的！那不大的封套好像一个悬在半空中失去控制的定时炸弹，说不定什么时候就会落下来。一想到这里，侯仁之就会沁出一头冷汗。这件事他根本不敢对张玮瑛讲，反正说了也没用，还平白地让妻子陪自己一起担惊受怕。

有一点是很明白的，时间拖得越长，危险就越大。想来想去，侯仁之决

▲ 燕南园 51 号，为日寇占领燕园时的办公地点。（摄于 2005 年）

定到北平去一趟，看看情况如何，然后再见机行事。

侯仁之立即动身赶到北平，先去洪业家看望老师。这些年来他已经养成了一个习惯，有什么事情都要先同老师商量。由于燕南园全部被日寇占领，洪业一家早已迁至城内居住。师生二人经历过一场共同的劫难，分隔月余重新相见，自然格外激动。他从洪业口中得知，由于当初许多教职员工仓促离校，还有人被捕多日又获释放，许多东西还留在学校里，日本人应允可以返校取回属于自己的东西。侯仁之根据老师的指点，前往宪兵队提出申请，居然很快被批准了。

按照宪兵队指定的时间，侯仁之回到学校，从被日本兵把守着的校门进入校园，先到燕南园 51 号办理手续、填写表格，说明要取的具体物品。接着，一个佩带手枪的鬼子兵带他前往原先办公的“穆楼”（如今叫“外文楼”）。走在路上的时候，他一直在绞尽脑汁地想，怎样才能设法避开这家伙的监视，但始终没想出办法来。侯仁之的办公室是二楼西头的一个套间，鬼子兵打开房门后，先进入外间，那里恰好摆着一架油印机，小鬼子挺好奇，走上前摆弄起那玩意儿来了。这真是天赐良机！侯仁之很自然地走进里间，拉开写字台的抽屉伸手一摸，一颗心不由得狂跳起来：那装名单的封套居然还好好地放在那里！那天他有意穿了一件蓝布长衫，此刻赶紧按照事先想好的办法，撩起衣襟，把封套塞进紧紧勒着的腰带里，如此大功告成！

侯仁之镇定了一下，有意大声地说：“我放在这里的钟表钢笔都不见了……”日本兵正玩得起劲，在外间答了一句：“你的朋友的去看看。”那意思是说，东西也许是被同办公室的人拿走了。侯仁之想，总不能空着手出去，便随便拣了几本堆放在桌子上的线装书，又顺手抄了一个织锦的椅垫当包裹，将书用绳子捆成一个小包，便和那鬼子兵走了出来。

走在路上，侯仁之一直在琢磨如何处理这份材料。过一会儿出校门的时候可能还会搜查身上，仍然存在很大的危险。路过一座小桥时，他假装累了，倒换了一下手里的东西，本想悄悄把名单扔到桥下的水里。可那日本兵盯得很紧，完全没有机会。再说纸张若浮水面上，反而更容易被发现。一时想不出什么办法，侯仁之急得手心里直出汗。

眼看到了学校的南大门，果然出了一件险事。他们刚到门口，突然从门卫的小屋里冒出来一个面目凶狠的宪兵，走到侯仁之面前停下来，死死地盯着他却不说话。侯仁之不知道这家伙是什么意思，感到非常紧张。万一他突然要搜身，那可就糟了！正所谓急中生智，侯仁之来了个先发制人，他主动说："太君，钟表、钢笔通通没有了，只有这些书籍，还有媳妇儿送我的这个椅垫子了。"接着，他把那张填好的物品单子递到鬼子面前。那宪兵仍然一言不发，伸手夺过侯仁之手里的包裹，随手狠狠地扔到地上。这时还有别的老师也是取了东西要出大门，侯仁之看那宪兵注意力稍有分散，赶紧拾起东西顺势走出了校门，那宪兵居然没有再找他的麻烦。

侯仁之顺着校园的南墙根一口气跑到一个熟识的老师家里，好在家里的保姆认识他。那保姆正在烧柴烙饼，侯仁之很自然地走过去帮她烧火，趁没人注意，悄悄把那封套连同里面的材料一股脑儿塞到灶膛里烧了。直到看见它们完全化为灰烬，他才彻底松了一口气。

办成了这件大事，侯仁之一身轻松地回到天津。他以为，这下总算可以真正地休息一段时间了。但是，各种意料之外的干扰却接踵而来，给他造成了新的压力。主要的问题，是日本人软硬兼施，想方设法拖他"下水"。有一个名叫饭野的日本人，时不时就到家里来，要么板着面孔说些貌似安慰实际暗含威胁的话，要么假惺惺地表示关心，说是要给他介绍工作。说穿了，就是想让侯仁之为日本人做事。侯仁之是宁死不会去当汉奸的，但这事又不好硬顶，闹翻了会连累全家，他真是烦透了！

这时候，侯仁之的岳父发挥了很大作用。他出面向对方说：侯仁之出狱之后身体非常虚弱，正患痔疮，而且鼻腔有严重的毛病，需要手术治疗。作为一位很有名望的医生，岳父的话还是有些分量的。再说他讲的也是实情：

侯仁之的确经岳父的一位学生做过检查，那位学生是耳鼻喉科专家。但是那日本人还是不断纠缠。侯仁之的岳母那时是天津广东中学董事会的董事，口才很好，颇有些与日寇和汉奸打交道的经验。她直接出面与对方周旋，不厌其烦地反复陈明理由，那家伙也无可奈何。

这样耗了大约半年的时间，有了一个很好的机会。当时有几位滞留天津的南开大学教授在原来的英租界创办了一所名为“达仁商学院”的学校，张玮瑛的哥哥也是发起人之一。经过校长同意，从1942年秋天开始，侯仁之去那里教书。他既然已经有了工作，总算摆脱了日本人的骚扰。

后来又发生了一件事情。洪业老师托一个可靠的人给侯仁之带来口信，说了两件事。第一件，是北平伪政权的一个汉奸要给燕大出狱的这些人赠送一些度饥荒的粮食以示“慰问”，洪业老师不仅自己坚决不要，还代表侯仁之予以拒绝，同时嘱咐他无论在什么情况下都不能接受敌伪所送的任何东西。另一件事，是敌伪打算在中山公园里面办一个什么“研究所”，以罗织人才为名企图拉人“下水”，他提醒侯仁之万勿上当。果然，没多久从北平来了一个人，是原先燕大的职员，也被日寇逮捕过，此时竟甘当走狗，来游说侯仁之

▲ 天津大沽北路与哈尔滨道交接处。大沽北路原名海大道，位于法租界内；现两侧建筑已大部分拆除。（摄于2005年4月9日）

去那个“研究所”任职。多亏洪业提醒，侯仁之早有警惕，当即断然拒绝了。

侯仁之后来了解到，洪业老师虽然未经判刑便获释放，但出狱后仍受到日寇的监视，且不断有人威逼利诱。但洪业节衣缩食，靠卖画售书维持生计，坚决不为敌人做任何事情。

在这种境况中生活，真是度日如年。

侯仁之岳父的家在法租界海大道 60 号，是一所不大的二层小楼。小楼南面一墙之隔，便是著名的新学中学，那正是侯硕之的母校。当年兄弟俩一起前来投考，如果侯仁之与弟弟一起考中，后来的命运自然大有不同。那时他何曾想到，住在墙外那座小楼里的女孩子张玮瑛，后来竟会成为自己的妻子。这真是一件奇巧的事情！

新学中学隶属英国教会，日寇占领天津后自然也遭到厄运。当初面试侯仁之的利迪尔，与在天津的其他外国侨民一起，于 1943 年 3 月被押往山东潍坊囚禁，1945 年 2 月 21 日病逝于集中营。

▲ 1937 年，侯仁之（右）在火车站为去上海闸北实习的侯硕之送行。未曾料到，就此而成永诀。1942 年，侯硕之在陕西被害。（侯馥兴提供）

侯仁之每当经过新学中学门前，总会情不自禁地想到弟弟。硕之去上海实习后不久，日寇侵华战争爆发，他们便再没见过面，只是听说硕之去大后方了。

没有想到，就在侯仁之回天津后不久，便传来一个可怕的噩耗：侯硕之试图前往延安，途中不幸遇难，在陕西凤翔的“国统区”惨遭杀害！这无异于晴天霹雳，侯仁之悲痛欲绝，不能自已。

八 流寓津门

流寓津门，教书度日，兼研天津史地……

——侯仁之

捌

正所谓“祸不单行”，就在侯仁之听到弟弟遇难的消息之后不久，另一个秘密传来的消息令他大为震惊：燕大学生刘子健和孙以宽被日本宪兵逮捕了！

侯仁之与这两个人都很熟。12 月 8 日燕京大学被封当天，刘子健是首批被捕的学生之一，在狱中与洪业同押一室，曾悄悄给侯仁之递过纸条以传达洪业的嘱咐，后来与其他被捕的同学一起获释；而孙以宽就是侯仁之的狱中难友孙以亮（即孙道临）的哥哥，早在 1940 年便在侯仁之的安排下去了解放区，1941 年曾秘密返校为解放区筹办图书和医疗用品，然后返回了解放区，现在不知为什么竟又出现在沦陷区。这两个人一起被捕，似乎是一种不祥的预兆，因为他们对燕大学生去解放区的事情都了解得很清楚。如果他们是由于这件事情而被捕，说明日本人已经掌握了情况，那侯仁之也必将再次入狱，如此一来后果将极为严重，只怕难逃一死。

侯仁之左思右想，觉得无论如何也不能再在天津待下去了，为了避免再次落入敌人手中，只有尽快离开沦陷区。至于出逃的目标，也已十分明确，那就是大后方的成都。

太平洋战争爆发后燕京大学被封，在大后方的燕大校友群情激愤，决定在四川成都复校，以避免日寇在北平利用燕大的招牌开办“伪校”，同时也可以给在大后方的燕大学生以继续学习的机会。北平的许多燕大学生得知这一消息后，不畏路途艰险，千里迢迢结伴而去。1942 年 10 月 1 日，燕京大学在成都正式开学。对于侯仁之来说，逃往四川自然是最理想的选择。

借鉴别人的经历，侯仁之打算悄悄乘火车经徐州至商丘，再由那里转途南下。但是，从北平到成都，不仅距离遥远，还要穿越交战地区，沿途日寇关卡重重，时有盗匪出没，被杀被抢是常有的事。可侯仁之决心已定：宁可像弟弟一样死在路上，也不能死在敌人的监狱里！他设法避开敌人的监视，买到了一张夜车的车票。

临行之前，侯仁之自然要告诉自己的妻子。此一去关山重重，很难说今后是否还有相见的日子。出乎意料的是，张玮瑛既没有像普通家庭妇女一般愁肠欲断哭哭啼啼，也没有如生离死别的患难夫妻那样千叮万嘱恋恋难舍。在这关键时刻，她表现得异常镇定，说：“这样的大事，应当告诉洪业老师，听听他的意见。”

张玮瑛真是了不起！那天清晨，她独自赶早班火车前往北平——在这种时候，侯仁之是不能在北平露面的，他只能耐心在家里等候。

随着时间的流逝，侯仁之心里越来越焦急。吃过午饭之后，他再也无法安心待在家里。看看午睡的小女儿馥兴刚刚醒来，他便抱着女儿出了家门，在马路边上踱来踱去。女儿已经一岁多了，正是好玩的时候，在怀里咿呀学语招人爱怜，但侯仁之只觉得心急如焚。眼看着太阳一点点向西边落下去，离晚班火车开出的时间越来越近了，张玮瑛却始终不见归来。尽管他知道从天津到北平往返是需要时间的，可心中的焦急却怎样也无法平息。

时近傍晚，望眼欲穿的侯仁之突然看见张玮瑛的身影出现在街角。她显然也同样着急，三步并作两步拼命地往回跑。奇怪的是，她手里居然还捧着一大束鲜花！

侯仁之随着她急急回到家里，一进门，她果断地说："你不要走了，老师有话。"

后来，侯仁之这样写道：

> ……她一口气传达了煨莲师的两点意见：第一，我不能走。万一事情牵连到我，却又抓不到我，必然要抓我的铺保，也就是在城里开设"光明诊疗所"的原燕大校医吴继文大夫以及其他与燕大有关的人。第二，我不走，如果再次被捕，甚至被判处死刑，煨莲师说燕大人也会知道"侯仁之是为什么而死的"。煨莲师这句话的分量是很重的，而玮瑛说她是完全同意的。我也就立即下定决心，不走了，准备接受更严重的考验。

这时，他才想起询问张玮瑛，那束鲜花是怎么回事。张玮瑛说，那是师母亲自从自己的院子里采来送她的。看着鲜红欲滴的花朵，侯仁之似乎从中感受到老师和师母无言的嘱托和真切的信任。他心中突然产生了一种从未有过的安定。

不久传来消息说，刘子健和孙以宽遭受了极为严酷的刑讯，但都坚贞不屈，日寇没有从他们口中得到任何东西，最后不得不将他们释放。日后重逢之时，侯仁之亲眼看到刘子健因严刑拷打而留下的斑斑伤痕，既感动又感慨。他说：

> 我所经受的最严重的一次考验，也正有赖于煨莲师的教导，才得自告无憾于今生。

秋去冬来，女儿馥兴已经一周岁了。看着这在苦难中诞生的女儿渐渐长大，侯仁之与张玮瑛感到一种难得的慰藉：孩子就是未来的希望啊。有一位家在天津的燕大学生悄悄带来了一架照相机，为侯仁之一家三口拍了一张照片。那学生名叫张金哲，后来成为中国著名的儿科专家。这张照片，是危难岁月的珍贵纪念。

从 1942 年 6 月被判缓刑，直到 1945 年 8 月抗战胜利，侯仁之寓居在天津岳父家中，度过了整整三年时光。在日寇的监视下，他并没有真正的自由。作为一个学者，没有比空度时光更为痛苦的事情了。侯仁之定下心来，继续埋头做他的学问，这也不失为一种抵御干扰、排遣郁闷的好办法。

他的想法得到了洪业老师的支持。在书信往来中，洪业再三嘱咐他一定要多下苦功、严谨治学，以求取得真正有价值的成果。

至于具体的选题，侯仁之早有想法。既然眼下身处天津，就应当利用这个特殊的机会，深入研究一下这座城市。

其实，无论是从历史还是地理的角度，天津都引起他十分浓厚的兴趣。

天津位于华北平原东北部，地处渤海之滨。原先这里本是一片大海，据说大约在四五千年前才因河流冲积、海域退缩而形成陆地，所以人说天津是一块“退海之地”。海河的五大支流——南运河、子牙河、大清河、永定河、北运河在此处汇合而入海，沿途又“收容”了其他一些河流，所以素有“九

◀ 1943 年，侯仁之、张玮瑛夫妇与刚满周岁的女儿侯馥兴。（侯仁之提供）

河下梢”之称。其实细数起来，华北平原上汇流此地的那些大小河流数量竟在 300 条以上。“九”是至大之数，所谓“九河”应是形容汇集至此的河流很多的意思。所以有人说天津是“河海要冲”，那可是一点也不假的。

天津形成年代虽然较晚，但由于它的地理位置特殊，无论是从军事还是经济的角度，都具有很重要的地位。西周时，这里是诸侯封地，至战国，则为燕、赵、齐争雄之地，到了秦代归属上谷郡。后屡经变革，直到金朝在此设“直沽寨”——“直沽”，是这块地域首先正式具有的名称。

至于“天津”这个名字的由来，还是好多年以后的事儿了。明建文二年，论公历就是 1400 年，燕王朱棣与他的侄子争夺皇位，率兵从直沽渡河南下，偷袭沧州，攻下南京，终于夺取了政权，于 1403 年改年号为“永乐”。

永乐二年，也就是 1404 年，明廷在直沽设“卫”，“卫”是明朝的军事建制。同时，也许是为了纪念当年由此起兵南下的缘故吧，朱棣赐名“天津”，意思是“天子车驾渡河之处”。“天津卫”的说法，也就是从这里来的。由此可知，天津的得名只比北京晚了一年，堪称真正的“兄弟城市”。

当然，准确地说，天津那时虽然已经修筑了城池，但还只是一个军事防卫部队的驻守之地，算不得真正意义上的“城市”。直到二三十年后，由于商品贸易的发展，才开始形成集市和商业区，人口也大为增加。此后，时而称“州”，始而称“府”，时而称“县”，时而为省会兼省辖市，时而为中央直辖市，虽屡经变迁，而“天津”这一名称却是始终沿用下来了。

从“天津”的名字便可知道，“水”——也就是河海之“水”，对这座城市的形成和发展是何其重要。由于临海，所以产盐，东汉时这里的制盐业已初具规模；由于河多，水运也自然发达，东汉末年曹操就曾开凿河渠用于军事运输；隋朝时炀帝修大运河，从而使沿途水系勾连成网；因河海相连，水陆联运极为方便，天津的商业随之繁荣，至清代已成为中国北方的重要商埠。

就字义而言，这个“津”既可当“渡口”讲，也含有“润泽”之意。从地图上可以看到，天津市区完全是沿着海河两岸蜿蜒成形。“海河”这名字真好，既有海又有河，犹如天降恩露，润泽了这块土地。

然而，正由于天津是拱卫京师的军事重地，19 世纪的两次鸦片战争以及 1900 年的“庚子之乱”，外国列强都是选择天津作为突破口以直逼京畿。1860 年签订的《中英续增条约》，规定“天津郡城海口作为通商之埠”，准许英国人“在此居住贸易”；紧接着法国与美国也在天津插足。1895 年甲午战争后，

▲ 海河上的“万国桥”。（摄于 2005 年 4 月 9 日）

德国、日本在天津强占租界；1900 年庚子之乱，八国联军占领天津后，俄国、意大利、奥地利、比利时也先后占地，至此天津共有九国租界。1902 年，美租界自行交入英租界，天津便成为八国租界所在地。

侯仁之岳父家所在的海大道位于法租界，距其不远处是营口道，在那里设有一道铁栅栏，形成英法租界的交界处。他前去授课的达仁学院在英租界内，需要经常往返于两个租界之间。不同国家风格迥异的建筑，形成一种独特的“半殖民地文化”……

天津那复杂的历史背景，强烈地吸引了侯仁之。每晚俯首案头，独处灯下，查寻资料，翻阅典籍，勾勒提纲，整理材料，真是一种难得的乐趣，足以使他忘却日常的一切烦恼。

终于，在一个平常的夜晚，他完成了《天津史表长编草例》的稿子。其后的第一件事情，就是把稿子寄给洪业，请老师审阅批评。很快，他就收到了老师的复信：

《天津史表长编草例》甚佳，谨奉还。窃谓天津史之重要，其在近代

▲ 天津大沽北路与承德道交界处，原属法租界。（摄于 2005 年 4 月 9 日）

▼ 天津马场道，原为英国租界。（摄于 2005 年 4 月 9 日）

尤当注重外交一项，故凡西文史料，最宜重视者也。近闻有天津编志之议，当局或欲借题以粘润寒士，吾弟此编正可为修志之用。然当今尚宜秘之，非干禄之时也。又所闻不知是否属实，故亦请暂勿告人。

信虽短，内容却很复杂。

首先，这一次老师给他的又是那两个字的褒奖："甚佳"。同时还提醒他在研究的过程中要特别注意近代部分，比如由于清末政府腐败而进行的"弱国外交"对天津所造成的重大影响。因此，不能只局限于中文史料，还要多搜寻一些国外的资料。

不过，洪业在他的信中，除了褒奖之外，还有一个语重心长、十分重要的提醒："当今尚宜秘之。"

什么事情需要侯仁之"秘之"呢？

原来，洪业听到一个消息，"当局"——什么"当局"，不言自明——居然关心起文化事业来了，要为天津编写地方志！中国自古便有编纂方志的传统，将一个地方的地域变迁、历史沿革、古今大事、风俗人情等收录编纂汇集成书，为后人留下全面了解当地情况的珍贵资料，这本是一件极好的事情。先人还留有一句老话："盛世修志。"也就是说，只有在太平盛世，国泰民安、百业俱兴，人们才有资金、有精力去做这种锦上添花的纯文化事业。若是战乱年代，君主忙救国、百姓苦求生，谁还会有闲心干什么花钱费力不讨好的事情！

所以，"当局"突然心血来潮要修志了，只怕是"醉翁之意不在酒"。一方面，是企图以此为由拉拢知识分子——即"粘润寒士"，另一方面，则是可以借此粉饰太平，为所谓的"东亚共荣"制造一个"盛世"的假象！

作为老师，洪业显然比侯仁之看得深、看得远、看得透。他已经发现，侯仁之的文稿"正可为修志之用"，如果被"当局"觉察，必将如获至宝、大加利用，把一项杰出的学术成果变成肮脏的政治工具，那将是多么可怕的事情！对于一个爱国的知识分子来说，那又将是多么大的耻辱！

所以，他极其郑重地提醒侯仁之："当今尚宜秘之！"也就是说，眼下绝不是公布成果的恰当时机！最后，他再次谨慎而委婉地提醒："编志"这件事仅是"听说"，不知道是否属实，所以也不要告诉别人。

短短一封信，连标点符号一块儿算上才120个字，却包容了多么复杂的内容，表现出多么浓重的感情！由于生活在白色恐怖之中，最想表达的意思却不能明讲，只能绞尽脑汁绕着弯去说，真是苦煞洪业！

侯仁之不愧为洪业的学生，老师稍一点拨，他便心知肚明：学问还是要坚持做的，但做任何事情都要当心，千万不要被敌人所利用。

不久以后，他又完成了一个新的研究成果：《北平金水河考》。这一专题，原在北平的时候便已拟好了写作计划，由于被日寇逮捕而被迫中止，原先搜集的一些资料及写作提纲也被搜去。侯仁之到天津后，重新开始了这项工作，终于得以完成。他将文稿请人代呈洪业后，很快就得到了答复。老师深为得意门生的勤奋而高兴："……得见创获累累，胸中为之一快，一年有半以来，此为第一次见猎心喜也。"后来侯仁之有机会面见老师，洪业在还给他的原稿上批注甚密，还在封面上写了这样一段话：

> 此文佳处，在能疏别元时金水河与通惠河之异同，大快人心。然其于金水之上流是否全无痕迹可寻？其于元前之沿革，是否全无载籍可征？似尚未宜遽断。宜再考察数年，如诚果不可得，然后发表之可也。

这一次，褒奖的用词已经不仅是"佳甚"了，而是"大快人心"！洪业在对文稿中涉及的一些具体问题提出质疑以后，又特地写了一句："然后发表可也。"由于这一次是当面交谈，可以不必有太多忌讳，洪业怕侯仁之不明白自己的批语话里有话，特地明确告知，那"宜再考察数年"，表面上是希望力求论据充分，而内在的含义，与前次的"尚宜秘之"是一个意思，即现在仍不是公开发表的时机；那批语中的"然后"，指的是"打败日寇以后"。

侯仁之完全是按照老师的嘱咐去做的。这篇论文三年后发表在燕京大学复校后的第一期《燕京学报》上，那时中国人民刚刚取得抗日战争的全面胜利。

1943 年，又发生了一件意外的事情。当时天津的日伪政府要求达仁商学院办理立案手续，校方迫不得已，未征得侯仁之本人同意，便贸然将他列为"教务长"予以呈报。侯仁之得到消息后，十分不快，断然决定辞职。所幸又获得新的机会，转到了法国天主教会主办的天津工商学院任教。他除了在该校教授地理外，还在其创办的女子文学院史地系兼课。由于第二次世界大战初期法国被德国占领，卖国的维希政权沦为法西斯的走狗，因此法国在

▲ 位于天津马场道的原天津工商学院主楼。侯仁之寓居天津时曾在此执教。现为天津外国语学院。（摄于 2005 年 4 月 9 日）

华的学校没有受到日寇干扰，环境较为平静。更为可贵的是，这所学校有一个藏品丰富的“北疆博物院”。创办这所博物院的，是担任院长的法籍神甫黎桑，中国名字叫桑志华。他曾独身一人深入山西、陕西、河北、甘肃、内蒙古等地，采集了大量动植物、矿物的标本，为北疆博物院的建设打下了基础。同时，他还邀请一些外国专家前来整理、研究藏品，取得很显著的学术成果，当时，学校的博物院被誉为世界上“第一流的博物院”，这给侯仁之的研究工作提供了很大便利。

1945 年，盼望已久的胜利终于曙光初现，侯仁之的学术研究成果也即将得到公之于世的机会，天津工商学院决定将他耗费三年心血写就的《天津聚落之起源》作为学校的特刊予以出版。侯仁之十分高兴，立即写信给洪业老师，除了报告这个好消息外，还请求老师为自己的著作写一篇“序”。很快，洪业便回了一封很长的信，那抬头的第一行字就让人为之一惊：“仁之贤弟如晤……”

老师居然称学生为“贤弟”，可见他对这位弟子有多么欣赏！

不过，侯仁之再往下看，却发现老师竟断然拒绝了自己的请求。

洪业在这封信里详细述说了不愿为他人的著作作序的原因。他说，20多年来，有许多朋友请他作序，论数量足有数十起，但都被自己婉言谢绝了。他认为，一篇好的文章，没有必要试图靠“序”来增色。他自己少年时便已立志，做学问但求博观约取、厚积薄发，如果能有所著作，绝不求人作序。“己所不欲，勿施于人”，所以，他也不敢为朋友的文字作序。譬如古代若干名著也多有序文，但写序的一般都是作者自己，或者是前人著作的校订注释者。如果是自己写书、朋友作序，那岂不成了彼此吹捧，平白让人耻笑！

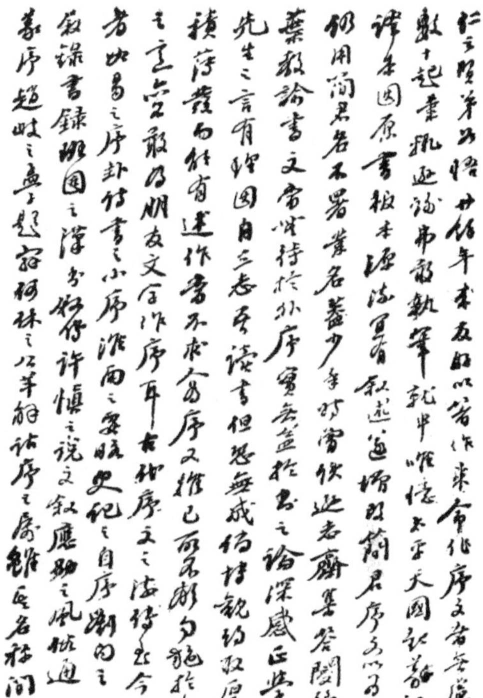

洪煨莲师论不为人作序书（手迹一）

▲ 洪业手迹。（侯仁之提供）

然而，由汉末时起，“党人标榜之习已兴”；“唐宋以后，此风犹甚”；“降及近代，且弊端百出”。这种以序文吹捧作者的陋习“病之轻者，徒滋讥笑；患之大者，竟启祸仇”。所以，洪业认为，“此风之不可不革也”！

而具体对“仁之贤弟”而言，洪业说，自己并不是吝啬到连区区几行文字都不肯写，而是“自愧学问文章以传授仁之者都无足道”。至于有什么不成熟的意见，完全可以当面开诚布公地讨论，因此，这“序”还是不写的好，“敢信仁之之必不我怪耳”！

接下来的几句话，洪业说得很有意思：

……抑或欲仁之自序其著作，文章千古事，得失寸心知，不特不复别求序文，且使世之名贵虽欲为仁之文字作序而将不可得也，岂不快哉！

▲ 原天津工商学院校园内的“惜时如金钟”。（摄于2005年4月9日）

我想，当年侯仁之在看到这段话后，感动之余也许会忍不住笑出来的。洪业老师建议侯仁之不妨自己为自己的著作写序，文章好不好，自己最知道，何必求别人写序呢！而且，真的写出了流传千古的大作（这句是笔者妄加的），那些名人、贵人巴不得来写序的时候，还不给他那露脸的机会呢！如此，才真是“岂不快哉”！

许多年后，侯仁之写道：

> 而今在历经人间磨难之后，重读这封不同寻常的来信，更加体会到我师育我之亲、爱我之切，同时也深感惭愧的是自己无论是在治学上、还是在持身律己上，都还不能尽如我师的厚望，仍当更加严格要求自己，庶可告慰于我师在天之灵，如此而已。

侯仁之师从洪业十余年，从老师那里所学到的，无非两点：一是如何做学问，一是如何做人。一代一代的中国知识分子，正是通过这样的薪火相传，才使得那股浩然正气得以长远继承，万世不衰。作为一个青年教师，回顾自己所走过的道路，侯仁之感慨万千。他希望能像老师一样，为自己的学生留下最有价值的人生感悟。因此，他为天津工商学院1944年的毕业生写下了这样一段话：

> 在中国，一个大学毕业生的出路，似乎不成问题，但是人生的究竟，当不尽在衣食起居，而一个身受高等教育的青年，尤不应以个人的丰衣美食为满足。他应该抓住一件足以安身立命的工作，这件工作就是他的事业，就是他生活的重心。为这件工作，他可以忍饥、可以耐寒、可以吃苦、可以受折磨。而忍饥耐寒吃苦和受折磨的结果，却愈发使他觉得

自己工作之可贵、可爱，可以寄托性命，这就是所谓“献身”，这就是中国读书人所最重视的坚韧不拔的“士节”。一个青年能在三十岁以前抓住了他值得献身的事业，努力培养他的“士节”，这是他一生最大的幸福，国家和社会都要因此而蒙受他的利益。

诸君就要离开学校了，职业也许是诸君目前最关心的问题，但是职业不过是求生的手段，而生活的重心却要在事业上奠立。愿诸君有坚定的事业，愿诸君有不拔的士节，愿诸君有光荣的献身。

九 远赴英伦

抗战胜利，重回燕大；旋游学英伦……

——侯仁之

玖

1945 年 8 月 15 日，日寇举起了投降的白旗，举国上下，万众欢腾。

8 月 17 日，司徒雷登终被释放。第二天，他立即召集陆志韦、洪业、林嘉通、蔡一谔、侯仁之五人在东交民巷开会，决定马上成立复校工作委员会，开展接管校园及校产、召集教职员工筹备复校等工作。司徒雷登提出：原燕大的教职员工，凡是在沦陷期间丧失气节、为日伪政权工作过的，一律不得参加复校工作。

当时，日寇虽已投降，但还未全部放下武器，而国民党政府的接收人员尚未到达，北平处于一种无政府状态之中，燕京大学的复校工作是在十分艰难的情况下展开的。8 月 21 日，燕京大学复校工作委员会正式成立，讨论的第一件事情，就是一定要争取尽早复课，拼死也要在十月开学，把让日寇耽误的时间抢回来！

复校工作委员会具体的分工是：陆志韦、洪业负责总体组织，原教务处教务长林嘉通仍然负责教务，总务处总务长蔡一谔继续负责总务，侯仁之作为原学生辅导委员会的副主席，自然还是负责学生工作。此后，委员会对燕大的文学院、理学院、法学院及“女部”也相应确定了具体的负责人。

燕大复校的消息很快就传开了，许多燕大的教职员工和学生纷纷赶来，立即投入了工作。

8 月 23 日，也就是复校工作委员会成立后的第五天，一批燕大人又重新走进了燕园。眼前的景象让他们心酸：房屋破损、垃圾遍地，昔日风光绮丽的校园满目疮痍。当时，占据了燕园南半部的日伪的所谓“华北综合调查研究所”正准备撤离，丢弃的物品四处散落，搞得乌烟瘴气；而北半部校园则是日寇的伤兵医院，一时难以迁出。复校人员只能先接管南半部的校园。经过连续多日的清扫整修，终于初步具备了开课的条件。

与此同时，招考新生的工作也在同步进行。9 月 1 日，新组成的教务处暂借城内灯市口公理会的地方开始办公；9 月 12 日开始报名，9 月 22 日至 23 日在平津两地同时举行入学考试；10 月 3 日发布录取通知。10 月 8 日，新生报到，报到地点在米市大街的基督教青年会。复校工作委员会专门准备了四辆从日寇手中接管的大卡车，载着一车车新生驶往位于西郊的燕园。

10 月 10 日，是一个秋高气爽的好日子，燕大开学典礼在大礼堂隆重举行。未名湖畔钟亭里的大钟在沉寂了三年零十个月以后再一次敲响了。从 8 月 15 日日寇投降，到燕大正式复课，仅仅过去了 56 天时间。不知那些仍然

▲ 燕园内的小桥。（摄于 2005 年）

▲ 燕园钟亭的大钟。1945 年 10 月 10 日，燕京大学复校开学的钟声在这里敲响。（摄于 2005 年）

占据着校园北半部的伤兵医院里的鬼子们，此刻是何心情！

10 月 19 日清晨，那些鬼子终于灰溜溜地“开路开路”了。当灿烂的朝阳衬映着博雅塔那雄伟的身影冉冉升起的时候，燕园终于完全回到了燕大师生的手中。

那段时间，是侯仁之生平最忙碌的日子。由于他当时还在天津工商学院兼课，需要在平津两地间往返奔波。但这是喜悦的忙碌，兴奋的忙碌，一天到晚笑还来不及呢，哪里还能感觉到累！看着学生们一张张年轻的笑脸，看着充满欢声的校园，他含着热泪在心里一遍一遍地念叨：“胜利了！我们终于胜利了！”

不久后，张玮瑛也带着孩子回到了北平，他们的新家安置在燕东园。

从第二年开始，燕园更加热闹起来，因为战时成立的成都燕京大学的师生开始回归北平了，而首批带队的，就是原学生辅导委员会的主席夏仁德先生。夏仁德在 1942 年被日寇押到山东的集中营监禁，直到 1944 年才获得释放。他千里迢迢前往四川，继续在成都燕大任教。

北京燕大复课后，他立即参与了成都燕大师生复员北上的工作。当时有南、北两条路线可走：南路是由成都乘火车至重庆再乘船沿江而下到上海，由津浦线北上经天津抵北平，路途较长且旅费偏多；北路是乘汽车至宝鸡，换乘火车到西安，再坐汽车到太原后换火车至北平，旅程较短但十分艰苦。成都燕大的学生分成五批陆续北上，大多数走的是北路。夏仁德不顾体弱多病，坚持率队前行。一路上，他从来不进司机驾驶室，总是坐在大卡车的车厢后部，这里颠簸最凶而尘土最大，他却坦然处之，使同行的师生深为感动。

侯仁之没有想到，这样快就与思念已久的夏仁德先生重逢了！欢欣之余，他也有些伤感，因为过不多久，他就要远渡重洋，去英国利物浦大学留学了。

按照原先的计划，1940 年侯仁之便完成了硕士论文并获得硕士学位，已经开始准备根据洪业的建议前往英国了，不料第二年爆发的太平洋战争完全打破了这个计划。

如今，他终于重返燕园，每天傍晚，漫步在未名湖畔，回想这几年的坎坷经历，简直恍若隔世。一场战争，居然极大地影响了一个人的命运，这是完全未曾预料到的。但他颇感欣慰的是，几年的时间并未虚度，在学术研究方面积累的诸多成果为今后的发展打下了坚实的基础。更重要的是，经过如此磨炼，自己对世界、对学问、对自身的认识达到了一个新的高度，从而有足够的信心迎接更多更大的人生挑战。

临行之前，他尽其所能搜集了大量的资料准备带往英国，其中最多的，是有关北京历史地理的书籍。他已经预感到，深入研究北京，将是自己今后学术生涯中一项十分重要的内容。

但是，还有一件事情来得不巧：张玮瑛怀孕十月，预产期恰与侯仁之的行期重叠。想到第一个孩子临近出生时，自己被日寇拘押而未能照顾妻子，侯仁之心里始终很不是滋味。这次又是如此不巧，他怎能再次不顾妻子分娩的事情而贸然离去呢？然而出发的日期已经确定，那是无法更改的，如果留下来不走，就等于放弃了这已经拖延数年的深造机会。想到这些，侯仁之心里十分矛盾。张玮瑛真是一个令人钦佩的好妻子，为了求得一个两全其美的结果，她决定提前催生。

负责接生的，是协和医院著名的妇科专家林巧稚医生。在经过痛苦的等待之后，侯仁之终于听到产房里传出婴儿响亮的啼哭声。很快，护士出来告诉他："生的是个儿子，母子平安。"那一刻，他真是欣喜若狂！

他给儿子取名"方兴"，就是"方兴未艾"的意思。刚刚结束战乱的国家方兴未艾，刚刚出生的儿子方兴未艾，即将踏上求学旅程的侯仁之也是方兴未艾！

第二天，侯仁之走了。

这是 1946 年的 8 月。20 年前，也是在这个季节，15 岁的他第一次离开家门，到山东德州博文中学读书；15 年前，还是在这个季节，20 岁的他独自北上抵北平，到通州潞河中学求学；这一次，35 岁的他走得更远，将远渡重洋去英国利物浦大学深造。

这也许不仅是一种时间上的巧合？

在平稳驶向大洋彼岸的轮船上，侯仁之常常独自一人在甲板上徜徉。头上是碧蓝如洗高不可攀的天空，脚下是同样碧蓝清澈深不可测的海水，举目四望，水天茫茫，真有一种"前不见古人，后不见来者"的苍凉之感。船舷之外，两条翻腾着的长长白色波浪在船首聚齐，恰似一个锐利的箭头，指向遥远的目的地，那是本次航程的终点。

而侯仁之清楚地知道，对他来说，那里不过是一个刚刚设定的人生坐标点，新的旅程将由此开始。

在追寻侯仁之的足迹、探索他人生道路的过程中，我有一个极为深切的感受：一个人的成长历程，受到各种因素的影响，像个人素质、家庭条件、历史背景、周边环境，等等。而其中最重要的，应是诸多先贤与恩师的影响与教诲。正如侯仁之自己所说，他们所给予的，是"心灵深处的深刻影响"。

侯仁之即将开始新的人生旅程。在此，有必要把他的几位师长后来的情况作一个简略的介绍。

先说说夏仁德吧。

太平洋战争爆发以前，夏仁德原住在未名湖畔的一个小院里。抗日战争胜利后，他重返燕大，住进燕南园 60 号楼，后来还住过燕南园 62 号院。作为一个美国人，他却始终支持中国学生的爱国行动。进步学生把他的家当成了秘密集会的地点，地下党和学生组织经常在他家里开会，还使用他家的收

▲ 燕南园60号，曾为夏仁德寓所。（摄于2005年）

音机收听解放区的广播。1946年发生美军士兵强奸中国女学生事件时，夏仁德不仅与学生一起徒步进城参加游行示威，还在自己的背上写上“抗议美军暴行”的口号。那一刻，他似乎完全忘记了自己的国籍，把自己当做了一个普通的中国人。

1948年，国民党军警包围燕京大学，企图搜捕爱国学生，夏仁德与校长陆志韦不仅发动外籍教员协助学生纠察队守住校门阻拦军警进入，还派人同警方交涉，声明燕大是美国教会办的学校，外人不得擅入。当天晚上，被列入军警黑名单的学生集中到燕南园夏仁德家中，隐蔽在阁楼上。直到夜深人静，他亲自帮助学生们跳出院墙，安全逃离。当陆志韦得知学生已经离校后，才允许军警进校搜查。而夏仁德仍守在燕南园路口，见警察过来，便厉声制止：“这里是外国教授的住宅，不许搜查！”

1950年夏仁德回到美国。作为美中人民友好协会的负责人之一，他仍时刻眷恋着中国、惦念着燕园。1973年他终于重新来到中国，以了恋乡之情。

1980年邓小平访问美国，他曾热情地组织并参加了欢迎活动。一年后，他在美国逝世，临终前，口述了一封给燕大校友的信，说道："我深深地景仰中国人民为了建立一个更好的世界所进行的斗争和你们在其中的贡献。"

再说说司徒雷登。

燕京大学举行复校开学典礼的那一天——1945年10月10日，很有纪念意义，因为就在这同一天，国共两党经过长时间的谈判，终于签署了《政府与中共代表会谈纪要》，也即《双十协定》。但是，蒋介石从来也没有打算遵守这个协定，他只是企图争取时间调动军队，达到最终"剿灭"共产党的目的。鉴于中国政治形势严峻、内战一触即发，美国总统杜鲁门委派马歇尔作为自己的私人代表前往中国，负责调停国共两党间的纠纷。1946年7月，经马歇尔推荐，美国政府决定任命司徒雷登为驻华大使。善良的人们希望，通过他的斡旋与沟通，能够消除内战的阴云，在中国实现真正的和平。

司徒雷登本人同样也怀有这样的愿望。1946年7月12日，他向燕大提交辞呈。燕大校务委员会决定不接受他的辞呈，只给他一年的长假。当时，司徒雷登充满信心地认为，只需要"一年或更短的时间，就可以从我的新职务上引退，重新回到我今天离开的地方"。

事实证明，他想得太天真了。

实际上，就在他上任的一个月前，蒋介石发动的大规模内战已经开始。美国政府貌似公平的"调停"带有极大的偏向性，马歇尔与司徒雷登所扮演的是十分尴尬的角色。

不过短短的三年时间，国民党由强大到衰败直至彻底垮台，而共产党自弱小而壮大以不可阻挡的气势取得了最终的胜利。

1949年5月，在解放军打进南京的第三天，司徒雷登开始起草一份备忘录，提出关于承认中共的设想。他认为，美国政府承认中共政权已是必然的事情了。

一周后，他派人与中共联系，而中共方面负责外事工作的，正是曾在燕京大学读过书的黄华。黄华来南京工作，是周恩来亲自指定的，以便借助师生关系与司徒雷登见面，了解下一步美国政府的打算。司徒雷登向黄华表示，希望能够亲自去北京与周恩来面谈。当毛泽东、周恩来听到这个消息后，一致同意司徒雷登秘密北上，因此特地请担任燕大校长的陆志韦出面写信，转达这个重要的信息。

6月30日，毛泽东发表了著名的《论人民民主专政》，文中说道："……我们在国际上是属于以苏联为首的反帝国主义战线一方面的……"

当时的国际社会似乎只有两个"战线"，一个是以苏联为首的，一个是以美国为首的。既然新中国是属于苏联那个"战线"的，美国自然无法相容。7月2日，司徒雷登接到国务卿艾奇逊来电，不仅不允许去北京，还要求他必须回国。司徒雷登不得不遵从命令，就此永远离开了他前后一共生活了60多年的中国。

8月5日，在他抵达珍珠港的当天，美国国务院发表了那份"白皮书"：《美国与中国的关系——着重1944—1949年时期》。由于"白皮书"中公布了许多美国驻华外交人员——其中当然也包括司徒雷登——写给国务院的例行报告和本属"绝密"的资料，而且经过了"筛选"，只选用那些证明美国政府"一贯正确"的资料，从而带有很大的片面性，这不仅直接影响了美国外交工作的声誉，也给司徒雷登本人造成极大的伤害。毛泽东针锋相对地写出了《别了，司徒雷登》一文，构成了司徒雷登远播几十年的"臭名"。

司徒雷登的晚年是寂寞而悲伤的。由于脑血栓造成半身不遂与失语症，以致完全丧失了生活自理能力，因此一直与秘书傅泾波及其家人住在一起。1962年9月19日，司徒雷登因心脏病而去世，终年86岁。

司徒雷登最大的心愿，是将自己的骨灰送回燕京大学校园，与早年病逝的妻子葬在一起。但由于种种原因，这一遗愿至今未能实现。

还要说说顾颉刚。

1937年顾颉刚逃出北平，绕道西北，屡经周折到达大后方，直到1946年2月才回到北平，不久后前往上海担任大中国图书局的总经理及文通书局编辑室主任，同时还在一些院校担任教授。据统计，自1920年在北京大学毕业，他先后在18所大学担任过教授，可谓"桃李满天下"。还在三十出头的时候，他就为自己制定了终生的目标，准备把自己的一生分为六个"学程"，其涉猎的范围包括了经籍整理、古器物学、民俗学等不同的领域。他的好朋友傅斯年曾经开玩笑地说："你老是规划终身的大计，我觉得你定一件也做不成的！"实际也的确如此，一个人可以制订自己的学习工作计划，却无法掌握自身的命运。20世纪是一个充满战争与动乱的时代，无数不可预料的因素会直接影响每一个人的人生轨迹，所以，顾颉刚的那许多计划最终没有一个能够完全实现。但顾颉刚认为，计划能使人生充实，当通过自身的努力使事实有一分接近计划时，便会有两分的高兴。据说他曾在居室中挂着一个“晚成堂”的匾额，以时时警示自己。他说：“倘使我活 70 岁，就以 70 岁为小成；活 80 岁，就以 80 岁为小成。”顾颉刚嗜书如命，因用功过度，30 多岁的时候就已经头发花白了。顾颉刚最大的财富就是书，1954 年调北京工作的时候，他的九万册藏书装了两百多箱，竟用了两节火车皮才勉强盛下。

顾颉刚来到北京后，在中国科学院历史研究所负责《资治通鉴》的标点工作，后来又开始整理《尚书》。20 世纪 50 年代，国内政治运动迭起，与顾颉刚直接有关的有两次。一次是对胡适的批判，顾颉刚也不得不违心地写了一些批判自己老师的文章；另一次是对“古史辨派”批判，这次则是顾颉刚接受自己学生的批判了，他痛心地称之为“均给予无情之打击。”“文化大革命”开始后，顾颉刚作为“资产阶级反动学术权威”，自然也受到强烈冲击，不仅挨批判，还要进行“劳动改造”，他家里的书籍也被封了起来。造反派宣布：在运动终止前，不得随意看书写稿。但是在“大不幸”中也有“小幸运”，1971 年 4 月召开的出版工作会议提出了标点“二十四史”的工作，周恩来特地批示：“二十四史除已标点者外，再加清史稿，请中华书局加以组织，由顾颉刚先生总其成。”此事得到毛泽东的同意，这样，顾颉刚才得以重新开始了学术研究。然而，这时他的身体已被疾病所缠，他不禁叹道：“著述之事从此结束，成为废人。少年以来一片著述雄心不可复现，悲哉！此皆五年来日夜在惊风骇浪之中所造成者也。”

1976 年，持续整整十年的浩劫终于结束，顾颉刚真正获得了工作的自由，他在助手的帮助下继续进行《尚书》的整理，同时开始整理旧稿，陆续刊发。这时的顾颉刚，雄心复萌，又制定了三年、五年和八年的工作规划。1979 年他已年近九旬，还担任了中国社会科学院研究生导师，希望能为国家培养新的人才。1980 年 12 月 25 日，顾颉刚因脑溢血逝世。

最后当然要说洪业。

就在侯仁之登船前往英国的时候，洪业也应聘前往美国，到夏威夷大学任客座教授。第二年，又去哈佛大学东亚语文系任客座教授，并一直担任哈佛燕京学社研究员。授课之余，他仍继续进行学术研究，可谓著作等身。他虽然久居国外，对祖国的深厚感情终生不泯。他曾多次对友人说："我爱美国，我更爱祖国。祖国是我父母之邦。"他一生藏书甚多，竟达数万册，其中不少是罕见的珍本。1979 年，洪业写下书面嘱托，除了将两种珍贵的明刻本《史通》捐赠给北京图书馆外，其他的全部藏书都捐赠给中央民族学院。

1980 年，年近 70 的侯仁之由夫人张玮瑛陪同前往加拿大。他是应大不列颠哥伦比亚大学的邀请，前去讲学的。此后，他专程前往美国波士顿，到哈佛大学去探望分别多年的洪业老师。那年，洪业已经 87 岁了，白发师生相见，分外激动。

侯仁之在对我述说那次与洪业见面的情况时，词语间充满了对老师的眷恋。他说：

……我们到了哈佛，在我老师那里住了差不多一个礼拜。那时，他的夫人已经故去了，他一个人住在那里，那是他自己的房子，他还在继续搞自己的研究工作。到后来，有一天晚上，我们在客厅坐着聊天。我爱人也是他的学生啊，很熟的。难得和老师在一起，我们谈了很久。后来还是他说，好啦，很晚了，你们睡觉去吧。我们就回自己的房间去了。早上我爱人起来，到客厅一看，洪业老师在沙发上睡着了……

侯仁之停下了话头。张玮瑛坐在旁边的沙发上，这时插了一句：

……我看见老师就那样斜倚在沙发上睡着。他夫人不在了，看来平时他大概就是这样敷衍。我怕他感冒了，找了一个毯子给他盖上。看他这个样子，真有些不安……

侯仁之接着说：

……我每次出国都是她和我一块儿去的。那次我们俩一起去看了洪业老师。回国以后，我又到医院去看了顾颉刚老师，顾颉刚老师住在北京医院。那时，他还在搞他的孟姜女研究。就在那一年，他们先后故去了。真是奇怪极了，他们是在一年里去世的，只差几天。洪业老师是早两天吧。我去哈佛看洪业老师是五月的时候。后来是年底了。顾颉刚还在研究他的孟姜女呢。啊呀这些老师!

侯仁之沉默了，眼睛凝视着远处。张玮瑛也沉默了。

半晌，侯仁之突然慢慢地又说了一句:“啊呀，这些老师啊!”

一声长叹，包容了多少语言无法表达的感情!

十　亲尝教炙

旋游学英伦，从师德贝教授，亲尝教炙，学益匪浅……

——侯仁之

拾

侯仁之自北平经上海至香港，在那里登上了一艘驶往利物浦的轮船。那是一艘很大的货轮，除了船员，只有寥寥十几位乘客。旅途格外漫长。在正常的情况下，那段航程也需要差不多一个多月的时间。

不巧的是，当轮船途经新加坡停泊时，当地爆发了大规模的罢工，码头陷入瘫痪状态，以致无法起航。这一耽搁，居然就是二三十天，真让人心急。正在无奈之间的侯仁之，突然收到一封来自当地的信。原来，有位中学时候的同学在新加坡一个公司里工作，不知从哪里得到侯仁之途经新加坡的消息，便与他取得了联系，并劝他不如下船暂住几天。眼看开船的时间遥遥无期，这倒是一个很好的主意，侯仁之便下了船。

新加坡的夏天潮湿而闷热，这对于来自中国北方的侯仁之来说，实在难以适应。好在那些日子几乎天天下雨，还算好过一些。侯仁之是个闲不住的人，他听说当地有一个图书馆，十分高兴。那个图书馆挺大，人倒不多，侯仁之天天一早就去了，直到闭馆的时候才出来。利用这难得的机会，他深入了解了一些关于新加坡历史及地理的情况，并顺便写了几篇稿子，寄给国内的报刊，后来居然发表了。至于稿费，就直接寄到北平的家里了，这也可以算是一个意外的收获吧。

▲ 侯仁之在英国利物浦大学研究生宿舍楼前。（侯仁之提供）

轮船重新点火起航了。它的航线，是通过苏伊士运河进入地中海，出直布罗陀海峡后北上而至英国。幸亏战争结束后这条航线已经正常开通，否则如果绕道好望角围着非洲大陆转上一个大圈子，那路程可实在是太远了！

经历了将近两个月时间的海上航行，侯仁之终于踏上了“英伦三岛”的土地。平生第一次在颠簸的轮船上待了这么多天，待到上岸后好久，他似乎还觉得自己是站在摇晃不定的甲板上，感觉一下子难以调整过来。不过，眼前那格调独特的异国风光还是十分诱人的。

位于欧洲西部的英国，是由大不列颠岛（包括英格兰、苏格兰、威尔士）和爱尔兰岛东北部等一系列大大小小的岛屿组成的一个“岛国”，所以它的名字挺复杂，叫做“大不列颠及北爱尔兰联合王国”。英国的总面积才 24 万多平方公里，还不及中国国土总面积的零头；论建国的历史也没法跟中国比。公元一到五世纪的时候，这里为罗马帝国统治，到公元七世纪才形成了封建制度。公元九世纪，英格兰基本统一，但后来又被丹麦人侵袭。后经多年战乱，于 1640 年在全世界第一个爆发了资产阶级革命。虽然后来成立了“共和国”，但不久后王朝又得复辟……如此经过不断动荡，才于 1668 年确定了君主立宪制。

但是，英国一旦遇到了崛起的机会，那发展的势头可真是极其迅猛的。从 16 世纪击败了西班牙所谓的“无敌舰队”开始，英国便建立了海上的霸权。从 18 世纪初到 19 世纪初，英格兰陆续与苏格兰和爱尔兰合并。19 世纪初，它在世界上第一个完成了工业革命，从此开始迅速地扩展自己的势力。到了 20 世纪初，英国占有的殖民地遍布全球，总面积已经比本土大了 100 多倍，因此，它曾自称是“日不落帝国”。不过，经过第一次世界大战的冲击，这个世界第一殖民大国开始衰败，最终不得不同意爱尔兰独立。在第二次世界大战中，作为同盟国成员，英国坚决抵抗德国法西斯的侵略，为此付出了很大代价。

侯仁之此次前去的利物浦位于英格兰的西北部，曾经是英国最重要的远洋运输港口。早在 18 世纪，中国的早期移民便来到这里，据说利物浦市区的中国城是欧洲最早形成的。第二次世界大战期间，大批商船往来此处，仅登记居住的中国水手便有两万余人。由于中国的许多港口被日寇占领，绝大多数中国船员无法回国，被迫在这里定居下来了。所以，在利物浦的大街小巷，经常会见到黑头发黄皮肤的中国人。

至于被称为“红砖大学”的利物浦大学，则是当地人的骄傲。

19 世纪末，英国在伦敦以外的城市建造了一批城市大学，由于它们多是用红砖建造，所以被称为“红砖大学”，以表明其历史之悠久。利物浦大学便是其中之一。这所大学的最大特点，是它的许多专业及课程的设置紧密地结合当地的情况，像航海、冶金、商业贸易专业，等等。还有一些专业则充分展现了它的特殊之处。比如，英国大学的第一个生化系和医学院便是在这里诞生的；1902 年，利物浦大学医学院的罗纳德·罗斯教授因为发现疟疾扩展方式而获得诺贝尔生理医学奖，成为英国历史上第一位诺贝尔奖获得者；在英国，一些早期公共卫生计划都是由利物浦大学负责制订和实施的。再比如，英国在 1909 年通过了新的法规，引进城市规划体制，而利物浦大学最早设立的城市规划系，适时开拓了一个新的研究领域。

近年的一些例子似乎更能说明利物浦大学的这个特点。比如，利物浦是著名的“披头士”四人合唱团的故乡，1961 年 5 月 21 日，他们的首次演出便是在利物浦。“披头士”乐队象征着流行歌曲新的发展方式。为了深入研究流行音乐的历史文化价值，1988 年，利物浦大学专门成立了流行音乐研究所，还组建了流行音乐产业研究中心。后来又设立了音乐产业管理硕士学位，这是世界上第一个在这一专业授予硕士学位的学校。再比如，全世界的球迷都知道，英国是现代足球的发源地，利物浦是著名足球城，为此，利物浦大学于 1994 年创立了足球研究中心。当然，这些都是后来发生的事情了。但也足以表明，利物浦大学有着紧跟现实潮流的传统。说得夸张一点：它是一所乐于标新立异的大学。

时隔将近 60 年，侯仁之对刚到达利物浦大学时的情形还记得很清楚。他说：

> 到了那儿以后啊，有一个朋友来接我。这个朋友我不认识，是燕京大学一个女教授的老朋友。他上码头来接我，把我送到学校。我住在学校的研究生宿舍，条件非常好，我一个人一个房间。因为我有奖学金才让我住在那儿，我非常感动。……学校的纪律是很严格的，每个人都穿着黑袍。我在学校的餐厅吃饭。开饭的时间还没到的话是不能提前进餐厅的，早到的学生们在那儿弹钢琴、看报纸、聊天，等着。餐厅有两个大门，到时候门开了，大家都穿着黑袍进去。里面是一个一个长桌子，那是学生的餐桌。可是我进去后，没让我到学生们的餐桌去。在大餐厅的前头，有一个特殊的桌子。“high table”，位置高一点。在那里就座的都是教授、导师。我被安排和那些导师们坐在一起。是“high table”，高

一点。就坐在那里吃饭。

我站在那儿，我有些不好意思。学生在底下，我也是学生——当然不是普通学生啦。我要求说我还是下去吃吧，他们还是同意我下去了。学生在那里都是长桌子吃饭，有一个人分菜，我也管过那个。我作为一个学生我不能上那个“high table”。

作为被保送前来、享受特殊奖学金的博士研究生，侯仁之在学术上已经有很多成果，因此受到学校相当的重视。而这许多意料之外的优待，显然是一种无形的激励，使他愈加感到，一定不能虚度这难得的三年学习时光。

侯仁之去利物浦大学深造，目标就是它那与众不同的地理系。当年洪业老师所说“择校不如投师，投师要投名师”那句话，使他选定了这所很有特点的学校，他所要求教的名师，应是利物浦大学地理系的系主任、著名学者罗式培（P. M. Roxby）教授。

不巧的是，由于战争的原因耽搁了几年时间，当侯仁之不远万里来到利物浦大学的时候，罗式培教授已经退休了。

侯仁之后来说：

罗式培是英国利物浦大学第一个地理教授，很有名的，在西方地理学界很有影响。他教了40年地理，一直没有结婚，到退休了才结婚，他的夫人也是利物浦大学的，一位女教授，我听说过，但是没见过。而我到英国去的时候，刚好他到中国来，到上海去了。他对中国非常有感情，写过好多关于中国的文章，和中国特别友好。后来我突然得到消息，说他故去了，是在上海故去的。我很难过，还写了一篇文章悼念他。

罗式培在利物浦大学工作了40年，亲自创办了该校的地理系。的确如侯仁之所说，罗式培对中国很有感情，曾经多次前来实地考察、办讲座、参加研讨会，等等，发表过许多介绍中国历史和文化的文章。他还在地理系专设了一个“中国地理研究室”，充分表现出对中国的重视。第二次世界大战中，利物浦大学受到战火侵袭，部分校舍被损，位于地理系教学楼顶层的中国地理研究室也遭波及。当侯仁之入校的时候，尚未完全修复，但让他十分惊讶的是，在研究室墙上，赫然悬挂着著名中国学者顾颉刚手书的《禹贡》全文。在这异国的高等学府中看到恩师的手迹，侯仁之感到无比亲切。

第二次世界大战结束后，罗式培立即来到中国的上海，帮助开展战后重建工作。当时他是英中文化委员会驻中国的代表，为中英两国的文化交流事业做了很多事情。值得注意的是，50 年后的 1999 年，上海与利物浦正式结为友好城市，双方在经济、文化等方面有诸多交流；2003 年，英国皇家海军“利物浦号”驱逐舰还专程到上海进行友好访问。这些，不知与罗式培当年的工作是否有一定关系。

罗式培到上海后，得知侯仁之去利物浦求学的消息，很是关切，特地给学校里的友人和同事写信，让他们注意关照这位来自中国的留学生，给他多安排一些社交的机会。侯仁之得知这些情况，心中非常感激，曾在自己的手册上写下这样两句话：“离国之前，未能谒见你，可是来到英国之后，却又无处不遇见你！”

不幸的是，就在侯仁之到英国后不久，1947 年 2 月 17 日，罗式培在上海逝世。第二天早晨，远在利物浦的侯仁之得到消息，十分悲痛，不由得跑到学校，在中国地理研究室的房间里徘徊良久，仍难以排遣心中的伤感之情。当天，他挥笔疾书，写下一篇悼文。文中写道：

悼羅士培教授
—寄自羅教授手創之利物浦大學地理學院—
侯仁之

▲侯仁之发表于《益世报》的悼念罗式培专文。（侯仁之提供）

……罗教授是真正由研究而了解，由了解而同情，由同情而援助中国的一位患难中伟大的良友！如今他放下了他的工作，他永久安息了！

……对罗式培教授，我是一个万里投师而未得亲炙教益的小学生。但是在我来到此处之后，我好像无处不听见他的声音，无处不看见他的容颜。这是他工作了 40 年的地方，在这地方的每一个角落里，好像都在反映着这一代大师的和煦慈爱深厚博大的音容。

……今日得此噩报，痛悼万

端，不得不扔下平日的工作，让痛苦抑郁之情，有所抒发……

他将悼文寄回国内，发表于 1947 年 3 月 18 日《益世报》的“史地周刊”上。

值得注意的是，那天的“史地周刊”第三版使用整版的篇幅刊发了侯仁之的两篇文章，除了这篇悼文，还有一篇题为“地理学的理论与实践”的译文，是一年前罗式培的继任者所做的就职演讲。这位继任者，是 H. C. 达比教授。

由于战争的影响，侯仁之失去了以罗式培为师的机会。这是一个很大的遗憾。但是，他又是幸运的，因为这一遗憾竟变成一个难得的机遇：接替罗式培担任利物浦大学地理系主任的达比（Darby，也译为“德贝”），是现代历史地理学的奠基人之一，侯仁之成为以达比为师的唯一一位博士研究生。

从这里开始，我们终于要说到“历史地理学”了。

首先，有一些基本的概念性问题需要弄清楚。比如，什么是“历史”？什么又是“地理”？

《辞海》里关于“历史”的词条是这样写的：“广义的历史，泛指一切事物的发展过程，包括自然史和社会史。通常仅指人类社会的发展过程，它是史学研究的对象；一般说来，关于历史的记述和阐释，也称为历史。”

看上去似乎并不复杂。广义的“历史”，内容是包罗万象的，从宇宙、银河、太阳、地球直到人类自身，这“一切事物的发展过程”，就叫“历史”。而我们所要接触和讨论的，是狭义的历史，也就是“人类社会的发展过程”。

但“历史”和“历史学”是两码事。对于“历史学”，《辞海》里说得挺多。若是让专家阐述，恐怕会比《辞海》更复杂，因为那涉及思想、观点、方法等一系列很深奥很重要的问题，比如唯心主义与唯物主义史观的问题，生产力和生产关系、经济基础和上层建筑之间辩证关系的问题，生产斗争和阶级斗争的问题，等等等等。作为浅尝辄止的外行，我们不可能也没必要达到那般高深的境地，因此只需要知道最基本的东西就可以了。简单地说，“历史学”也称“史学”，是“研究和阐述人类社会发展的具体过程及其规律性的科学。”

也就是说，“历史学”研究的对象是狭义的“历史”。或者说，是人类自身的历史。

那么“地理”又是什么呢？

《辞海》说得似乎又太简单了：“地理，山川土地之形势。”

看似简单，其实这区区九个字所包容的信息还是十分丰富的。

首先，第一个“地”字，有两层含义。一，它指的是“地球”，也就是我们生活于其上的这颗行星；二，它指的是地球的表面，或者说“表层”。其后的“理”字，则有“规律”“形态”的意思。至于“形势”这个词，用得很有意思。“形”，自然是指“形状”“形态”等外观形貌；而那个“势”字，则具有“演化”“发展”的内涵。

这样，我们也就知道所谓的“地理学”是干什么的了。它应当是专门研究地球表面环境的形态及其形成、变化和发展规律的一门科学。

到现在为止，我们已经基本了解了历史和历史学、地理和地理学的基本概念，由此也可以看出一个明显的问题：历史与地理，是两门完全不同的学科。

然而，同样明显的是，这又是两门相互交织、关系密切的学科。

与地球相比，人类的历史显然是十分短暂的。然而，正是由于这个星球独特的自然环境，才孕育了人类的诞生。人类本来就是大自然的产物，在特定环境的制约和影响下，经过逐渐演变和发展，才形成了如今这个千姿万态的人类社会。因此，自然环境——或者说地理环境，在人类发展的过程中发挥了决定性的作用。比方说，生活在不同地理环境中的人类，居然连肤色——白色、黄色或者黑色等——也会有那样大的区别，正如中国的一句老话：“一方水土养一方人。”

而人类自从开始书写自己历史的那一天开始，便在不断试图利用和改变周围的环境，以求获得更好的生存空间和生存条件。他们的这种努力取得的成果是如此巨大，以至于在许多方面变被动为主动，竟使地球的自然环境——当然也包括地理环境——产生了极大的变化。当然，这些变化所造成的后果并非全是完美的，也有诸多败笔甚至严重的破坏，但有一点必须承认：变化的本身是一个客观存在。对此，中国也有一句老话，叫做“沧海桑田”。从文学的意义上讲，这话是感慨时光流逝中的时事变迁；而它字面的意思，则正反映出人类活动对大自然所造成的影响——将茫茫沧海变成了广袤的农田。当然，“作用”与“反作用”是相辅相成的，说不定哪天老天爷一翻脸，“桑田”

又变回了“沧海”。

因此，地理学所研究的内容，也就是“地球表面环境的形态及其形成、变化和发展规律”；它至少应当包括两个方面：自然的因素和人为的因素。这样，就形成了地理学的两个重要分支——“自然地理学”和“人文地理学”。在这两大分支之下，又逐渐衍生出更多的从属性学科，如属于自然地理学的地貌学、水文地理学、土壤地理学、冰川地理学、植物地理学、动物地理学和属于人文地理学的人种地理学、文化地理学、政治地理学、商业地理学、经济地理学、交通运输地理学，等等。

这样说来，地理学的发展似乎已经很完美了！

其实也不尽然。

许多学者发现，随着现代科学的发展，人类对世界的认识日益深入，反而凸显出越来越多的知识空白点。而填补这些空白点，正是科学家们乐此不疲的任务。

比如，对于地理学来说，就存在着这样一些空白点：人类所面对的，是现实的地理环境，而在此前各个不同的历史时期，同一区域的地理环境又是怎样的呢？人们如何才能全面了解不同历史时期造成地理环境发生变化的原因，并从中找出规律性的东西呢？这些规律性的东西又如何能够为人类今后的行为提供一些有益的参考呢？……

形象些说，如今我们看到的桑田，以前可能曾是沧海。那么，我们很想知道，沧海是在什么时候变成了陆地？又经历了什么样的过程变成了桑田？在这变化的过程中，自然的因素和人为的因素都发挥了一些什么样的作用？在这变化的各个不同的特定时间阶段，环境的形态又有一些什么样的特点？……

这些问题，也是通常意义上的历史学有待解决的。

人类历史的发展是一个时间的概念，而地理环境的形态则是一个空间的概念，看似毫不搭界。但它们一旦交汇，却立即迸发出灿烂的光芒。

这灿烂的光芒，孕育了一个新学科的诞生，即“历史地理学”。

西方的地理学家最先提出了“历史地理”的概念，但其涉及的具体内容，与中国传统的“沿革地理”类似，基本是局限于对疆域及政区演变等方面的研究。对于这一点，我们在后面还会谈到。至于“历史地理”这一学科的正式建立与发展，主要开始于20世纪20年代至40年代。

1927 年，德国学者赫特纳在他的《地理学——它的历史、性质和方法》一书中论述了“历史地理学”与“地理学发展史”的本质区别，并指出，历史地理学是对“过去时代进行的地理考察”。

1936 年，后来成为侯仁之导师的达比在《1800 年以前的英格兰历史地理》一书中，不仅明确阐述了历史地理学的性质、特点和方法，还对以往地理学轻视对时间过程研究的这一明显缺陷提出了大胆的质疑。

1948 年，美国布朗的《美国历史地理》出版，该书描述了从 15 世纪末北美大陆被发现直到 19 世纪 20 年代，美国国土开发过程中的地理变迁情况。

上述三部著作，从理论到实践，为历史地理学奠定了坚实的基础。所以后人曾评价说，它们“标志着现代历史地理学的形成”。

达比年纪不大，比侯仁之只年长几岁，但已经是一位成果卓著的学者了。他早年在英国著名的剑桥大学攻读博士的时候，就对英国东南部沼泽地区进行了全面的研究。1931 年，他完成的博士论文题目即《英国历史上沼泽地的作用》，令人信服地分析了人类活动对地理环境变化的影响。几年后，他出版了《1800 年以前的英格兰历史地理》一书，尝试使用现代历史地理学“水平横剖面”的方法，复原了从“史前时期的南不列颠”直至“18 世纪的英格兰”不同历史阶段的地理景观。这部专著，被认为是英国现代历史地理学的奠基之作。

达比对中国同样具有很深的感情。1946 年 2 月，在他继罗式培之后担任利物浦大学地理系主任时发表的就职演讲中，特地提到：

> 罗式培教授对于中国的著作，不但在专门的地理学的意义上，增加了我们的知识，并且使我们更进一步了解了中国的文化。

侯仁之投至达比门下，实在是一个幸运的选择，因为他就此踏入历史地理学这一崭新的学术领域，从而有机会成就了一番辉煌的事业。

不过，要想师从达比，也并非一件容易的事情。

当时，在利物浦大学读书的中国学生不少，而侯仁之作为一位选择地理学作为主攻学科的博士研究生，自己在学术上已有所建树，这是十分难得的。但是，作为一位认真的导师，达比并没有立即接受这位来自遥远东方国度的学生，他还需要进行深入的了解和严格的考核。侯仁之每天与地理系的本科生一起听课，其余时间，则根据达比的要求，选读有关历史地理学的学术专著，经过研读、分析、比较，写出总结及心得。侯仁之经常与其他学生在达比的率领下到英国各地进行野外考察，并按照老师的具体要求写出详细的调查报告。这些学习和考察，对侯仁之是一种新的体验和锻炼，在执行老师布置的任务时，他总是十分积极主动。达比也是一个注重实地考察的学者，在这方面，他与顾颉刚老师颇有相似之处。达比曾经很生动地说："理想的地理学家，应当能对他的田间的散步——或者可能的是城市中的散步——而有兴趣。"达比的这种教学方法，不仅把案头的理论研究与田野的考察实践紧密结合，还使原本似乎枯燥乏味的学术研究显得趣味盎然。这些，都给侯仁之留下极深的印象。当年在顾颉刚、洪业等名师的引领下，侯仁之在历史学方面已经打下了很好的底子；如今再有名师达比的点拨，开始深入历史地理学的领域，他怎能不感到一种难以名状的兴奋！

客观而言，在离开中国前往利物浦求学的时候，侯仁之只知罗式培，不知达比；只知地理学，不知在地理学属下还有一个十分重要的分支——历史地理学。因此，我曾问他，当初没有成为名师罗式培的学生，他是否感到遗憾？侯仁之提高了声音回答道：

> 达比更好啊！我原来还不知道有历史地理学啊！
>
> ……达比这个人很严格。他让我学习、考察、写东西，他来审核。他是在考察我啊。我住的那个楼里，有导师，还有研究生，学术气氛很浓的。经常在下午喝茶的时候，大家在一起热烈的讨论，收获很大。

达比对历史地理学基础理论与基本方法的阐述，使侯仁之的眼界大为开阔。达比曾说过："今天的地理，明天即成为历史地理。"还说过："历史地理学的材料是历史的，而研究的方法是地理的，历史地理学的任务就是重建过去的地理。正像现代地理学研究的是现代时段的地理一样，历史地理学研究的是过去一段时间的地理。"达比在历史地理学方面的基本思想，对侯仁之产生了极大的影响。他开始考虑，如何运用达比的理论和方法，开展中国历史地理学的研究。而他选定的目标，就是怀有深厚感情的那座中国古城；他确立的博士论文题目，是"北平的历史地理"。

侯仁之说：

> ……达比对我很严啊。我所写的东西，他看得很仔细。有什么问题

或错误，都毫不客气地提出来。这对我是很大的促进和鞭策。整整一年啊。我埋头于学习、研究、写作。第二年，达比看过了我的论文的“绪论”，认为很好。他才正式批准让我做他的博士研究生。

达比对侯仁之整整考察了一年。在仔细审读了侯仁之撰写的博士论文“绪论”部分的初稿后，十分欣赏，认为这位中国留学生确是一个从事学术研究的良才，所选择的这个专题，应当对历史地理学的发展有所贡献。如此，他才终于决定担任侯仁之的导师。

将近 60 年以后，侯仁之还珍藏着他的博士论文。那是厚厚的三大本巨著，全部文字都是他自己用英文打字机打出来的，还配有大量手绘的彩色插图，笔触细腻，异常精美。《北平的历史地理》是侯仁之的第一部历史地理学专著，从此，确定了他一生的学术研究方向。

在侯仁之眼里，达比不仅是一位严格认真的导师，还是一位性格宽厚待人热忱的典型英国绅士。达比的家在利物浦郊外，侯仁之曾经前去拜访，受到老师夫妇的热情接待。而侯仁之也成为达比引以为自豪的学生兼同行。许多年以后，在一次国际学术会议上，达比在签到的时候看见来宾名单中有侯仁之的名字，非常高兴，竟在会场上大声高呼：“侯仁之！侯仁之来了没有？”

▲ 侯仁之的博士论文《北平的历史地理》。（侯仁之提供）

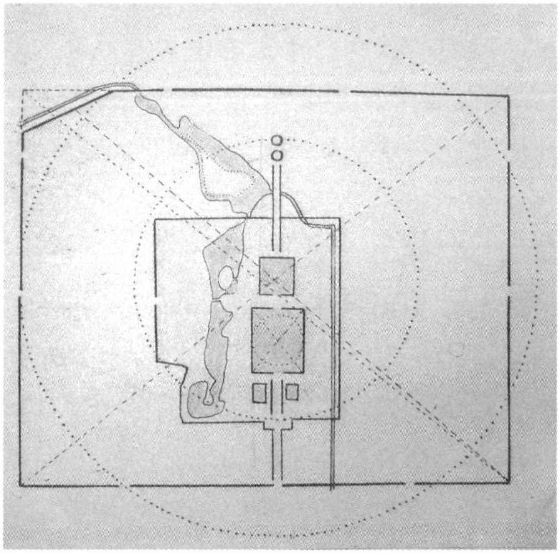

▲ 侯仁之为自己的论文所绘的插图之一。（侯仁之提供）

1984年，侯仁之由夫人张玮瑛陪同正在华盛顿进行有关城市规划设计的比较性研究，中途暂停，而根据一份突然而至的请柬专程前去英国——原来，由于侯仁之在历史地理学方面所取得的优异成果，利物浦大学决定授予他荣誉科学博士学位。在离别母校30多年后，又获得这样一个特殊的荣誉，侯仁之感到格外激动。更使他感动的是，当时正在剑桥大学工作的达比教授专门赶到利物浦来祝贺。师生相见，有说不完的话，达比邀请侯仁之夫妇到剑桥去住了四天。达比不仅特地在家中召开酒会以示庆贺，还与自己的夫人陪同游览。这些，给侯仁之留下了深刻的记忆，他永远忘不了自己这位严格而可敬的导师。

▲ 1984年7月，侯仁之获得利物浦大学授予的荣誉科学博士学位，与校长、副校长合影。（侯仁之提供）

1984年7月，侯仁之获得利物浦大学授予的荣誉科学博士学位后，《利物浦日报》的记者为他拍摄的新闻照片。（侯仁之提供）

1984年，侯仁之、张玮瑛夫妇与达比及其夫人在英国剑桥大学。（侯仁之提供）

在利物浦整整三年的学习生活是紧张而愉快的。一有机会，侯仁之也会到城中或郊外游览——用达比的话来说，那是一个地理学家必不可少的“散步”。利物浦是一座很有特色的城市，除了那樯桅林立的港口，还有不少著名的景点。比如在圣詹姆斯墓园所在的山丘上，有英国国内规模最大的国教大教堂，它是自宗教改革之后唯一一座建在北英格兰的国教教堂，那气势恢宏的大礼拜堂足可容纳4000多人。而建成于1854年的圣乔治厅，风格奢华，据说仅一楼大厅的地板就耗费了两万块瓷砖，大厅里立着的那座身形硕壮的乐器，是本地最大的管风琴。此外，还有馆藏极为丰富的利物浦博物馆，收藏了来自世界各地的100余万件文物资料……

这的确是一座让人流连的城市。

不过，侯仁之并不是一个前来观光的旅游客，他已经开始习惯于以一个历史地理学家的目光审视周围的事物和环境，他所看到的东西显然与别人不同。有时，当他独自徘徊在国教大教堂的台阶上，俯瞰下面那座美丽的城市，常会不由自主地想象，它在从前那些漫长的岁月中曾经是个什么模样。在凝思遐想之中，那些绿树成荫的街道、形态各异的房屋会渐渐褪色逝去，因时光的倒流而慢慢返回到1000多年前沦为丹麦海盗帝国占领地的时代、差不多2000年前被罗马人统治的时代，以至公元前地中海的伊比利亚人、比克人和凯尔特人贸然登陆的时代。再往前去，就是荒蛮的远古了，那时这里是什么样子呢？自己脚下这座不大的山丘，当时是否还只是淹没在海浪下的一块小小礁石呢？……

这是一种多么有趣的遐想！

侯仁之那漫无边际的思绪有时也会突然中途转弯，越过无垠的空间，飞向万里之外那座古城，飘回燕园的未名湖畔。侯仁之还是第一次与张玮瑛分别如此长的时间，他是多么想念她，还有那一双可爱的小儿女啊！

拾壹

十一 重返燕园

建国前夕，我赶回北京，参加了开国大典，欢腾之情，永远难忘……

——侯仁之

时光如梭，转眼间几年的时间过去了。

就在这段时间里，在远隔重洋的中国大地上，一场大决战正在全面展开。

其实，早在侯仁之踏上前往英国求学旅途那段时间里，中国的政治形势陡然发生了剧变。1946 年 6 月，国民党撕毁了刚刚签订不久的《停战协定》和《政协决议》，对共产党领导下的解放区发动了全面进攻。但是，仅仅过了一年时间，中国人民解放军便已经掌握战争的主动权，由战略防御转为战略进攻。再过了一年，也就是 1948 年夏天，国民党军队的防御体系土崩瓦解，被迫实行了所谓的“重点防御”，然而已是回天乏力。在接下来的辽沈、平津、淮海三大战役中，人民解放军不断取得一个又一个的胜利，新中国的曙光已经悄然在东方的地平线上出现……

国内两种政治力量的激烈搏斗，不可避免地在海外的华人界引起强烈的反响。而国共两党的斗争，在英国的留学生中间也有明显的反应。

当时在英国留学的中国学生数量不少，他们成为共产党和国民党争取的对象。但同国内的形势一样，共产党的影响不断扩大，得到越来越多的留学生支持。

侯仁之刚到利物浦的时候，有件事曾经使他感到很诧异：经常有许多人不断来找他，可他却差不多都不认识。其实这事并不奇怪，侯仁之在留学生中间也算小有名气了，许多人都知道他当年掩护爱国学生逃出沦陷区的事情，此时他自然成为大家关注的焦点。在他掩护过的学生当中，既有去国民党控制的大后方的，也有去共产党领导的抗日根据地的，所以，双方都把他作为争取的对象。实际上，他自己心里最明白，当年所做的那些工作，主要是在中共地下党的领导下进行的，他本人的立场不言自明。尽管他不是共产党员，但他很快就和中共在英国的党组织取得了联系，并配合开展了很多工作。其中很重要的一件事情，就是争取留英中国学生会的领导权。

那年冬天，在英国学习的中国留学生代表陆续赶往伦敦参加会议，选举留英中国学生会的领导成员。“国民党派”和“共产党派”的留学生斗争得十分激烈。最后，侯仁之当选副主席，同时还担任留英中国学生会利物浦分会的主席；而主席则由来自剑桥大学的博士研究生曹日昌担任。

曹日昌是河北束鹿人，与侯仁之同龄，出生于 1911 年 1 月 11 日。1929 年中学毕业后考入北平师范大学预科，在升入本科教育系后转学至清华大学心理系学习。抗日战争期间，他前往昆明，在西南联合大学哲学心理学系授课。与侯仁之相似的是，也是由于战争的影响，他直到抗日战争胜利后才得以赴英国深造，只是时间稍早一些，在 1945 年 11 月便来到剑桥大学，于心理系攻读博士学位。曹日昌到英国后不久，就参加了英国共产党的剑桥地方组织。1947 年，他加入中国共产党，1948 年转正。由于他与侯仁之担任了留英学生会的领导，国民党的势力受到了很大的打击，而共产党的活动便蓬勃开展起来了。

据侯仁之回忆，留英中国学生会主要是在伦敦开展工作，但也在利物浦开过一次会。由于校方给予他很好的待遇，住宿条件相当不错，地方也宽敞，所以会议的地点就在他的宿舍里。利物浦大学校方对这次会议很重视，学校的主要领导特地到会，表示祝贺。

侯仁之与曹日昌一起工作的时间不太长。1948 年，曹日昌获得博士学位后离开英国回到香港，在香港大学任教。同时，他还在中国科学工作者协会香港分会工作，联络争取在国外的科学技术人员回国。新中国成立前后有许多留学生回国，大都是由他经手办理的。后来，他到中国科学院工作，又筹建了中国科学院心理研究所和中国心理学会。作为一位著名的心理学家，曹日昌在学术上颇有建树。可惜的是，他在“文革”当中受到残酷迫害，于 1969 年 3 月 14 日不幸逝世。直到九年后的 1978 年，有关方面才在北京八宝山革命公墓为他举行了骨灰安放仪式。

留学生们最关注的事情，是国内的情况。

1949 年 1 月 31 日，北平和平解放。

3 月 25 日，中共中央和中国人民解放军总部自河北省平山县的西柏坡迁至北平；第二天，中共中央通知南京政府，愿意进行和平谈判，并告知有关进行谈判的时间、地点等具体事宜。

4 月 1 日，南京政府和平谈判代表团到达北平；双方从 13 日开始正式进行谈判。

4 月 20 日深夜，南京政府断然拒绝接受《国内和平协定》。第二天，中国人民革命军事委员会主席毛泽东和中国人民解放军总司令朱德在北平联名发出《向全国进军的命令》；当日凌晨，解放军分三路强渡长江，国民党号称“固若金汤”的长江防线顷刻瓦解。

6 月 15 日，新政治协商会议筹备会第一次全体会议在北平的中南海勤政殿开幕……

▲ 1949 年侯仁之乘船自英国起航，在香港经停后重返北京。他在轮船上的群众集会中发表了热情洋溢的演讲，为回到祖国而欢呼。（侯馥兴提供）

一个个令人振奋的消息，几乎都是来自北平。那是侯仁之的妻儿所在的地方，他怀着比其他海外游子更迫切的心情关注着形势的发展；他恨不能背生双翅，飞渡重洋，亲眼看看那让他魂牵梦绕的古城发生了一些什么样的变化！

1949 年夏初，侯仁之的论文《北平的历史地理》通过答辩，并顺利获得哲学博士学位。在依依不舍地告别达比教授和相处三年的老师同学之后，他迫不及待地踏上回家的旅程。

这次，他依然是乘轮船。由于途中未曾耽搁，时间比上次来的时候足足缩短了一半，可对于思乡心切的他来说，仍觉得航速太慢。

临行之前，在英国的中共党组织曾给他写了一封介绍信。抵达香港后，他立即赶到九龙，找到了新华社的驻地。对方热情地接待了他，并很快做好北上的安排。他乘的是一艘运煤的货船。根据组织上的嘱咐，为了防止途中发生意外，他上船后一直待在舱房里，直到轮船驶出台湾海峡后，才有机会到甲板上来。此时，舷外翻腾不息的是祖国的大海，头上白云装点的是祖国的天空，一切都显得那么美好，就连那挟着浪花飞沫扑面而来的潮湿海风也似乎有一种特殊的味道！

9 月 27 日，侯仁之到达北京。

请注意，从这一天开始，“北平”那个名字已经成为过去。

1949 年 9 月 27 日，是一个具有特殊意义的日子。就在这一天，正在进行中的第一届中国人民政治协商会议一致通过《中华人民共和国中央人民政府组织法》及《中国人民政治协商会议组织法》。会议还通过以下决议：中华人民共和国的国都定于北平，自即日起将北平更名为北京；中华人民共和国采用公元纪年；以《义勇军进行曲》为代国歌；国旗为五星红旗，象征中国人民的大团结。

从“北平”到“北京”，仅一字之差，却代表了一个新时代的开始。

须知，这个“京”字在中国不是随意可以使用的，只有首都——或是曾经作过首都的城市，才有资格被称之为“京”。在历史上，这个“京”字的使用，往往带有十分浓重的政治色彩。

说来北京这座城市已经有 3000 多年的历史了。公元前 1000 多年的时候，这里是燕国的都城，当时叫“蓟城”，后又称“幽州”。到了辽代，它是“五京”之一，自然有了称“京”的资格。那时叫“南京”，也叫“燕京”。至于它的位置，就在如今北京城的西南角。金朝是 1153 年迁都至此的，定名“中都”，就建在原“南京”城的旧址上，北城墙保留不动，其他三面各向外扩展了三里。

1215 年，蒙古军攻占中都，焚毁宫室。忽必烈统治中国后，建国号为“元”，在金中都的东北方兴建新都，定名“大都”，至 1285 年竣工。过了 80 多年，明朝军队攻入大都，将其改名为“北平府”。永乐元年，也就是 1403 年，明成祖朱棣将北平改为“北京”，并决定将都城自南京北迁，于是开始营建京城。到了 1421 年，北京便正式成为明朝的首都了。后来，它还被称过“京师”，但人们还是习惯使用“北京”这个名字。明朝的北京城基本是在元大都的原址上修建的，只是北端南缩了五里，总体范围就是如今的东、西两城区。后来，为加强京城的防御，开始修建外城，先筑南面，也就是如今的崇文、宣武两区。后来因财力紧张，没有继续建下去，便形成了中国唯一的“凸”字形城垣。

再往后就该轮到清朝了。1644 年春，李自成率农民军攻克京城，崇祯缢死煤山，明朝寿归正寝。随后吴三桂引清兵入关，不久即攻进北京，京城的城楼上从此竖起了大清的旗帜。这次倒省事，清朝就在原有的基础上建都。于是，北京城就保持着明朝的格局如此延续下来了。

由此我们可以知道，“北京”这名字源自明成祖朱棣，是从 1403 年开始使用的。

辛亥革命以后，由于袁世凯窃取了“临时大总统”的职位，中华民国临时政府迁至北京。民国初年，战乱不断。1927 年 4 月，正当北伐战争接近胜利的时刻，蒋介石叛变革命，接着立即开始组建“国民政府”。经国民党中央政治会议第七十三次会议决定，于 4 月 18 日在南京成立国民政府。1928 年 6 月，进行第二次北伐的国民革命军打败了北洋军阀，进入北京。6 月 20 日，南京政府决定将“北京”改名为“北平”。

1937 年日寇发动侵华战争并占领北平后，操纵一批汉奸在北平成立所谓的“中华民国临时政府”。为了混淆视听，伪政府曾强制将“北平”重新改为“北京”，但受到中国政府和全国人民的一致抵制。我们应当记得，侯仁之当初被日寇判刑并取保释放后回到天津，曾经写过一篇学术论文，洪业老师专门写信提醒他，为了避免被敌人所利用，“宜再考察数年……然后发表之可也”。那篇论文的题目，叫做《北平金水河考》。

可见，在那个特定的时期，叫“北平”还是叫“北京”，绝不是一个简单的名称的事情，而是表现出一种鲜明的政治态度，涉及民族大义的重大问题。

而中国人民政治协商会议在确定将国都定于北平的同时，还决定将“北平”更名为“北京”，是一个非常重要的举措。这是向全世界郑重宣布：中华人民共和国才是代表四亿五千万中国人民的合法政府；北京从此成为中华人民共和国的首都，它有资格享用这个“京”字！

1949 年 10 月 1 日，开国大典在天安门广场隆重举行。侯仁之有幸与无数欢欣若狂的群众一道经历了那空前的盛会。他亲眼看到那些著名的革命领袖与社会各界的代表一同出现在天安门城楼上，亲耳听到毛泽东庄严地大声宣告：“中华人民共和国中央人民政府——成立了！”那一刻，他感到浑身热血沸腾。

当天晚上，侯仁之刚回到燕园，便被簇拥进了大礼堂。他回忆道：

> ……燕京大学的人非要叫我做报告不可。在大礼堂，灯全都灭了，只有一个电灯照着我，叫我一个人站在台上讲。那么多群众出来，那么多！你看过去受压迫、受迫害，现在新中国成立了，大家多么高兴！新中国刚刚成立我就回来了，我激动极了！那天把我的感想在大礼堂讲了，大家和我一样激动啊！

重新回到燕园，重新回到熟悉的环境和熟识的同事们中间，侯仁之感到十分愉悦。但一切又与从前不一样了。如今已经进入了一个新的时代，他急

▲ 林徽因画像。

▲ 梁思成画像。

切地希望运用自己所学到的知识，为这个新时代做出贡献。

侯仁之返校后先是担任副教授，很快又升为教授。由于燕京大学没有地理系，因此他仍然回到历史系承担地理课的授课任务。

这时，他有机会与正在清华大学建筑系工作的著名建筑学家梁思成、林徽因夫妇交往，从中受益匪浅。

梁思成与林徽因均出自名门。梁思成的父亲梁启超与林徽因的父亲林长民都是著名革命家兼学者，还是多年至交，他们“包办”了子女的婚姻。有时“父母包办”并不一定是坏事，梁思成与林徽因就是如此。

1924 年，他们双双奔赴美国攻读建筑，并在国外结婚。1927 年回国后，先是在少帅张学良亲自担任校长的东北大学建筑系工作，后来接受朱启钤的邀请回到北平，加入中国营造学社。在抗日战争爆发前的那几年里，他们对中国的古建筑进行了大规模的调查，足迹遍布河北、河南、山西、陕西、浙江、江苏等地的 130 多个县市，调查了将近 2000 座古建筑，并对其中的 200 多座详细测绘，完成图稿近 2000 张。这项工作，为中国古建筑的研究事业打下了很好的基础。

抗战期间，他们辗转于内地，仍然坚持学术研究。1946 年重返北平，到清华大学工作，梁思成开始着手筹建清华大学建筑系。1948 年冬天，中国人民解放军兵临北平城下。一天深夜，发生了一件让他们永难忘怀的事情：一位朋友带着两位解放军军官来到他们家中，说：为了保护京城里的古建筑不致被战火毁坏，请他们在地图上详细标出有关建筑的位置。军人说：“这些古建筑是中国文化的瑰宝，请二位先生放心，我们就是流血牺牲，也要保证不伤它一砖一瓦。”这件事使梁思成夫妇受到很大触动。梁思成发动教师和学生根据以往搜集的大量资料，以最快的速度编出一本《全国重要文物建筑简目》。林徽因对全书进行了仔细审核，并建议在说明中特别强调：“本简目的主要目的，在供人民解放军作战及接管时保护文物之用。”这本《简目》的问世，不仅为各路解放大军提供了可靠的参考，使大量文物古迹得以保全。同时，也成为 1961 年 4 月国务院所公布的《第一批全国重点文物保护单位的名单》和《文物保护管理暂行条例》的主要依据。

新中国成立后，梁思成与林徽因主持进行了国徽的设计，当时林徽因病情已非常严重。侯仁之前去拜访他们的时候，看到梁思成既要工作，还要照顾被病魔纠缠了 20 来年、已被医生“判处死刑”的林徽因，虽然十分吃力，但工作的热情仍然十分高涨，侯仁之很是感动。

早在十多年前，侯仁之在燕京大学本科读书的时候，就曾经聆听过林徽因先生有关中国古建筑的讲座，还读过她与梁思成先生的许多著作。他们对中国古建筑所进行的考察与研究使侯仁之大受启发，进一步认识到，在历史与地理方面，“单凭文献记载是不行的，需要实地考察，特别是实迹的印证”。无独有偶，顾颉刚先生当年也十分强调实地考察的重要性，主张学者应当走出书斋，亲自进行野外调查。侯仁之当年曾多次参加过顾颉刚组织的这种活动，从中受到极大启发。所以，在他后来的学术生涯中，实地考察始终是一项十分重要的内容。侯仁之曾说：“我这么多年搞的这门学问，乃是‘又古又今’之学，既要研究历史上的古籍文献，又要结合现代地理学的知识实地加以考察，是需要‘读书’和‘行路’的，又枯燥又艰辛……”然而，在枯燥与艰辛之中所得到的收获使人产生极大的欣喜和满足，这种乐趣，是别人所无法体会的。许多年后，侯仁之这样写道：“饮水思源，除颉刚师外，我是更加受益于思成先生和徽因先生的。”

当侯仁之终于与这两位仰慕已久的老师见面的时候，又意外地获得了一个展现自己才华的机会。为了使学生对城市规划有更深刻的了解，梁思成先生邀请他到清华大学建筑系开设一门新的课程——市镇地理基础，专门介绍有关城市的起源和发展、城址的选择与迁移以及城市地理环境等方面的知识。

同时，梁思成还推荐侯仁之担任了北京市都市计划委员会的委员，使侯仁之得以介入首都的城市规划工作。许多年后，侯仁之对北京城的规划建设提出了大量极有价值的建议并一一被采纳，应当说是与梁思成先生的“举贤”之功分不开的。

1955 年 4 月 1 日，林徽因终因病重不治而逝世，被安葬于八宝山革命公墓。梁思成怀着无比的悲痛，亲自为妻子设计了墓碑，那上面的饰纹，是几年前林徽因为天安门广场上的人民英雄纪念碑所设计的装饰图案。

林徽因去世后不久，梁思成便因为“资产阶级唯美主义的复古主义建筑思想”而受到批判。“文革”当中则受到更猛烈的冲击。他和家人被赶到一处阴暗潮湿的平房居住。在寒冷的冬天，梁思成为了取暖，有时会把毛毯披在身上，“革命小将”发现了，强迫他披着毛毯站在门口挨批，还要绕着房子走一圈，以侮辱他为乐趣。1972 年 1 月 9 日，梁思成逝世。

如今说到这些事情的时候，侯仁之不禁发出痛切的叹息。

北京大学

拾贰

十二 开拓新学

院系调整，北大迁入燕园，开始了系统的学术研究……

——侯仁之

应当看到，在20世纪50年代初期，无论是工人农民还是城镇市民，也无论是刚从战争硝烟中走过来的军人还是曾为反对蒋介石独裁政权而愤怒呐喊的知识分子，人们的精神状态是朝气蓬勃、热情洋溢、积极向上的。一个腐朽黑暗的旧时代已经过去，眼前是让人无限憧憬和向往的光明新世界，正像毛泽东那气势磅礴的诗句所讴歌的：“俱往矣，数风流人物，还看今朝！”

作为一个在历史地理学方面已经进行了多年学习、探索与研究的学者，侯仁之感到，在教育界与学术界，也应当顺应“解放思想”这一社会主流，勇于发挥创新的精神。1950年，借教育部公布大学历史系课程目录的契机，侯仁之写出《“中国沿革地理”课程商榷》一文，发表于当年7月的《新建设》杂志第二卷第十一期上。

这是一篇非常重要的文章。

在具体介绍这篇文章的内容之前，仍然有一些基本的概念需要先讨论一下。

首先要说的，是“地理”。更准确些说，应当是“地理学”。

地理学，在中国是一门十分古老的学科。

前面我们已经介绍过，作为“上古之书”的《尚书》中的《禹贡》篇，被认为是中国最早的一部地理书籍。此外，还有传说成书于战国时期的《山海经》、东汉班固所著的《汉书·地理志》、北魏时郦道元所著的《水经注》，

◀《“中国沿革地理”课程商榷》后收入《侯仁之学术文化随笔》一书。

等等，很多很多。可以毫不夸张地说，中国的地理学，在全世界是起步最早、资料积累最丰厚的。

当然，由于山川阻隔、地域封闭，古代的人们对于世界的了解是不全面的，他们对地理形态的记载自然也是局部的、有限的。那时他们只以为“天圆地方”，何曾想到这个地球居然是个圆的，“球”的另一面还有一些人是与自己脚心相对地“倒悬”着呢！他们只能想象“山外有山、天外有天”而已。幸而人有这种好奇心。他们总想知道“山”外的山、“天”外的天是个什么样子，于是便有了许多旅行家、探险家，由于他们的好奇与勇敢，才使人类对世界的认识前进了一大步。在这方面的杰出代表人物，中国有个郑和，西方有个哥伦布。

人们都说是哥伦布“发现”了美洲大陆。其实那大陆已经存在了千百万年，要说“发现”，也应当是在那里生活的人们与哥伦布“互相发现”而已。

这个“发现”可真了不得！它彻底打破了人们原先的狭隘认识，使他们看到，这世界原来是如此广阔。

随着人类对地球总体认识的开拓与深入，地理学自然首先得到极大的发展。按照专家的划分，从远古至18世纪末，是古代地理学时期，由于客观条件的限制，那时还缺乏比较完整的理论体系；从19世纪初到20世纪50年代，是近代地理学时期，在这个阶段内，不仅理论趋于成熟，还陆续形成了各种不同的部门或学科；从20世纪60年代开始，则进入了现代地理学时期。

而“沿革地理”作为一门特定的学科，主要是研究什么的呢？

在前面我们曾经介绍过，侯仁之师从顾颉刚后所学的第一门课程叫“中国疆域沿革史”。也有人说这门课程的名称是“中国古代地理沿革史”。我说过，在当时，名称本身也许并不重要，关键在于它的内容是什么。顾颉刚所讲授的课程，主要是探讨中国历代疆域及地方政区的演变。中国历史悠久，且历经朝代更迭，疆域、政区多有变化，因此，对于这方面的研究构成了一门特殊的学问。这门学问被称为“沿革”，也叫“沿革地理”。在前面所提到的那些古代地理著作中，《汉书·地理志》较为特殊。据说，它“是我国第一部以疆域政区为主体、为纲领的地理著作”。照此算来，“沿革地理”在中国至少已经有将近2000年的历史了。按照习惯，“沿革地理”一直被当做是历史学的一个分支。在20世纪上半叶中国的高等院校里，它也始终被列为历史系的课程，直至新中国成立后依然如此。

我们不妨借助一些实例，来了解一下“沿革地理”具体的研究对象。

在本书开始的那几章里，我曾经简单介绍过侯仁之的祖籍——山东恩县。还有他的母校潞河中学所在地——当时尚属河北省管辖的通县；还有刚刚介绍过的北京名称的变化过程。这些，也许可以认为是“沿革地理”应当包括的内容。

而侯仁之首先对“沿革地理”在许多方面的局限性提出了大胆质疑。

他以北京为例，提出这样几个问题：

一、北京最初的聚落是什么时候出现的？它为什么在这块地方上出现？

二、这个聚落最初的性质是什么？什么时候才开始获得了它在政治上的政要性？

三、它在政治上的重要性如何逐步得到发展以致成为全国的行政中心？

四、在它成为全国的行政中心之后，它的政治首都的机能又如何得到发展？

侯仁之认为：“这都是一些最基本最重要的问题，但其中没有一个是传统的以政治区划演变为主的‘沿革地理’的研究所能答复的。”

他接着写道：

要答复这些问题，必须充分了解北京这个大都市在它不同的发展阶段中，它的地理情况是如何的。因为地理情况不是一成不变的，时代不同了，地理情况也就跟着改变了。例如今天的北京的地理情况，已经不是 3000 年以前的原始聚落在这里开始发展时的情况了，我们要了解 3000 年以前北京的原始聚落何以会在这里植根萌芽，我们就必须了解那时这块地方的地形大体如何？河流湖沼与今日有何不同，农田和聚落的散布大约是怎么一个状况？特别重要的是那时这块地方的交通情况如何？它和其他相互毗连的地理区域的关系又如何？但是要解决这些问题，并不是一件容易事，因为这些地理情况早已不存在了，这和研究今天的地理是大不相同的。研究今天的地理主要的是靠直接观察，但是研究 3000 年以前的地理，就无法直接观察了。所以从事这项研究工作的人，不仅要受地理学的训练，同时还必须受历史学的训练，他的工作是属于地理范围的，但他主要的材料却是从历史上得来的。他工作的目标，不外借助地图和文字把3000年以前的地理情况重新构造起来，使今日的地理情况还原它原来的面目。这种地理上“复原”的工作，在今日地理学的研究上已经独树一帜，我们称之为过去时代的地理研究，或简称之曰“历史地理”的研究。

其实说起来，“历史地理”在我国学术界也并不是一个新名词，不过在以往大家一直把它和“沿革地理”这个名词互相混用了，以为两者之间根本没有分别，这是一个很大的错误，现在我们不应当再让这样的错误因循下去了，同时，在大学历史系中所列为选修课的“中国沿革地理”，也应尽早改为“中国历史地理”，其内容不以历代疆域的消长与地方政治区划的演变为主，而以不同时代地理环境的变迁为主，这样应该从先史时期开始，举凡每一时期中自然和人文地理上的重要变迁，如气候的变异、河流的迁移、海岸的伸缩、自然动植物的生灭移动以及地方的开发、人口的分布、交通的状况、都市的兴衰等等，凡是可能的都在讨论范围之内。

在文章末尾，他再一次强调：

根据以上各方面的讨论，我认为旧日大学里被称作“沿革地理”的这门课程应该尽早改为“历史地理”，这不应该单单是换汤不换药的名词上的更改，而必须是从根本的立场观点与方法上把这门课程彻底改造过来。

正如侯仁之所说，“历史地理”在中国学术界的确算不上是什么“新名词”。早在1909年，便有“中国地学会”成立。有人认为，这是“近代中国地理学和历史地理学的开端”。不久，“历史地理”这个特定学科的名称便开始有人使用，但所涉及的内容仍基本限制在“沿革地理”的范畴之内。

1934年，顾颉刚与谭其骧创办“禹贡学会”，其工作计划的内容是：整理中国地理沿革史；绘制地理沿革图，编纂历史地名辞典，整理历代地理志辑录各种与地理有关的史料（如经济史、移民史）以供进行专题研究，等等。学会主办的《禹贡》半月刊原先的英文名称是“The Evolution of

Chinese Geography”，直译过来是“中国地理的演变”，意思就是“中国地理沿革”。然而从1935年的第三卷开始，英文名称改为“The Chinese Historical Geography”——明明白白地就是“中国历史地理”。这说明《禹贡》的编辑者已经注意到“沿革地理”与“历史地理”的相关问题，并力求在学术研究的范围上有所拓展。

但是，正式提出应当在中国全面开展历史地理研究工作的，是侯仁之。

在《“中国沿革地理”课程商榷》这篇文章里，侯仁之所讨论的当然不仅仅是一门课程应当以什么样的名称设置，而是明确提出了几个十分重要的问题：

第一，这一学科的名称，是“历史地理”。

第二，这一学科的主要研究内容，是以不同时代地理环境的变迁为主。“从先史时期开始，举凡每一时期中自然和人文地理上的重要变迁”，“凡是可能的都在讨论范围之内”。

第三，这一学科与传统的“沿革地理”既有内在的密切联系，又有极大的区别。

第四，关于这一学科的归属，“它的工作是属于地理范围的，但它主要的材料却是从历史上得来的”。

按照侯仁之所说的方法，我在前面对天津那座城市所进行的简要介绍，不知是否可以大略算作属于“历史地理”的范畴？

当然，作为中国学术界的一门新学科，“历史地理学”在基本概念、基础理论、学科归属、与其他相近学科的关系以及研究内容、实践应用等诸多方面，还将有一个漫长的探索和发展过程。但是，新的事业终于开始了。

20世纪50年代初期，中国的教育界发生了许多大的变革。

第一次重大变革，涉及燕京大学等一批属于外国人在华所办的学校。

就在侯仁之的《“中国沿革地理”课程商榷》一文发表前一个月，教育部于1950年6月召开的第一次全国高等教育会议上明确提出了对大专院校进行院系调整的设想。会议提出三项基本方针：第一，高等教育必须为国家建设，尤其是经济建设服务；第二，高等教育要向工人农民开放；第三，高等教育必须向计划经济过渡。

但由于特殊的历史原因，这个调整首先在教会学校中开始了。

就在召开这次会议的同一个月，朝鲜战争爆发。10月，中国人民志愿军秘密入朝参战，中美关系随之中断。在轰轰烈烈的“抗美援朝”运动中，声讨西方“文化侵略”成为一个很突出的内容。接受美援的教会大学自然成为批判的重点，燕京大学则被定性为“美帝国主义文化侵略中国的阵地”。1950年12月，美国政府冻结了在美的中国资产并禁止向中国汇款，中国政府也立即冻结了在华的美国资产。当月，在政务院召开的第65次政务会议上，通过了关于接收美国津贴的文化教育救济机关及宗教团体的决定，并确定了不允许外国人在中国国内办学校的方针。第二年，教育部根据这一决定进行部署，开始实施具体的接收工作。当时全国有20所接受外国津贴的教会大学，其中11所被改为公办，另外9所改为中国人自办、维持私立、由政府给予补贴。1951年2月12日，教育部接管燕京大学，自此开始，燕大便成为国家公办的大学了。校内许多外籍教师陆续离开燕大而回归故土。

第二次重大变革，则波及全国所有大专院校。

这就是1952年的全国高等学校院系调整。

根据第一次全国高等教育会议的精神，这次院系调整的基本目的，是为社会主义经济建设培养更多的工农出身的专业性人才；同时，要彻底排除资产阶级教育思想的影响，逐步建立无产阶级的教育体制；通过全面学习并推广苏联模式，彻底摧毁作为“半殖民地半封建社会产物”“为帝国主义和反动统治服务的”旧教育制度。

从更深的层面说，当时的“知识分子思想改造运动”也为这次院系调整提供了必要的思想基础，使其得以大张旗鼓地进行。

这次院系调整的力度之大，是出乎许多人意料的。其调整的方式，主要是“撤”“并”“迁”及“新设”。也就是说，一些大专院校将被彻底撤销，其原有的系、科或者也随之撤销，或者并入其他院校，或者与其他院校的某些系、科联合组成新的院校。比如新成立的北京地质学院，便是由北京大学、清华大学、天津大学、唐山铁道学院等院校原有的地质系科组合而成的。还有一些院校则在调整系、科后，按照统一的规划部署，迁到别的城市。

经过调整，综合性大学的数量大大减少，而工科院校和师范院校的数量则大为增加。原先中国高等学校大多设在沿海地区和大城市，调整后边远地区的高校也有所增加。

具体实施的调整方案十分庞杂，我们只说燕京大学。它的命运是“撤”：

▲ 蔡元培像。（摄于 2005 年）

在一些系、科调入其他院校之后，余下部分并入北京大学；北京大学成为综合性大学，燕京大学撤销。

1952 年 9 月，北京大学从城内沙滩旧址迁往燕园；10 月 4 日，新北大在燕园东操场举行开学典礼。

从此，燕京大学便彻底消失，只能存在于人们的记忆里了。

不过，出于习惯，这所美丽的校园仍然被人们称为“燕园”。

对于这次院系调整的是非成败，自有历史学家去细细分析评说。我想说的是，许多人的命运因为这次大变革而受到了极大的影响。由于许多专业（尤其是文科专业）被取消，有些人不得不改行；也有一些专业（主要是理工科专业）和相关的学者则意外地得到了新的机遇。

侯仁之和他的历史地理学很幸运地属于后者。

在这次院系调整中，原清华大学地学系中的地理组被调整归入北京大学，成立了地质地理系。侯仁之被任命为新的北京大学的副教务长，兼任地质地

▲ 北京大学原地质地理系所在地——地学楼。（摄于 2005 年）

理系主任。

自此，“历史地理学”便正式出现在中国大学的课程设置中。不久，北京大学率先在地质地理系开始招收历史地理专业的研究生，其他一些大学也逐渐以“历史地理学”代替了原来的“沿革地理”。

有趣的是，尽管历史地理学终于在中国教育界得到了认可，但有些大学将它归于地理系，还有的大学则将其列至历史系。实际上，关于历史地理学的归属问题，一直是学术界不断争论的一个重要课题。

一种意见，认为历史地理学应当算是历史学的辅助学科。理由很简单：它是由沿革地理演变而来的，而沿革地理作为中国的传统学科，一直是被归于“历史学”之列的。

另一种意见，则认为历史地理学应当属于现代地理学的分支学科。理由也很明确，因为它的内容，是过去时代的地理研究；它所从事的，是“地理上‘复原’的工作”。所以理应从属于地理。

第三种意见，认为历史地理学是介于历史与地理之间的一门“交叉学科”。持这种观点的学者认为，历史地理学的研究对象的确属于地理的范畴，而它研究的方法以及研究的时间范畴、资料内容等，则类同于历史。所以，历史地理学应是一门立足于历史与地理之间的交叉性、边缘性学科。

还有人认为，历史地理学既不隶属于历史，也不能划归于地理，它完全是一门独立的学科……

时至今日，这种争论仍在许多具体的方面显现出来。比如，为了使全国的高等院校和科研机构在学科及专业的划分上有一个统一的标准，国务院学位委员会、国家教育委员会曾在 1983 年发布过一个“授予博士、硕士学位和培养研究生的学科、专业目录”的“试行草案”，其中一级学科“历史学”和“地理学”属下都设有二级学科“历史地理”或“历史地理学”。

但是到了 1990 年，正式颁布的“目录”中，仅在“历史学”下设有二级学科“历史地理”，原在“地理学”下的“历史地理学”则被删去了。1997 年经过再次修订的“目录”，仍然保持这种设置，只是把“历史学”属下的“历史地理”改成了“历史地理学”。

这样看来，作为国家教育管理部门，是认为“历史地理学”应当从属于“历史学”的了？

其实也不尽然。比方说，挂靠在中国科学院地理科学与资源研究所的中国地理学会，应当是纯粹的地理研究机构吧？而学会的“二级组织和办事机构”偏偏包括“历史地理专业委员会”，还出版有专业刊物《历史地理》呢！

对于像我这样的外行来说，似乎很难看出讨论这些繁杂问题的意义所在。但是，有一点很明显：学科的定位，将决定它的发展方向。而作为一门新兴的学科，历史地理学需要深入探讨的问题还多着呢！

拾叁

十三　学以致用

教学之外，深入研究北京城的起源和演变，为首都建设提供参考，同时，北入沙漠，考察西北沙区历史地理，探讨环境的变迁……

——侯仁之

20世纪50年代至60年代初期，侯仁之相当忙碌。

除了承担日常的教学工作外，由于他担任了北大副教务长及地质地理系主任，必然要有许多事务性的工作要做。而在这一时期，他在社会上也担任了相当多的职务，屈指数来可真是不少。在院系调整以后不久，他被选为全国民主青年联合会常务委员、中国地理学会副理事长兼历史地理专业委员会主任委员；1954年当选为北京市人大代表，1958年当选为北京市人民委员会委员，1959年当选全国政协委员，均多年连任……此外，他还经常要参加各种各样的会议：有政治上的，有学术上的，有国内的，也有国外的……正当壮年的侯仁之精神抖擞，忙个不停。

工作再忙，有件事情是不能中断的，就是他坚持多年的长跑。有一张照片很珍贵。1955年北京大学举行春季运动大会，侯仁之参加40岁以上教职工的3000米长跑比赛，取得第一名的成绩，照片拍下了他冲线的一刹那。那年他44岁，身手仍十分矫健，在跑道上处于遥遥领先的地位，后面的选手连影子都还看不见呢！

在这期间，家里的事情也有不少变化。

▲ 1955年，侯仁之在全校运动会的40岁以上教职工3000米长跑比赛中奋勇夺冠。（侯仁之提供）

1951 年，他全家搬到燕南园，住进 61 号楼。

燕南园 61 号的侯仁之寓所。（摄于 2002 年）

61 号位于燕南园的西南角，是一座两层的小楼。北面是小路，其他三面都是绿树葱郁的空地，环境十分幽静。这小楼住了两户人家，属于侯仁之的，是靠南的房间。楼下有一个不大的客厅，还有厨房；楼上是书房和卧室。在侯仁之之前，住在这里的是原社会系主任赵承信。当年在日本人的监狱里他们被关在一个牢房，曾经以监室为“课堂”，互教互学，以苦为乐。那段难忘的“狱友”经历，使他们结下了深厚的友谊。如今居然先后是同一座住宅的主人，也真是一段难得的机缘。

不过，在 1952 年院系调整之后，张玮瑛从燕大转到中国社会科学院近代史研究所，工作地点在城里，距离很远，经常只有周末才能回来，家里的事情需要侯仁之多操些心了。1956 年，他们的第三个孩子出生。他们为这个儿子取名“凡兴”，希望他在平凡中也能有所作为。

由于担任了北京市都市计划委员会的委员，侯仁之对首都的规划建设投入了相当多的精力。对于海淀地区规划的探索与研究，可以作为一个很有代表性的实例。

新中国成立后，在北京的建设规划中，提出了以海淀为中心、创建首都文化教育区的设想。侯仁之作为历史地理学专家，直接参与了规划方案的论证。海淀位于北京城区的西北方，东南侧与平原相连，西北部为山地环绕，由于其特殊的地理环境，为明清时期在这里开辟皇家园林创造了很好的条件。

所谓的“三山五园”——即畅春园、圆明园、香山静宜园、玉泉山静明园、万寿山清漪园，都分布在这一带。后来，燕京大学、清华大学的建成，使海淀形成了一种独有的文化氛围。侯仁之认为，作为规划中的文化教育区，这里必将成为北京人民乃至全国人民关注的一个重点，因此，很有必要深入研究一下当地的地理条件和发展历史，以便为将来的规划与建设提供有益的参考。这些研究工作，在他于 1951 年发表的《北京海淀附近的地形水道与聚落》一文中有具体的反映。这篇文章的副标题，就叫“首都都市计划中新定文化教育区的地理条件和它的发展过程”。

海淀这个地方的确很有意思。从它的名字便不难想见，这里水源充足，河系纵横，湖泊众多，在北京这座典型的北方城市郊外构成了一派江南水乡的景色，实在令人称奇。侯仁之在他的文章中，详细介绍了被他称为“海淀台地”和“巴沟低地”的地形特点，还有附近主要水系的总体状况，并进一步论证了人类活动在这里的开始与发展过程。有学者认为：“《北京海淀附近的地形水道与聚落》的意义，不仅是通过具体的历史地理学研究为海淀区的发展提供了重要的规划依据，而且在学术发展史上为中国的学者们具体展示了现代地理学的实证研究范例。”

实际上，侯仁之对海淀这一课题的研究持续了数十年。我们不妨把他上面这篇文章和 49 年后所写的另一篇文章联系在一起品读，从中可以体味他的具体思路。那篇文章题为《海淀镇与北京城——历史发展过程中的地理关系与文化渊源》，发表于 2000 年。文中，侯仁之具体阐述了这样几个问题：其一，海淀镇与北京城在地理上的关系；其二，“海淀”这一地名的来源及发展过程；其三，自元代至明代园林营造的简要情况；其四，清代皇家园林的兴建与海淀镇的兴起；其五，1860 年、1900 年外国列强两次入侵，野蛮劫掠并焚毁圆明园等皇家园林，使海淀地区的生态环境遭到严重破坏；其六，民国时期，清华大学及燕京大学先后在海淀镇兴建，为善加利用旧日园林遗址、合理改造环境提供了值得借鉴的先例。

第七部分内容，是这篇文章的重点。侯仁之对新中国成立以后，尤其是 20 世纪 80 年代以来海淀地区的开发情况进行了系统的介绍，对取得的成绩和存在的问题明确地提出了自己的意见。对于即将成为“国际上重要高新技术产业总部的聚集地和高科技的中央商业区”的“中关村西区”，侯仁之特别提出三个“值得特别注意的问题”：一、海淀镇上独具特色的自然景观，在“中关村西区”的建设中，应该得到继承和发展。二、万泉河截弯取直和严重污染的问题，必须重视和及早处理；沿河新辟的“万泉文化公园”应该得到进一步的规划和利用。三、圆明园遗址的进一步整治，不仅涉及“中关村西区”生态环境的建设问题，更重要的乃是与包括北大、清华、科学院在内的整个“中关园科技园”核心地区的全面发展有直接关系的问题。因此它的整治，已是刻不容缓、势在必行。

按照我的理解，简而言之，具体就海淀地区而言，它的改造与开发，必须充分考虑到其特殊的地理环境，并从其发展的历史过程中汲取必要的经验和教训。海淀镇所在的地方——“海淀台地”，因自然地形的特点，自然有利于“聚落”的形成与发展；而在其西侧的“巴沟低地”，则更应得到必要的重视，修整、恢复、合理改造水系，保持并很好地利用其历史悠久的自然景观。

说来海淀只是北京西郊一个局部地区，而侯仁之投入的关注远不止 49 年时间，他所撰写的文章，也远不止上述两篇。直至晚年，他仍时时关心着它的发展，并经常提出一些新的建议和意见。正所谓“由小见大”。要做大学问，决不能忽略“小事情”。在这一点上，侯仁之与他的老师洪业、顾颉刚等人可谓一脉相承。洪业当年对“引得”所做的那些具体细微的工作、顾颉刚毕生孜孜不倦所研究的“孟姜女的传说”，起初在一些人眼里都是些“小事情”，可偏偏形成了大学问。这岂不足以令人深思！

“经世致用”，是侯仁之所敬崇的明代学者顾炎武所提倡的治学之道。侯仁之以他的实践表明，历史地理学并不是一门空泛的学问。在人们的生产建设事业中，它能够发挥十分重要的指导作用。对于一个地区是如此，对于一个城市乃至一个国家来说，同样也应如此。

如果就地域范围而言，“海淀”只算一个“小题目”，那么，从历史地理学的角度对中国西北沙漠地区的考察和研究，应是一个颇具规模的“大课题”了。

1958 年，侯仁之应邀出席了在呼和浩特举行的“西北六省区治沙会议”。长期以来，沙漠地区的扩大蔓延已经严重影响到人们的生产与生活，治理改造沙漠成为亟待解决的重大问题。而中国对于沙漠地理的研究工作，几乎属于空白。新中国成立后，这一课题被及时列入了地理工作者的计划之中。侯仁之认为：“历史地理学作为一个专业，参加沙漠考察不仅是应该的，而且是必要的。同时这项工作又将有力地推动历史地理这门薄弱学科的发展，这是毋庸怀疑的。”

他尤其强调：

> 有人说历史地理的研究只有凭借丰富的文献资料才有可能，沙漠地区不仅文献资料极少，调查访问都很困难，有什么历史地理的研究工作可做呢？事实绝非如此。重要的是，历史地理工作者必须勇敢地打破旧传统，坚决走出小书房，跳出旧书堆，在当前生产任务的要求下，努力开展野外的考察研究工作。

从 20 世纪 60 年代开始，侯仁之便带头“走出小书房”，前往西北沙漠开展广泛的考察研究工作。在短短几年时间里，他和他的同事及学生在无数起伏蜿蜒的沙丘上留下了自己的足迹。

1960 年，他们的小分队首赴宁夏河东沙区。那正是“三年困难时期”，生活异常艰苦，而西北荒漠恶劣的环境则给考察工作带来了极大的困难。一次外出的时候，他们还遭到意外的车祸。由于道路坎坷，吉普车突然失控，一头翻进路边的土沟里，侯仁之胸前衣袋里的钢笔都被磕断了。幸亏那条沟不太深，没有造成人员伤亡。

他们考察的区域位于宁夏回族自治区的东北部，与黄河西岸的自治区首府银川市隔河相望。那是黄土高原的北缘，古长城自西北向东南横亘其间，过了长城，就属于内蒙古自治区了，荒蛮粗犷的塞外风光一览无余。在那里，他们看到许多废弃的古代城堡。比如建于明正德年间的红山堡，算来不过 400 多年的历史，城墙保存得还比较完好，而在其东门外竟有一条后来形成的侵蚀沟，深达 10 米，把原有的道路完全切断。这种侵蚀沟随处可见，有些城堡居然被从中切穿，看上去颇有些触目惊心。其实，根据史料记载以及实地考察所见到的遗迹可以知道，这里原是草肥水美的好去处。比如在距红山堡不远有一个铁柱泉城，早年泉水丰盈，北方游牧民族南下时常于泉边饮马。明代在此建城戍边，将泉水筑在城中，驻军还在四外的草原上拓荒屯垦。然而，不过数百年的时间，泉水已经彻底干涸，草原变成了荒漠，那古城也被流沙湮没而成为废墟。

究竟是什么原因造成沙漠地区地理环境的巨大变化，这是侯仁之深深思索的问题。实际上，这也正是历史地理学在沙漠考察中的主要任务之一。

但是，要想寻找全面而正确的答案，仅靠一次局部的考察是远远不够的。他们还需要走得更远、走得更广。

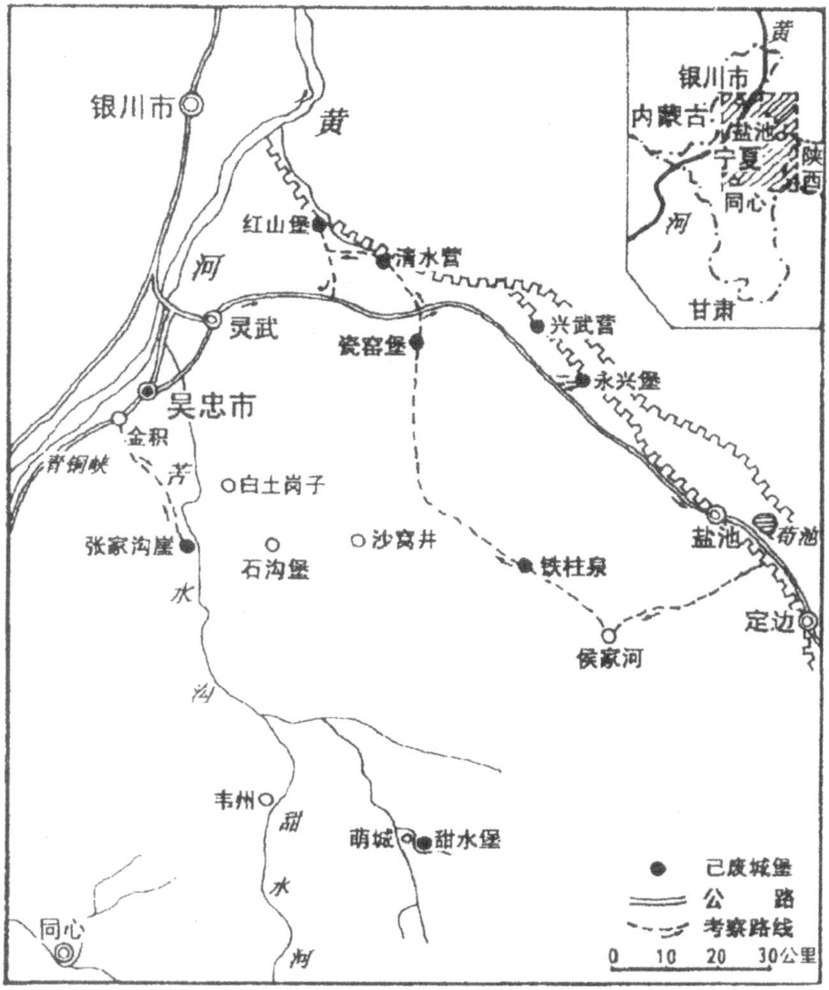

▲ 宁夏河东沙区考察路线略图。（引自侯仁之《从人类活动的以及遗迹探索宁夏河东沙区的变迁》）

从 1961 年到 1964 年，侯仁之和他的小分队又连续对乌兰布和沙漠、毛乌素沙漠等地进行了更大范围的考察。

乌兰布和沙漠位于内蒙古西部的阿拉善盟和巴彦淖尔盟境内，总面积大约有一万平方公里。“乌兰布和”，在蒙语里的意思是“红色公牛”。我不知道彪悍的蒙古族人为什么给当地起了这样一个彪悍的名字，但是用“红色公牛”来形容这片广袤的沙漠，真是再形象不过了。那起伏的沙丘确如疯狂的牛群，四下奔突，无情地吞噬着周边的河溪、湖泊、草地……

▲ 1961 年夏，50 岁的侯仁之在乌兰布和沙漠考察途中。（侯仁之提供）

▲ 1961 年夏，侯仁之在乌兰布和沙漠的“奥伦哈通”（大土丘群）前。（侯仁之提供）

其实，2000多年前的西汉时期，这里原是一片“风吹草低见牛羊”的浩瀚大草原，汉武帝曾在此设“朔方郡”，并从中原地区组织大批移民至此开垦土地，人数竟达十万！因此，在西汉的时候，这里已经形成了一个规模很大的农垦区了。后来在这里发现数以千计的汉墓以及数座古城废墟，足以证实往昔曾经存在过的繁荣。然而，根据史料记载，仅仅过了1000多年，到了北宋初年，这里居然已是“沙深三尺，马不能行”了。侯仁之在实地考察时看到，当地风沙之烈，是他人难以想象的：“……有些汉墓的封土已整个被风蚀掉了，连墓砖也被吹蚀得像蜂窝一样。估计地面有平均一米的表土被吹蚀掉。”

如此狂暴的风沙，的确只能用“红色公牛”来形容！

那么，是什么原因孕育了这头“红色公牛”，并使它在肆虐千年之后居然更加“肥壮”了呢？

侯仁之写道：

> 现在乌兰布和沙漠北部……一带，在西汉时期曾经是一个很大的农垦区，当时非但没有关于流沙为害的记录，而且在西汉末年的半个世纪间，其农事的经营还曾达到过相当繁荣的程度。如果不了解这一事实，只是看到今日乌兰布和沙漠北部沙丘连绵的情况，就以为自古以来便是如此，那就大错而特错了。乌兰布和北部的流沙起源如此之晚，发展如此之快，这一事实在研究今日这一地区的沙漠的现状时，是绝对不容忽视的。和这一情况极相类似的是关于毛乌素沙带起源的研究。

毛乌素沙带也叫毛乌素沙漠，位于陕西省榆林地区和内蒙古自治区伊克昭盟之间。它的北面，是鄂尔多斯高原；南侧，则与黄土高原相接。万里长城从东北向西南，穿过整个沙漠南缘。

随便打开一幅中国地形图，可以清楚地看到，发源于青海巴彦喀拉山东麓的黄河奔流而下，由兰州附近北上，在内蒙古自治区境内拐了两个大弯，然后突然南下，从陕西与山西两省中间穿过，自风陵渡西面调头东去，形成一个大大的“几”字形轨迹。被这个“几”字的头部所环绕的，正是鄂尔多斯高原。有趣的是，当豪放的黄河流经“几”字“左肩”的时候，居然潇洒地挥了挥手，撒开一片密如渔网般纵横交织的河系，那就是著名的“河套地区”。

早在 1936 年，刚刚读完大学本科的侯仁之参加了禹贡学会所组织的黄河“后套水利调查团”，就曾经到过这一带。20 多年以后，他所重点考察的几处沙漠，与黄河河套构成了一个四边形：宁夏河东沙区是这个四边形的左下角，乌兰布和沙漠是它的左上角，河套地区是四边形上面的那条边并包括右上角，毛乌素沙带则位于右下角。这个四边形，几乎囊括了黄河那个“几”字形的上半部分。

侯仁之在 1961 年和 1963 年的夏天两次考察了乌兰布和沙漠，又于 1962 年和 1964 年夏天两次考察毛乌素沙带。在考察过宁夏河东沙区后，他感到，为了全面开展沙漠地区的历史地理研究，还不能仅仅依靠查阅历史文献和实地考察，因此，在后来的这几次考察中，小分队的规模有所扩大，增加了考古工作者和地理专业的其他同行。

大漠之行是艰苦的，他们经常使用的交通工具是一辆解放牌大卡车。在沙尘中颠簸一天回到驻地，人们几乎变成了一群“泥猴儿”。如果遇到沙尘暴的突袭，还会面临极大的危险。但是，他们每天都有新的发现、新的感受，每天都能品味到收获的兴奋和喜悦，相比之下，那些艰苦和危险又算得了什么呢！

在侯仁之笔下，那荒野大漠甚至充满了诗情画意。他写道：

> 1964 年夏，我们从内蒙古乌审旗的巴图湾出发，沿着红柳河北岸往东北走，前往考察统万城废墟。夏天沙漠里的早晨，天气非常晴朗，极目远望，呈现在眼前的是由三种色彩构成的一幅壮丽的画面：下面是波浪般翻滚的黄沙，上面是蔚蓝如洗的天空，天地相接之处，出现了好像是白色船帆一样的东西，渐渐走近了才判断出原来是统万城北隅的敌楼，高达 24 米多，10 公里以外就已遥遥在望，甚是壮观。因此当地群众把统万城废墟叫做白城子。

这里所说的统万城，在陕北重镇榆林的西面，建于五世纪初，是当时属于匈奴族分支的一个少数民族建立的小王朝——夏国的都城。这个民族的首领名赫连勃勃，据说当年曾“登上附近的一处高地，看见的是一片广阔而肥美的草原，有一条清澈的河水从草原上流过，于是他不禁发出了‘临广泽而带清流’的赞叹。”于是，赫连勃勃调集十万之众在此修建城池，并命名“统万”，意思是要“统驭天下万邦”，雄心甚壮！

▲ 1964 年夏，在毛乌素沙地考察已有 1500 年历史的统万古城。（侯仁之提供）

然而，根据文献记载，仅仅过了 400 来年，城下已经开始出现流沙；再过了 100 多年，统万城便陷入沙漠的包围之中了。

侯仁之他们还在距统万城不远的地方考察了另一座名为“城川”的古城，第二年经他的学生朱士光再度实地调查，确认那是唐朝的宥州城，曾经兴盛一时。那里原来还有一个很大的湖泊，但如今只能看到十几个残存的小湖了。

对沙漠地区的考察，搞清了许多以往流传多年的错误认识。比如关于所谓的“榆林三迁”——即榆林城因流沙侵袭而被迫三次南迁——纯属误传。侯仁之他们证实：建于明初的榆林城不仅没有迁过，反倒是“五次扩展”。错误的“传说”将导致错误的判断，而通过实地考察所得出的可靠结论，对于正确分析当地流沙的真实情况具有十分重要的作用。

早期榆林城址的形成，与北京稍有类似，也与交通事业有直接的关系。具体说来，出自三个基本的条件：第一，紧邻长城；第二，依傍榆溪河；第三，沿着自然的河谷形成了一条南北方向的交通要道。早先这里只有一个小村子，明代修筑长城后需派兵驻守，便成为一个军事重镇。有道路便有旅人，有驻军便需要各种社会性的服务，榆林从村庄变为城堡，接着再形成城市。城市一旦形成，便会继续不断发展，榆林城在它形成以后的 100 多年中，竟陆续扩建了五次，在《榆林府志》上记载了其中的三次，称做“三拓榆城”。

那么，为什么“三拓”后来居然变成了完全相反的“三迁”呢？恐怕还

▲ 1964 年夏，侯仁之与同事在毛乌素沙漠城川古城遗址上。（侯仁之提供）

是由于前人没有进行实地考察便妄自揣测，认为沙漠肆虐必然影响人们生活而被迫迁移；后人也疏于调查，以致以讹传讹，得出了一个“沙逼人退”的错误结论。

侯仁之在当地了解到，早在汉代，这里的农业便相当发达。他和同事们甚至随意便可拾到一些汉代的瓦当。尽管如今积沙严重，但当地群众说得对：“这并非来自大漠流沙，而是‘就地起沙’。”也就是说，这里的沙漠现象不是自然形成的，而是由于不合理的开垦人为破坏了环境，从而造成沙化！

这一结论，不仅为当地的发展建设提供了有力的理论依据，也增强了人们治理改造沙漠以恢复生态环境的信心。

在考察的同时，还自然地涉及许多与沙漠相关的其他问题，比如河湖水系的变化及其影响等，这些，都是十分令人兴奋的。

不过，侯仁之他们的主要目的，是要了解和研究沙漠在人类历史时期的变化情况，这正是历史地理学所要完成的任务。

侯仁之写道：

……这些地方的流沙究竟是从外部吹袭而来的呢？还是就地形成的

呢？如果是从外部吹袭而来的，何以吹来如此之晚？如果是就地形成的，其形成的原因又是什么？解答这些问题，对于改造沙漠具有重大的战略意义。

在此之前的很长一段时间里，许多学者认为上述沙漠地区的流沙来自于外部。但侯仁之在经过实地考察掌握了大量无可辩驳的证据之后，断然否定了“过去这种肤浅的然而是广为流传的错误观点”。“因为事实证明，在上述这些沙漠地区，人类的活动和地方的沙化，是有着极为密切的关系的”！

搞清楚这样一个关键性的问题，的确“对于改造沙漠具有重大的战略意义”。而且，这“战略意义”并不局限于部分沙漠地区。在漫长的人类历史时期，由于战乱动荡，由于野蛮开垦，由于盲目开发，人类的许多活动不仅已经严重破坏了自身所赖以生存的自然环境，且有愈演愈烈之势。对沙漠地区演变过程的考察与研究，无异于重重敲响了警钟！

当然，要想进一步证实并完善这一结论，还需要更大范围的考察，更深层次的分析研究。因此，1962 年——也就是在考察过宁夏河东沙区之后，侯仁之等人便在国务院农林办公室的领导下，制订了一个规模宏大的“十年考察计划”。按照这个计划，他们将在 1972 年以前完成从内蒙古西部直至新疆南部的沙漠考察。而对乌兰布和沙漠、毛乌素沙带的考察，应当是这一计划的具体实施。

就历史地理学本身的发展而言，侯仁之的考察活动同样具有十分重要的意义，因为从这时开始，他实际上已经开创了一个新的研究方向——“沙漠历史地理”。所以，后来他被誉为“沙漠历史地理研究的先驱”，应是当之无愧的。同时，由于他真正开始把历史地理学的理论付诸实践，并从这实践当中积累了宝贵的经验，因此也进一步促进了基础理论方面的探索。

仍然是在 1962 年，侯仁之又写出了一篇十分重要的文章《历史地理学刍议》，发表于当年第一期《北京大学学报》自然科学版。

在这篇文章中，他对学术界正在讨论的主要问题逐一表达了明确的看法。

第一，关于历史地理学的学科归属问题，他开篇首句便说：“历史地理学是现代地理学的一个组成部分，这是无可置疑的。”

第二，历史地理学的研究对象，“乃是人类历史时期地理的本身”。

第三，历史地理学的下属分支，“按其研究对象，还被区分为历史自然地

◀《历史地理学刍议》后收入《侯仁之文集》。

理和历史人文地理”。

第四，关于沿革地理与历史地理的关系：“沿革地理的工作则可以包括在历史地理学的研究领域之内，它是历史地理研究的初步，而不是它的主要对象和最后目的。”

第五，历史地理学的研究目的：其一，是“把过去时代的地理进行‘复原’”；其二，是“把不同时代的已经复原了的地理按着历史发展的顺序，联系起来进行研究，寻找其发展演变的规律，阐明今天地理的形成和特点”。如此，才能有助于现代地理学的发展。同时，还将有助于生产建设、城市规划等各方面的工作。

此外，侯仁之在这篇文章中还使用了较大的篇幅，阐述野外考察在历史地理学研究中的重要作用。只有通过认真而详细的实地考察，并借助现代科技手段进行分析研究，才有可能亲自发现在过去的岁月里地理环境所发生的变化特征及脉络。而这些，是仅靠借助历史资料所无法达到的。对沙漠地区的考察活动，为他的观点提供了最有力的论据。

我们不妨把侯仁之的这篇文章同他在 1950 年所写的《“中国沿革地理”课程商榷》一文进行一个细致的比较，从中不难发现，他的许多观点更为明确，研究更为深入，清晰地反映出他对历史地理学基础理论的具体探索过程。

正如侯仁之所说，历史地理学“毕竟还是一门十分年轻的学科，正在迅速地发育和成长……这并非说历史地理学已经具备了完整的理论体系和严谨的工作方法，事实远非如此。随着实际工作的开展，在这一方面应该摸索探讨和自由争辩的问题还很多，而勇于探讨，大胆争辩，正是当前所迫切需要的”。

历史地理学作为“一门十分年轻的学科”，正在稳步发展前进。它在“具备完整的理论体系和严谨的工作方法”之前，还有很长的路要走。这些，需要时间。

但是，正当侯仁之信心十足地准备为下一步的工作制定更为宏伟的计划的时候，一场可怕的灾难突然降临。一切都戛然而止！

“史无前例的无产阶级文化大革命”开始了。

拾肆

十四 第二次大劫难

『文革』甫来，即受冲击，肉体摧残，精神折磨……

——侯仁之

侯仁之曾经说过，他一生中有两次大的劫难：第一次是被日寇关押判刑，第二次是“文化大革命”。

2005 年 5 月 9 日，星期一，风和日丽，是一个难得的好天气。我专程前往燕南园 61 号拜访侯仁之。这天谈话的主题，是他在“文革”期间的经历。

近来侯仁之的身体状况实在不好，而所要谈的，又是那样一个无比沉重的话题，我很担心能否顺利完成这次采访。

谈话居然持续了近两个小时，这也许是我采访侯仁之以来时间最长的一次了。

尽管侯仁之时不时需要停下来，靠在沙发背上闭目休息一会儿，但随着记忆如同一本厚书被一页一页缓缓揭开，难忘的往事开始逐渐呈现出来。

话题从 1965 年开始。那已经是 40 年前的事情了——谁能想到，时间流逝得如此之快啊！

按照原先的计划，那年侯仁之仍是要去沙漠地区考察的，却因为一件重要的事情而不得不取消了：由于全国科技展览将在北京举行，选送这次展览的一项重要内容，是侯仁之主持进行的对北京地下埋藏古河道的研究，因此，需要他亲自完成有关材料的准备工作。

侯仁之说：

1965 年，我本来要到沙漠去的，当时有一个任务，要我写，关于北京城的。当时要在北京一个师范大学办展览，我要赶一篇文章。那个暑假大家都下乡了，到农村去搞“四清”。我那组呢，应该到门头沟一个叫下清水的地方去。可我要写这个东西交到展览会上去——现在东西都丢了。我不能马上下去。到了十月，我赶到西郊下清水，人家都去了好几个月了，好长时间没见，大家都挺热情地欢迎我。

但是，到了冬天的时候，我就发现事情有变化了。为什么呢？吴晗的问题出来了。

那时“文化大革命”还没开始。冬天的时候，叫我到城里去开会，我已经忘记了是到哪儿开会——批判吴晗的会。我觉得，他们说的那些事情，我都不知道啊！

我和吴晗没有很密切的关系，但是认识他。

吴晗是北京市的副市长。他那时编了个“历史小丛书”，一定要我写个东西，我就写了。我写的好像是徐霞客。写了以后，他一定要我再编一个“地理小丛书”。先是“历史小丛书”，再是“地理小丛书”，后来还编了一个什么，三个小丛书，第三个是什么，我忘记了。我说让吴晗来做总主编，我做副的。他不同意，还是让我。我对普及科学知识还是有兴趣的。我给“历史小丛书”写的是《徐霞客》，给“地理小丛书”写的是《历史上的北京城》。

侯仁之这段叙述虽不长，却有十分复杂的历史背景。

先说说“四清”运动。“四清”是20世纪60年代在全国城乡进行的社会主义教育运动的一部分。在农村是“四清”（清政治、清经济、清组织、清思想），在城市是“五反”（反对贪污盗窃、反对投机倒把、反对铺张浪费、反对分散主义、反对官僚主义）。

这场运动开始于1963年。指导运动的纲领性文件，曾有“前十条”（《关于目前农村工作中若干问题的决定（草案）》）、“后十条”（《关于农村社会主义教育运动中一些具体政策的规定（草案）》）。到了1965年1月，又有了中共中央政治局召集的全国工作会议纪要，题为“农村社会主义教育运动中目前提出的一些问题”，简称“二十三条”。

“二十三条”的主要内容，可以用其中的一句话来概括：“这次运动的重点，是整党内那些走资本主义道路的当权派。”

凡是经历过“文化大革命”的人，对这句话应当是刻骨铭心的。

说到“文化大革命”，人们的记忆似乎都是从1966年开始的。不知有多少人后来才明白，早在1965年——或者更早，已经为“文革”打下伏笔了。

但对于许多身处1965年的人们来说，当时还是懵懵懂懂，把“四清”运动仅仅当做一次普通的政治运动。城里的机关干部、学校的老师学生……纷纷组成工作组下乡开展工作。按照“二十三条”的计划：“一个大队，半年左右；一个县，一年或更多一些时间。从1964年秋冬算起，三年左右搞好全国三分之一的地区。六七年内，全国搞完。”

侯仁之所去的下清水，位于门头沟斋堂镇西面不远的地方。说来也巧，这里正是当年平西抗日根据地的核心地区，20多年前，经侯仁之负责联系安排前往解放区的爱国学生，在穿过封锁线后首先来到的就是这个地区。当初，侯仁之对平西抗日根据地也是充满向往的。如今有机会前来，真是一种难得的缘分。

由于工作耽搁，侯仁之比工作组其他同志晚去了不少天。所以，刚刚到达目的地，他便立即投入到“运动”中去了。但是，没过几天，他却“发现事情有变化了。为什么呢？吴晗的问题出来了。”

1965 年 11 月 10 日，上海的《文汇报》刊发了姚文元所写的《评新编历史剧〈海瑞罢官〉》。很快，全国的报刊便纷纷转载。

十几年来，遭到批判的小说、文章、戏剧、电影……不计其数，人们对于这种批判已经习惯——有人认为这次批判的不过是个少有人识的海瑞而已，没什么大不了的！

谁能想到，这篇文章居然是全面引发“文化大革命”的信号弹！

时间已经过去了半个世纪。经历过那场劫难的人，至今心有余悸。但随着时光的流逝，在那之后出生的年轻人，对“文革”了解不多。

然而，即使是亲身经历过的人，也未必能说清楚“文革”究竟是怎么一回事儿。作为普通百姓，每个人的经历和感受，毕竟都是局部的、表象的。说清真相，以警后人，应当是历史学家义不容辞的责任。

历史学家吴晗——《海瑞罢官》的作者，是这场“革命”中首当其冲被批判的人。

吴晗早年就读于清华大学历史系，新中国成立后曾担任清华大学历史系主任、文学院院长、校务委员会副主任委员等，后来还担任了许多行政职务，比如北京市副市长。作为一个历史学家，他在普及历史知识方面做了大量的具体工作。早在 1958 年，他便提出应当为青少年编写一套比较系统的课外历史通俗读物，以进行爱国主义和历史唯物主义教育。不久，他便开始着手组织编辑出版《中国历史小丛书》和《外国历史小丛书》。吴晗不仅直接担任主编，还亲自撰写文章。无独有偶，侯仁之对普及科学知识也是充满兴趣，并在报刊上发表过不少文章。在他应约为《中国历史小丛书》撰写稿件之后，吴晗进一步提出了编辑《地理小丛书》的设想，侯仁之欣然应之。到 1965 年，《中国历史小丛书》已经出版了大约 150 种，《外国历史小丛书》出版了 50 种，《地理小丛书》也出版了 40 多种，可谓成果辉煌。

如果说侯仁之与吴晗有什么关系，那么就是这样一种学术同仁的关系。

侯仁之是个只知道埋头做学问的学者，他不明白，有时很简单的“关系”会变得很复杂的。所以，对吴晗开展的批判，让他惊诧莫名。他只能说：“我觉得那些事我都不知道啊！”

1966年5月10日，《文汇报》又发表了姚文元写的《评“三家村”——〈燕山夜话〉〈三家村札记〉的反动本质》。由吴晗的“关系”，进一步发展为揪出一个“反革命集团”——“三家村”。这个“黑村”里的其他两名“干将”，邓拓是中共北京市委书记处书记，廖沫沙是中共北京市委统战部部长。接下来的“关系”，则直接引向中共北京市委第一书记兼北京市市长彭真。

“关系”越来越复杂，涉及的人越来越多。

但这仅仅是开始。

再接下来，是1966年5月16日，也即姚文元文章发表后的第六天，中共中央政治局扩大会议通过了《中国共产党中央委员会通知》，也就是著名的“五一六通知”，这是指导开展“无产阶级文化大革命”的纲领性文件。后来的历史学家把这一天确定为“文革”正式开始的日期。由此到1976年10月6日“四人帮”垮台，历时十年零五个月，所谓“十年浩劫”是也。

“三家村”的三位“黑帮分子头目”中，邓拓在“五一六通知”的第二天自杀；吴晗备受折磨，于1969年10月10日冤死狱中；唯有廖沫沙在历经劫难之后看到了云开雾散的那一天。廖沫沙于1979年初获得平反，1991年12月27日病故。

不过，作为普通百姓，往往把另一个日子当做“文革”的开始，那就是1966年6月2日。

这天，《人民日报》在第一版刊登了北京大学哲学系聂元梓等人目标直指北京市委和北大校领导的大字报：“宋硕、陆平、彭珮云在文化大革命中究竟干了些什么？”尽管在前一天晚上许多人已经在电台的广播中听到了有关消息，但在“党报”上正式发表，那才真正具有原子弹爆炸般的震撼力！更何况，在同一版上还有评论员文章“欢呼北大的一张大字报”；更触目惊心的，是列有通栏大字标题的社论：“触及人们心灵的大革命”。从第二天开始，北京市的大、中、小学陆续“停课闹革命”，“横扫一切牛鬼蛇神”的“大革命”真的开始了！一夜之间，北京大学成了“文化大革命”的中心。

紧接着，各大专院校参加农村“四清”运动的师生接到通知：立即返校，参加“文化大革命”。

从批判吴晗开始，侯仁之就感觉到有变化了：刚去的时候，大家还热情欢迎他这个领导，后来渐渐没人敢同他接近了。他说：

打吴晗的时候我被牵连进去了。我说我和他毫无任何关系啊。社会上也没来往，生活上也没来往，我不知道是怎么一回事情。当时没搞我。可是到了转年的四五月份，就越闹越闹大了，吴晗的事公开了，就没人理我了。到火车站托运东西，我孤零零的一个人，没人理我。

下清水虽然地处远郊，却不是世外桃源，城里的事情、校内的事情，还是经常能够及时地传到这里来的。侯仁之居然和“三家村”有关系，谁还敢理他？谁还愿意理他？

尽管大家——也包括侯仁之——对学校的情况有一定的思想准备，但刚刚返回校园，所看到的场面还是让所有的人都惊呆了：燕园已经成了人的海洋、大字报的海洋！

自从党报公布了那张后来被誉为“第一张马列主义大字报”，每天来北大“声援、学习”的革命群众从数千人发展到数万人甚至数十万人，原本幽静的燕园人山人海，宛若闹市。张贴“第一张马列主义大字报”的大饭厅成了人海的中心，铺天盖地的大字报像汹涌的波涛从这里漫出去，三角地、燕南园、临湖轩、教学楼、学生宿舍……所有的墙壁都贴满了，整个校园里都拉上了铁丝，五颜六色的大字报挂在一排排密如蛛网的铁丝上，哗啦啦地随风飞扬，

1966年6月，北大大饭厅前看大字报的群众。（引自陈光中收藏资料）

那场面“壮观”极了！

校长被揪出来了，书记被揪出来了，系主任、名教授…… 一个个“牛鬼蛇神”都被揪出来了！北大开了一个头，全国争相效仿。一时间，千千万万个“三家村黑帮分子”、无数个“牛鬼蛇神”纷纷被揪出来了！

揪出来当然还不够！要批、要斗、要打、要游街。要把他们“打翻在地，再踏上一只脚，叫他们永世不得翻身！”

没有一个“牛鬼蛇神”能逃出这天罗地网。侯仁之也不能。除了“资产阶级反动学术权威”“走资本主义道路的当权派”，等等，他还是“三家村的黑干将”。想往哪里逃？——让他逃也不敢逃！

他说：

> 头一次批斗我，是在大礼堂。记得有我、周一良，好像还有季羡林。校长是陪斗的。我和周一良最厉害。挂着牌子。上面写着“侯仁之”，还写了什么，我忘记了，总之和吴晗有关系。大礼堂是头一次，大操场，大饭厅，游街。戴着高帽子，出大南门到海淀街，往西走，从西南门再进来。

侯仁之已经记不得自己被批判过多少次了，也记不得在多少地方被批斗了。毕竟时隔多年，他的回忆也有些许失误。比如当时担任北大东语系主任的季羡林先生，大概是因为少了“三家村”那层“关系”的缘故，在运动刚开始的时候，仅受到“批判”，没挨过“批斗”。让我们看看季羡林在《牛棚杂忆》中对当时情形的描述：

> 北大的走资派在脖子上被挂上了大木牌，上面写着这个走资派的名字。这个天才的发明就出自北大小将们之手。就像巴黎领导世界时装的新潮流一样，当时的北大确实是领导着全国“文化大革命”的新潮流。脖子上挂木牌这一个新生事物一经出现，立即传遍了全国。而且在某一些地方还有了新的发展。挂木牌的钢丝愈来愈细，木牌的面积则愈来愈大、分量愈来愈重。地心吸力把钢丝吸入“犯人”的肉中，以致鲜血直流。在这方面北大落后了，流血的场面我还没有看到过。但是“批斗”的场面我却看了不少。如果是在屋中，则走资派站在讲台上，低头挂牌。“革命”群众坐在椅子上。如果是在室外，则走资派站在椅子上、墙头上、石头上，反正是高一点的地方，以便示众，当然是要低头挂牌。我没有

见到过批斗程序，但批斗程序看来还是有的。首先总是先念语录，然后大喊一声："把某某走资派押上来！"于是走资派就被两个或多个戴红袖章的青年学生把手臂扭到背后，按住脑袋，押上了审判台。此时群众口号震天，还连呼"什么万岁！"主要发言人走上前去发言进行批斗。发言历数被批斗者的罪状，几乎是百分之百的造谣诬蔑，最后一定要上纲上到惊人的高度：反党，反社会主义，反伟大领袖。反正他说什么都是真理，说什么都是法律。革命群众手中的帽子一大摞，愿意给"犯人"戴什么，就戴什么，还要问"犯人"承认不承认，稍一迟疑，立即拳打脚踢，必至"犯人"鼻青脸肿而后已。

有人回忆，"文革"中一次偶然路过地质地理系所在的"地学楼"，看见侯仁之一个人站在大门前的台阶上，头上戴着一顶纸糊的高帽子，胸前挂着写有他名字并打着红叉的牌子，背上贴着一大张白纸，用黑墨写着"大王八"。周围并没看见监视他的人——时值中午，大概"革命小将"吃饭去了。当时就是这样：只要"革命小将"下令，"牛鬼蛇神"必须绝对服从。如果没人发话，就得一直站下去。在正午阳光长时间的照射下，侯仁之实在坚持不住，慢慢蹲了下去，好在人们对示众的"牛鬼蛇神"已是司空见惯，往来匆匆，居然没人注意。

▲ 地质地理系所在的地学楼北门。"文革"中侯仁之曾在此台阶上"示众"。（摄于 2005 年）

这些事情，侯仁之都已经忘记了。

那是多么难熬的岁月啊，也许忘却是减轻痛苦的最好办法！

但是他还清楚地记得别

人的一些事情。他说：

> 我看见他们折磨叶企荪，他原来是著名的物理学家、副校长。他说话口吃，他们就狠狠地打他嘴巴。我看见了，生气透了。他们让他站在那儿，让他报名，罚他背语录，然后去劳动。

除了挨批斗，还要被炒家。燕南园61号不但被抄了个底朝天，连客厅的墙上都被砸开一个脸盆大的窟窿——“造反派”怀疑那是夹壁墙，砸开来看看是否藏有与美蒋反动派秘密联系的电台！

过不多久，又勒令这些“资产阶级反动权威”腾房子。侯仁之家的楼上被安排住进两户人家；接着又挤进来一家“造反派”，给侯仁之仅留下楼下的一间客厅，全家人只能挤在这间十几平方米的房间里。

有一件事侯仁之还记得很清楚。那是冬天的一个夜晚，有“革命小将”上门，勒令他立即到系里去接受批斗。

那天，时间已经很晚了，“造反派”突然闯来。“革命小将”传讯，那是丝毫耽误不得的。侯仁之刚要穿上外衣跟着走，张玮瑛说：“天冷了，今天你还是多穿一条棉裤吧！”侯仁之不解其意。张玮瑛低声说：“要打你的！”

侯仁之平时脾气是很随和的，但也有犟的时候。所以，每次批斗，挨打几乎是免不了的。传讯的时候，总是要让他先摘下眼镜。离了眼镜，侯仁之就谁都认不出来了。然后低头弯腰成90度，坦白交代“罪行”，稍不驯服，“造反派”抡圆的皮带棍棒就会狠狠地抽到脊背上。

张玮瑛熟知他的脾气，但又没有什么办法保护他，便特地准备了一条棉裤。那是条老式的“缅裆裤”，裤裆深、腰身高，几乎可以提到胸部。这样可以保护后腰，不致在挨打的时候伤了内脏！

我不禁问侯仁之：“那时您身体还能撑得住啊？”

他一直闭着眼睛靠在沙发背上，神色很严峻。回忆那些往事，实在是一件很不好受的事情。听到我问，他慢慢睁开眼睛，缓缓说：“……打我打得厉害，但我身体好……”

那天果然打得非常厉害。幸亏那条棉裤，侯仁之居然挺过来了。

在如何折磨“牛鬼蛇神”方面，“造反派”有许多方法。挂牌子、戴高帽、游街……算不得新鲜，“喷气式”倒可算一大发明。两名大汉抄起被斗者的胳膊，重重地一拧一撅，使其直直地在脊背上翘起来。被斗者的腰自然便

新北大

毛主席语录

敌人是不会自行消灭的。无论是中国的反动派，或是美国帝国主义在中国的侵略势力，都不会自行退出历史舞台。

陆平黑帮陷入人民战争的汪洋大海

我校对敌斗争掀起新的高潮

北京大学紅卫兵統一工作委員会第一次全体会議公报

关于紅卫兵統一問題的联合声明

北京大学毛澤东主义紅卫兵

新北大毛澤东思想紅卫兵总部

▲ 1966 年 9 月 27 日出版的红卫兵小报《新北大》。（引自陈光中收藏资料）

要弯下去，他的身体呈现两个直角：胳膊与后背成直角，上身与两腿成直角。侧看是个“N”字形，正面则是“飞燕展翅式”——“喷气式”的名称便是由此而来。季羡林先生说：“我必须向发明者奉献出我最大的敬意，他们精通科学技术，懂得喷气式飞机的构造原理，才发明了喷气式批斗法。这种方法禽兽们是想不出来的。人为万物之灵，信矣夫！”

说到打，那手段和方法也各有不同。“拳打脚踢”是最普通的了，棍棒铁条则略显粗笨。但最威风、最具时代特色的应当是军用腰带，那是“文革”初年最时髦的饰品，“红卫兵”几乎每人一根，系在腰间十分提气，摘下来就是顺手的武器。腰带也分等级：较差的是帆布质的士兵腰带，最好的是解放战争期间流行的牛皮腰带。军用皮带都有一个金属头扣，那东西最厉害！打在身上再狠狠一抻，连皮带肉便是血肉横飞的一长条；如果被打中要害部位，足可当场毙命！

不过，军用皮带多是好出风头的中学生喜欢。高等学府里的人使的是包着胶皮的自行车链条，打在身上，皮肉无痕，全是内伤。

作为“牛鬼蛇神”，侯仁之只有闭着眼睛挨打的份儿，他不知道批斗的时候，那雨点般落在身上的都是些什么样的家伙什儿，他唯一能做到的就是咬紧牙关忍受到底！

然而，比起这些肉体痛苦，最难忍受的还是精神上的折磨。

侯仁之的女儿侯馥兴深深了解自己的父亲。她曾对我说：“……像他们这样的知识分子，是一心想跟着党走，一心希望自己的国家强盛起来。他们是真心实意的呀。在“文化大革命”的时候，皮肉之苦对他们来讲是很大的侮辱，但是更深层的痛苦，是在他们内心里面那种精神的摧残。在这种高压下要他们承认自己是一贯反党反社会主义，把自己过去真心所做的事情讲成是伪装，要彻底地否定自己，强迫你承认那些从来没有说过的话，从来没有做过的事。这是非常非常深层的痛苦！许多人都被折磨到连自己都不相信了。一旦成了‘反革命’，往日的熟人、朋友都不敢相认，以免有‘反革命串联’的嫌疑。甚至连家里的亲人都要断绝关系，才算是‘划清界限’！许多人就是在这种极端的孤立无助之中生命被一点点吞噬掉，最后走上绝路！……这是他在日本人的监狱里所没有经历过的，所以对他来讲是一个更严重的考验。那个时候敌友分明啊，他知道谁是敌人、谁是朋友啊。而在这个时候，可就剩他自己啦……

“对于父亲，我还想说这样两句。虽然经过这么多的批斗、审讯、监禁、折磨，但他从来没有失去过信念，从来没有‘屈打成招’，从来没有在严刑逼供下，乱供、错供过任何人，这在当时是很不容易做到的。当时乱供、错供的太多了！我父亲没有做过任何这样的事情。他留下的是清白和正气！这是我对他在‘文革’当中的评价。”

十五　从『黑帮大院』到鲤鱼洲

挑砖、打柴、插秧、割稻……艰苦的生活使我的身心更加坚强……

——侯仁之

岁月混沌。

“破四旧”、“大串联”、“一月风暴”、“二月革命”……对“牛鬼蛇神”来说，实在搞不清楚那一个个令人眼花缭乱的事件到底是什么意思。随着运动的深入，情况越来越复杂，造反派组织也越来越多，不同组织的造反派打个不亦乐乎。从大辩论到大谩骂，只动口当然不过瘾，还得动手，于是就武斗。

运动进行到某个阶段，北大校园里诞生了著名的“黑帮大院”——数百名新老“牛鬼蛇神”被集中监禁，形成一支庞大的劳改队伍。

“黑帮大院”，后来被称为“牛棚”——“牛”者，“牛鬼蛇神”是也。那地点就在如今的赛克勒考古艺术博物馆所在地。当初还没有博物馆，是一片较为空旷的地方，仅有几排破烂的平房。“黑帮大院”以南侧的外文楼和东侧的民主楼为屏障，由“牛”们自己动手，用苇席在空地的西、北两面圈成很高的围墙，并搭起几座席棚用做审讯室。大门则设在两座楼的交界处，也是使用苇席建成。如此形成“黑帮大院”的主体。“造反派”监管“牛鬼蛇神”的总部则设在民主楼，楼的后门直接通向“牛棚”。

▲ 北大赛克勒考古艺术博物馆。当初还没有博物馆，是一片较为空旷的地方，仅有几排破烂的平房，“文革”中是“黑帮大院”所在地。（摄于 2005 年）

在大院里朝南一排平房的墙上，用白漆写了八个大字——“横扫一切牛鬼蛇神”，笔画粗壮有力，每个字足有一人多高，具有极大的震慑力；每间屋子的墙上，还贴着一张名为《劳改人员守则》的告示，后来则改为《劳改罪犯守则》，那是被关押者绝对不许违犯的戒条。

“黑帮大院”的生活是很有规律的。

早晨六点，准时起床，第一件事是随着监管人员的命令绕着院子跑步。

跑步之后，集体到自来水龙头那里去洗脸漱口，接着，排队到食堂吃早饭。那一二百人的队伍走在路上，倒也浩浩荡荡，但队伍虽然整齐，却不许抬头走路，更不许随意交谈，如有违反，立刻拳脚相加。一日三餐，只有窝头、咸菜和清水煮青菜等，而且完全是由“牛鬼蛇神”自费的。入住“黑帮大院”的人们工资早已被扣除，每月仅有十几元钱的“生活费”。

早饭后，便是分配活计，“牛鬼蛇神”陆续被分配给校内的工人带走劳动。在出发之前，还有一件最最重要的事情，就是从黑板上抄录当天要背诵的“最高指示”。监管人员随时随地都可能命令背诵，若背错一个字，那后果就严重了，除了当场挨嘴巴，还可能受到更重的惩罚。曾经有人被罚在骄阳下立正抬头，睁圆双眼直视太阳，稍一眨眼便是一顿狠揍……

至于劳动的内容，则是五花八门，搬砖头、筛沙子、抬煤块、修房子、拔杂草……干什么的都有。在劳动了一天之后，还有一个最严峻的考验，那就是“晚间训话”。

每天晚饭后，全体“罪犯”集合在院子中间，横排四列，逐个点名。

季羡林曾记下了这样一件“极小极小的小事”：

> 有一位西语系的归国华侨教授，年龄早过了花甲，而且有重病在身，躺在床上起不来。不知道是用什么东西把他也弄到黑帮大院里来。他行将就木，根本不能劳动，连吃饭都起不来。就让他躺在床上“改造”。他住的房子门外就是晚间训话“罪犯”们排队的地方。每次点名，他都能听到自己的名字。此时就从屋中木板上传出来一声：“到！”声音微弱、颤抖、苍老、凄凉。我每次都想哭上一场。这声音震动了我的灵魂！

点名之后，照例是由一个头目类的人物训话，这是“牛鬼蛇神”们最紧张的时刻。一天中所犯下的“错误”将在此时算总账。比如背语录不准确、干活时“不卖力”、对监管人员不恭敬……当训话者提高嗓门猛然吼出一个人的名字时，立刻便有两名监管大汉扑进队列，把被点到名字的人倒剪双臂以“喷气式”架到队前，或是耳光猛扇，或是大脚狂踹。若如此尚意犹未尽，也许被罚头顶水碗跪在地上，或是双手平举立正站好，在院子里熬上一夜。有一次，侯仁之犯的“错误”比较“严重”，一般性地罚站尚不足以“惩戒”，监管人员找来一只破板凳，让他爬上去立正示众。如此“高高在上”，比站在地上的难度要大多了，万一支撑不住摔下来，难免头破腿折！侯仁之足足站了一个晚上，居然坚持熬下来了。

当年，“黑帮大院”的“晚间训话”是北大校园里的一景，每晚都会招来许多观众。一些孩子还会趁机啐唾沫、扔石子，甚至大胆溜进“牛群”，用他们稚嫩的小手向那些俯首帖耳受训的人们背上狠狠捣几下、掐一把，参与这种人对人的残酷折磨。

训话结束后，“牛鬼蛇神”们终于可以钻进“牛棚”松弛一下他们酸痛的四肢了。“男牛”“女牛”分室而居，每室大约 20 人。那屋子低矮阴暗潮湿，遍布灰尘蛛网，老鼠、壁虎、土鳖、蚰蜒、苍蝇、蚊子……应有尽有。开始的时候，人们只能在湿漉漉的砖地上撒些稻草，再铺上席子睡觉。后来，“造反派”考虑到“革命的人道主义”，运来了一些木板垫着，情况要算好了一些。但是，夜晚并不平静，院子里有彻夜受罚的“犯人”，静悄悄地立在黑暗中，像一些幽灵；审讯室里则经常通宵灯火通明，那些精力旺盛的监管人员高亢的怒吼声、棍棒打在皮肉上的噼啪声、被审者痛苦的哀叫声，纵相交织，响彻夜空，听了让人战栗……

一天一天，一月一月，就这样在痛苦与恐怖中度过。侯仁之还是熬过来了！

1968 年 10 月，中国共产党第八届扩大的十二中全会批准了《关于叛徒、内奸、工贼刘少奇罪行的审查报告》，原中华人民共和国主席刘少奇被“永远开除出党，撤销其党内外一切职务”。党内的“第九次路线斗争”取得了“决定性的胜利”。

但是，“文化大革命”还远没有结束。

时间到了 1969 年。

4 月 1 日至 24 日，中国共产党第九次全国代表大会在北京召开，林彪作为“毛泽东同志的亲密战友和接班人”，被写入“党章”。

10 月，根据毛泽东关于国际形势有可能突然恶化的估计，林彪下达了

"关于加强战备，防止敌人突然袭击的紧急指示"，也就是所谓的"林副主席一号令"。

根据这个"一号令"，中央部委以及北京的各大院校加快了建立"五七干校"的步伐，大批机关干部和高校的教职员工——尤其是"走资派"等"牛鬼蛇神"——纷纷被发配到全国各地。

"五七干校"这名字的由来，是出于毛泽东1966年5月7日对一个报告的批示。"批示"指出：军队既要学军，还要学工、学农；工人也要学农，学军，学文化；农民也要兼学军事、政治、文化，也要批判资产阶级，等等。这批示也被称做"五七指示"。

1968年5月7日，黑龙江省革命委员会为了纪念毛泽东"五七指示"发表两周年，在庆安县柳河办了一个把机关干部和走资派送去劳动改造的农场，命名为"五七干校"。

1968年10月，毛泽东再次批示，"广大干部下放劳动，这对干部是一个重新学习的极好机会，除老弱病残者外都应这样做。在职干部也要分批下放劳动。"这一批示经《人民日报》发表后，全国各地相继开办了无数"五七干校"，原党政机关、高等院校的绝大部分干部和教师陆续被送到干校劳动。

北京大学自然也不例外。

于是，侯仁之被释放回家。接着，他要立即奔赴"干校"。

家还在。张玮瑛和孩子们天天在盼望他的归来。尽管相聚是短暂的，很快又要分别，但侯仁之毕竟活着回来了，一家人终于见面了，这就是最大的幸福！

侯仁之是幸运的。"文革"已经三年多了，多少朋友、同事、熟人已经永远也不会再见到了，而他还顽强地活着。

就在这小小的燕南园，仅十几户人家，便死了三个人。

一位是住在51号的中国科学院院士、学部委员、著名物理学家饶毓泰，一位十分谦恭的老人。侯仁之还记得，一次在燕南园的西上坡，他正从南往北去，在拐弯的地方遇到饶毓泰夹着书往西走。作为后辈，他对饶先生非常尊敬，连忙鞠了一个躬。而饶先生则当即停住脚步，也深深地鞠了一个躬，这让侯仁之十分感动。"文革"开始以后，孤身一人的饶毓泰由于不能承受非人的侮辱，于1968年10月16日在自己家中自缢身亡，终年77岁。

后来谈到此事，侯仁之很伤感地说："这老先生非常之好，非常之好！我永远忘不了他。”

另外两位是原历史系主任、北大副校长翦伯赞和他的夫人戴淑婉。1968年12月18日深夜，翦伯赞与多年相濡以沫的妻子一起服下安眠药，死于燕南园64号的寓所内。

两个月前，党的八届十二中全会上，毛泽东刚刚做出“最新最高指示”：“对资产阶级的学术权威也要给出路，”“不给出路的政策不是无产阶级的政策。”他还特地说到了具体的人物：“对北京大学的翦伯赞、冯友兰要给出路。”

说来翦伯赞还是毛泽东的同乡，他于1898年生于湖南桃源。有意思的是，翦伯赞是维吾尔族人，早在1937年5月便加入了中国共产党。为了统战工作的需要而始终没有公开，直到新中国成立以后，他在担任了北京大学副校长及党委委员的时候，才正式公布了中共党员的身份。

“文革”开始后，北大历史系第一个被“揪”出来的就是翦伯赞。他与妻子被从燕东园的住宅中赶了出来，关押到北大东门外蒋家胡同的一间小黑屋里。毛泽东关于“给出路”的“最高指示”发表后，他们迁到了燕南园64号，住在靠东头的房间里。外面的客厅里住着一个工人，负责日常的服务性工作，更主要的是监视翦伯赞夫妇的行动。就是在如此严密的监视之下，翦伯赞夫妇居然设法弄到了剂量足以致死的安眠药。

毛泽东得知此事后，大为震怒。

后经调查，情况渐明。原来，就在翦伯赞被转移到燕南园后不久，所谓“刘少奇专案组”的副组长巫中私下绕开军宣队，在北大历史系造反组织的配合下秘密找到翦伯赞，强迫他写材料证明刘少奇“叛变”共产党。翦伯赞不愿出卖良心，只有下决心以死抗争。

人们从翦伯赞所穿的中山装口袋里发现了两张纸条。一张写着：“毛主席万岁！毛主席万岁！毛主席万万岁！”另一张纸条写着：“我实在交代不去（出）来，走了这条绝路。我走这条绝路，杜师傅完全不知道。”——在最后的时刻，他还怕连累那位看守自己的工人师傅，所以特地说明。

听到这些情况，侯仁之只有唏嘘。

打点好简单的行囊，侯仁之要走了。

北大的“五七干校”在遥远的江西，距南昌不远，鄱阳湖畔一个叫“鲤鱼洲”的地方。

▲ 江西鲤鱼洲。（摄于2005年7月7日）

江西，本是红色革命老区；南昌，则是爆发“八一起义”的地方；古称“彭蠡泽”的鄱阳湖，为我国第一大淡水湖，著名的鱼米之乡；“鲤鱼洲”，仅听名字，便可以想象那是一个多么美好的地方！尽管明知去那里的任务仍是“劳改”，但到一个美丽而陌生的山野之地生活，总比在这“黑帮大院”里受罪要好一些吧！

侯仁之哪里知道，新的苦难又开始了！

侯仁之回忆道：

那是1969年。“黑帮大院”结束的时候，就把我送到了江西鲤鱼洲。

刚去的时候，正赶上鄱阳湖水势暴涨，情况很危险，要挑土加固大堤。每人一根扁担，一头一个筐。装满两筐后，挑上大堤。给我铲土的是位当地老乡，大概是看我年纪大，体力有限，每次只装了半筐土，就催我走。我心里特别感谢，到现在也忘不了。

我还被派去挑过砖。要自己盖房子啊。从湖边一直挑到工地。一根扁担，一头9块，一担是18块。

特别艰苦啊！最苦的活儿让我干。我记得很清楚。就穿一个裤衩，拿块破布垫在肩上，背那个大水泥袋，压在身上。水泥一口袋很重啊！

从湖里的船上背到岸上。河滩地，下来都是泥，扛着水泥袋走那个跳板，一颤一颤的，得特别当心。走一段路以后，还要爬44个台阶。我记得很清楚：44个台阶，44个！爬一段走一段路，上去以后，对着这个卡车的车帮一仰身子，把那个水泥袋扔在车上。都是罚我。我那时已经快60岁了，照常干。

幸亏我的身体好啊！他们认为是罚我，我则认为是得到了一个很好的锻炼机会，我照常工作。有一位工人师傅很好。工人师傅带着下去砍柴，老照顾我。冬天快到了，成立了一个野外打柴队。我们一去就是一整天，中午不回来，有人给送饭。晚上回来的时候，每个人还得背很重的一大捆柴。工人师傅让他们背柴，而那些锅碗瓢勺和饭桶一类乱七八糟的东西，工人师傅让我挑着，都是空的，不重。我认为是他照顾我，我很感谢，可不能说出来。

有一次啊，中午，大家正在砍柴，休息的时候，忽然间那边着火了！隔着一条小河，旷野没人，冬天都是干草，着火了嘛。大家都去救火。我一看从小河蹚水过去得了，近呐。他们都从旁边跑，我一个人一下子就从河里蹚过去了。结果，把我批斗了一番！

从“文革”开始至此，侯仁之经受过无数次批斗，唯有这一次他是心悦诚服，充满感激。他的确该批。批他是真的为他好，为大家好！

那河水是蹚不得的。水里有血吸虫！

鲤鱼洲地处鄱阳湖西岸、江西省省会南昌市东部。20世纪50年代至60年代，在这里围湖造田，开垦农田，建了一些农场，用于对犯人施行劳动改造。由于那田地是筑堤围成的，地势比湖面还低了十多米，一旦遇到洪水充溢、大堤决口，便又会变成一片汪洋，环境是极为恶劣的。

但是，与血吸虫的威胁相比，这恶劣的环境实在又算不得什么了。

这一地区本来就是血吸虫的重灾区。新中国成立后，政府曾经下大力气组织人力物力消灭作为中间传媒的钉螺，竭力遏制血吸虫的危害。1958年，毛泽东在他的著名诗作《送瘟神》中所提到的余江县，就在距鲤鱼洲不远的地方。然而，“文革”对血吸虫的防治工作造成了极大影响，“纸船明烛照天烧”送走的“瘟神”，还在江西大地上徘徊。由于疫情过重，连当地的劳改农场也不得不撤离。

北大和清华两所名校的“五七干校”，就设在这样一个地方。

当下放“干校”的大队人马到达驻地的时候，眼前的情况让他们惊呆了。

路是人们踩出来的泥泞小径，房子是劳改农场遗留下来的几排破屋。最特殊的是水，由于含有过多的铁质，需要用明矾澄清以后才能使用。过不多久，人们的脸色、皮肤乃至毛巾、衣服，等等，统统呈现出一种铁锈般的黄红色，以至于其他地方的人一眼就能看出来他们是在鲤鱼洲劳动的“北京知识分子”。

没有房子，需要自己盖，同时还要修路、筑堤、建电站。没有蔬菜，需要自己种，在青菜长出来之前，只能吃咸菜。没有肉，要自己养猪，否则就得永远“戒斋”。作为农场，当然还要种庄稼，犁地、插秧、施肥、薅草、割稻……总之，一切都要从头开始。

对于这些长期生活在北方城市的“教书先生”们来说，实在难以忍受当地的气候。夏天潮湿多雨，许多人长了一身痱子，长期不愈，竟致发炎流脓、

▲ 北大在江西鲤鱼洲初建“五七干校”时的老仓库。（摄于 2005 年 7 月 7 日）

烂成一大片。蚊子多得吓人，隔着裤子就能咬出一长串大包。若是遇上晴天，上头大太阳烤着，下面湿气蒸腾，十分难受，所以后来凡是男人大多索性赤膊，只穿一条短裤衩，脖子上系一条铁锈色的擦汗毛巾，一个个晒得黑炭一般。女性最苦，最后一点羞耻心总还得要，但想保持着装整齐也是很不现实的。她们想出的办法是：出工之前偷偷脱掉背心短裤，免得大汗淋淋粘在身上，外面则套件破衣烂裤当工作服；好不容易熬到收工，第一件事情就是赶紧跑回工棚去换衣服。

下雨的时候还是比较多。为了避雨，人们各尽所能，什么稀奇古怪的穿法都有。一般说来，男人们比较简单，除了短裤，只需套上一件塑料雨衣即可。不过那雨衣长长短短、花花绿绿，再当腰系根草绳、帽檐下遮着一副雾蒙蒙的大眼镜，这样一群人出没在绵绵的雨雾中，实在是幅奇异的景象！

▲ 北大“五七干校”原校部院内一角。（摄于2005年7月7日）

▲ 北大干校学员当年修筑的“五七路”。（摄于 2005 年 7 月 7 日）

▲ 当年北大干校的某驻地。（摄于 2005 年 7 月 7 日）

鲤鱼洲的泥巴也很特殊，一下雨又稠又粘，踩上去一步一滑，稍不当心就是一个大跟头，所以许多老先生不得不拄上一根拐棍。更可怕的是，那湿泥里也是有血吸虫的，一旦接触皮肤，难免有被感染的可能，所以，除了在腿上抹些据说可以防感染的消毒药水外，长筒雨靴应算是不可缺少的必要装备。据说，北大有位老教师，因为怕感染血吸虫，自己想办法把雨靴加长了一节，高至大腿根。这样一来走路的姿势便有些不自然，被人发现后遭到批判，斥为“资产阶级保命哲学的典型”。

侯仁之说：

在鲤鱼洲的时候，冬天种稻子，先得把那个稻秧一把一把地撒开。一月份，天气很冷啊，我们受罚的几个人，光脚丫踩在那个泥水里头，脚冻得不得了，跳出来，再跳进去……脚踩在那个泥里边……我也没有什么高筒雨靴。我没那个条件，我可是没得病。一下水就有血吸虫病啊，我也没得。真幸运极了。

▲ 北大“五七干校”遗留的房屋。侯仁之曾经在这样的草垛里避雨。（摄于 2005 年 7 月 7 日）

即使是在这样的荒蛮之地，即使是在如此艰苦的环境中，人与人之间那条看不见却觉得到的阶级界限，依然是十分鲜明清晰的。

侯仁之说：

> 我是有罪名的。我在那儿没有自由，不能参加大会，学习也不能参加。去鲤鱼洲的时候，是按原来学校里的科系划分连队、分配住宿的。我记得我是在七连。在一个棚子里头，都是我们系里的人，很熟的人。我睡在下铺，上铺是另外一个人。晚上回来我坐在床上脱衣服，他经常故意用脚踹我的脑袋。我是罪人嘛！到了晚上，他们要学习、开小会，我不能在里头，他们晚上学习开会我不能参加，我得出来。我就出去跑步。遇上下雨，我就只好钻到一个草垛里头躲着。我就藏在草垛里头。我不能回去。冬天也很冷啊！有时下小雪，我就躲在厨房外面靠近锅炉的一边，背倚着墙，还可以得到一点温暖。等看到灯光一变，有人走动了，知道是散会了，我才回去睡觉……
>
> 我没到过鄱阳湖。我哪儿也不能去。他们可以出去。他们放假的时候系里带着出去外头玩儿去，我哪儿也不能去。我不能出去随便走路。周围农村他们可以去，我不能去，我没条件。

侯仁之是“罪人”。有一次割稻子，正要下工的时候，由于连日劳累，他突然支撑不住，一下子晕倒在稻田里，居然没人管他。人们下工后排队走了，他慢慢醒过来，撑起身子勉强走回驻地，人家都开过午饭了，他只能找到一点点剩饭吃了，下午饿着肚子继续出工。

这是一种可怕而痛苦的孤独！

侯仁之到底有些什么“罪名”？时隔多年，他自己似乎也记不清楚了。首先，他与吴晗有“关系”，自然是“三家村的黑干将”；他是北大的副教务长、地质地理系的主任，又是著名的历史地理学家，“走资本主义道路的当权派”和“资产阶级反动学术权威”这两顶帽子也是跑不了的；此外，他上过美国开办的教会大学、去英国留过学，焉知不是“英美特务”？他蹲过日本人的监狱，难保没当“叛徒”！在“文革”中间，他不老老实实交代罪行，居然还大胆“混进革命群众组织、企图浑水摸鱼”，是“主动跳出来破坏文化大革命的现行反革命”……这么多罪不容赦的罪名，哪一个都足以要他的命！

1970年12月6日，侯仁之在鲤鱼洲独自度过了他的59岁生日。按中国人计算“虚岁”的习惯，则应是60岁的大寿了。

没有人为他祝寿，他自己也并无这样的奢望。

那天是农历初八，冬夜晴朗，天上只有半个月亮。举头望明月，不知亲人在何方。侯仁之感到格外凄凉。

他到江西后不久，妻子张玮瑛也被发配去了“干校”，她所属的科学院“干校”设在河南信阳。这样，北京就只剩下了三个孩子。老大侯馥兴大学毕业后留校工作；老二侯方兴初中毕业时便凭着一腔热血非要追随董家耕、邢燕子等先进知识青年下乡劳动，倒比“文革”期间的知青们先走了一大步；只有老三侯凡兴还小，是个14岁的孩子，幸亏还能得到姐姐的关照。如今一家五口分居四地，相隔千里，除了相互思念，又有什么办法！

唯一的办法只有忍耐下去，坚持下去！

与其他许多有过“五七干校”经历的人不同，侯仁之在回忆那些事情的时候，一次也没有使用过“干校”这个词。“干校”者，“干部之学校”也。侯仁之不是什么“干部”，他也无权享受什么“学习”的殊荣。他只是一个接受劳动改造的“罪人”。因此，他从来不说“干校”，而只说“江西鲤鱼洲”。

但是，自己到底有什么罪？他不明白。一个个潮湿阴冷的雨夜，当他不得不为开会的“革命群众”腾地方，而被迫躲到外面的草垛里头的时候，他也曾一遍一遍地回顾自己一生走过的道路、做过的事情。他感到问心无愧。加在他头上的那些罪名，只能用三个字概括——“莫须有”。他实在不知道自己有什么罪！

他必须相信自己。如果连这一点点精神支柱都没了，那也就没有任何活着的意义了。

他还应当相信自己的家人。

记得第一次在大饭厅挨批斗，他几乎经受不住这突如其来的巨大打击。回到家里后，女儿馥兴扶着他轻轻说：“爸爸，你别怕。不要怕……”这一声宽慰的话，让他卸下了心头的重压。他一辈子都不会忘记啊！

女儿当年出生于自己被日寇监禁之时。侯仁之还记得自己获释后回到天津家中，第一眼看到女儿时的感想——一条小救生船！还有她的妈妈，相濡以沫的妻子，是条大救生船！

如今还有两条小救生船呢——方兴和凡兴。尽管在这大风大浪的袭击下，小船儿各自漂泊，但人还在，家就在。为了家人，为了自己尚未完成的事业，对于这又一次严峻的人生考验，他必须承受得住，必须坚持下去!

所以，尽管劳动一天以后已是疲惫不堪，但一有机会，他还是坚持跑步。身体是第一位的。他要顽强地活着!

形势一天三变：上午还在台上声嘶力竭批判别人的人，下午也许就会因为被揭发“有问题”而加入了享受“喷气式”的队伍。就连曾经风云一时的“文革”干将聂元梓，竟也突然失势，被送到鲤鱼洲挑河泥来了。谁能预料，今后还会发生什么样的事情?

出人意料的巨变真的来了。

1971年秋天，突然传来命令：鲤鱼洲的“五七干校”立即撤销，全体人员马上返回北京!

看来真的出了什么大事情。

原来，是“亲密战友林副统帅”篡党夺权的阴谋暴露，在乘飞机仓皇出逃的时候摔死在温都尔汗了!

关于北大、清华两校在江西鲤鱼洲的“五七干校”被撤销的原因，还有一种说法。

尽管严加防范，但在两年的时间里，仍有不少“干校”的“学员”不幸染上了血吸虫病。相对于北大，清华大学“干校”所处的环境更为恶劣，得病的人数更多。因此，正在“干校”劳动的人们斗胆给周恩来总理写了一封信，请求把他们永久留下来，不要再轮换第二批教职员工了，以免后来的人再成为血吸虫病的受害者。这真是一个十分悲壮的举动!周恩来得知情况后大为震惊，立即批示，将清华、北大在鄱阳湖劳动的教职员工全部撤回北京。

总之，这地狱般的生活终于结束了!

据说，在“干校”撤销后的第二年，由于洪水暴发，整个鲤鱼洲都被破堤而来的鄱阳湖水淹没了。侯仁之他们辛勤建设的房屋、修筑的道路、开垦的田地……都变成了一片汪洋。

拾陆

十六　重新开始学术研究

『文革』后期，恢复工作，即应邀展开对邯郸、承德、淄博、芜湖等城市的历史地理考察，极大地丰富了我的城市历史地理研究成果……

——侯仁之

侯仁之回家了。张玮瑛也回家了。

整整两年，孩子们曾经去河南信阳看过一次母亲，而侯仁之孤身一人在江西鲤鱼洲，始终没有见过家人。他没有这个权利，因为他是“罪人”！

如今，全家人终于在燕南园61号仅剩的那个小房间里团聚了。

侯仁之说：

那时我仍然是被管制的了，回来以后还劳动。在东操场，和另外一个老头，收拾桌椅板凳。武斗的时候打架打的，搞得乱七八糟，我们就整理那些东西。后来，到年终了，我们系里的一个工作人员对我说：“侯仁之，你可以回家了，在家里待着吧。”我就回来了。

经过这么多年的折腾，运动的焦点已经集中到了上层，被整得死去活来的“牛鬼蛇神”们基本失去了批斗的价值，几乎无人顾及了。侯仁之终于可以“赋闲”在家里待着了。

对于一个做学问的人来说，也许没有比“赋闲”更让他难受的事情了。几年的时间就这样白白地浪费了，侯仁之实在心痛！他一心惦记着自己的历史地理，一心惦记着自己的沙漠考察。没有做的事情还有那么多，自己居然已经60岁了，他真是着急啊！

形势在慢慢地发生变化。大约是1972年，已经停刊多年的《文物》《考古》杂志复刊了。《文物》的主编还特地跑到侯仁之家里，请他写些稿子寄去。他立即将“文革”中抄家后残存的资料整理了一番，伏案写下了《从红柳河上的古城废墟看毛乌苏沙漠的变迁》等文章。不久，当他得到刚刚寄来的刊物，看到自己写下的那些文字的时候，内心的情感是十分复杂的。已经六年多了！不能进行学术研究，不能写任何与“阶级斗争”无关的东西。如今，终于又可以开始工作了，他感到一种充满酸楚的兴奋。

后来，又有了一个偶然的机会。侯仁之有一个老朋友，原来是圆明园的负责人，“文革”开始后批斗关押了好几年，如今也被放出来了。他来看望侯仁之的时候，顺便提出来：何不认真地研究一下圆明园。这真是一个好主意。

其实，几十年前侯仁之还在燕京大学读书的时候，就经常到圆明园去。那儿离燕大校园很近，步行只有几十分钟的距离。侯仁之把圆明园作为小型野外考察的实习地。后来，在研究海淀地区地理环境变迁的时候，也经常前去。尽管相对一个地区、一座城市来说，圆明园只是一个很小的地域，但是它那特殊的历史演变过程，对于一个历史地理学家来说，仍有挖掘不尽的题材。

如今，正好可以借机重新细细考察一下这所著名的皇家园林。到圆明园去，成了侯仁之那几年经常性的活动，既可锻炼身体，又能进行学术研究，何乐而不为呢。

经常陪伴侯仁之去圆明园的，是他的小儿子凡兴。

凡兴初中毕业后，曾经下乡劳动了一段时间，在农村干得很不错。他毕竟还小，只不过十五六岁，干活卖力，却不知道注意身体。结果因哮喘病回城，三天两头要去医院看病，时间拖长了，就没有再回农村去。侯仁之经常去圆明园，凡兴总跟着。跟来跟去，竟对圆明园发生了兴趣，索性提出到圆明园工作。

▲ 1978年，侯仁之在圆明园大水法遗址前。（侯馥兴提供）

每天清晨，侯仁之早早就起来了，把儿子叫醒以后，洗漱一下，吃过早点，父子俩一起骑自行车到圆明园去，侯仁之忙他的考察，儿子则去上班。说是“上班”，其实没有工资。尽管是“义务劳动”，凡兴的责任心还是很强的。侯仁之记得，有一天早上天刚亮，都还睡着，凡兴突然从床上跳起来，大叫道：“不好了，圆明园出事了！”还没等侯仁之反应过来，凡兴已经一溜烟地往单位跑去了。那天侯仁之恰好有事，没能去圆明园。直到中午，凡兴也没回来，闹得侯仁之整整一天都在担心，不知道发生了什么不好的事情。下午，凡兴终于回家来了，闭口不谈单位的事。侯仁之赶紧追问，凡兴反倒一愣，细细一想，不禁大笑，原来他早上是做了一个梦，把梦境当真了！

侯仁之在圆明园的工作，是“义务劳动”。这里所说的“义务”，不是指没有报酬，而是因为没有人需要他的工作成果。正值天下大乱，一会儿是“批林批孔”，一会儿是“反击右倾翻案风”，谁还顾得上关心圆明园！

但侯仁之坚信，知识和文化是人类智慧的精华，把知识斥为垃圾，对文化也要“革命”，是愚人的蠢举，长不了的！

从1974年开始，应有关部门的约请，侯仁之先后在河北、山东等地的一些城市进行实地考察，从历史地理学的角度分析研究这些城市的发展演变过程。

能够有机会工作，自然是一件极好的事情。更何况这一机缘还使侯仁之得以摆脱了一个可怕的政治斗争。至今想来，他还感到庆幸。

随着“路线斗争”日益激烈，“四人帮”的政治野心不断膨胀，他们也在四处网罗人才，以用作篡党夺权的工具。侯仁之作为一位著名学者，自然也成了被网罗的对象。客观地说，在当时那种复杂的政治形势下，是非颠倒、黑白混淆，绝大多数人完全无法做出清醒的选择。有的人趋炎附势卖身投靠，有的人思想迷乱盲目追随，有的人迫于压力勉强顺从，也有的人坚持信念不怕杀头顽强抗争……在这样的时刻，侯仁之应做出何种选择？

尽管他与所有的中国普通百姓一样，无法了解“文革”的重重内幕，但一个知识分子的直觉使他尚能具备基本的判断力。他是不会屈从邪恶的。然而，究竟该如何决断，却并不是一件容易的事情。形势逼人，又容不得他拖延……侯仁之陷入了两难的境地。

此时，一位交往多年的老朋友私下说了一句话，使侯仁之顿然醒悟：“三十六计，走为上！”

在这关键的时刻，到外地进行考察是难得的借口。有此良机，为何不走！

这一走，不仅逃避了“四人帮”的纠缠，还得以开拓了学术研究的新天地，真是意外的收获。

城市历史地理本是历史地理学的一个重要分支，由于现代历史地理学本身在中国起步较晚，对城市历史地理的研究存在着很大的空白，“文革”的爆发更是严重影响了这方面的工作。如今侯仁之能够到许多城市实地考察研究，无疑是十分难得的机会。经过长期的研究与探讨，他取得了许多令人瞩目的成果，因此有人评价说，侯仁之是新中国成立后用现代科学方法研究城市历史地理的“开创者”。

侯仁之认为，城市的出现是人类社会经济发展的必然结果，而不是单纯的人的意志的产物。他说：

> 一个城市一旦适应社会经济发展的要求而开始出现的时候，它就必须具备一个足以满足它的发展要求的固定场所，这就是城址。因此，如果说社会经济的发展乃是城市出现的决定因素，那么适当的城址就是城市发展的必要条件了。正是在这一认识的前提下，进一步来讨论古代城址的起源和演变问题。
>
> 有些古代城市的城址，具有十分明显的地理特征，从它开始发展的时候起，一直保留到今天，研究起来并不困难。但有的城市，并不如此。它早期发展的地理条件，在历史的进程中已日趋泯灭，以致这个城市最初在这里发展起来的原因，今天竟然成了难予解决的谜……

破解这些“难予解决的谜”，正是一个历史地理学家需要完成的任务。

历史地理学最基本的方法，就是不能只根据某一特定地域现在的地理形貌盲目进行推测，而必须通过准确地复原它在以往不同历史时期的具体状况，通过科学的分析，得出正确的结论。

比如北京这座城市，是许多学者研究的重点对象，但是，关于它的早期城址的确定，在很长的时间里一直是一个未能破解的谜。由于人们所看到的北京城格局太严谨、太规范，几乎没有任何明显的地理特征，因此它为什么会建在这么一个地方，曾经使学者们十分困惑。20世纪40年代，一位美国的权威地理学家——美国地理学家协会会长泰勒教授，居然认为北京出自于“巫术和政治上的原因”：由于巫师认为这个地方“吉利”，所以才会在这里建城！

北京是侯仁之最熟悉的一个城市。他在利物浦大学所写的博士论文《北平的历史地理》，就曾经细致地探讨了这座古城的起源以及演变过程。时间过去了20多年，经过日益深入的研究，他对北京有了更为全面的认识。侯仁之认为，泰勒的论断是错误的。关键的一点，是在于未曾了解当地的地理环境早先是个什么样子，后来又经历了何种变化。

根据《水经注》所载，3000多年前，燕国的都城蓟城所在地，大致位于如今北京城区的西南角。侯仁之认为，蓟城城址之所以在这个位置，有其明显的地理环境因素。此地三面环山、西南有永定河，被地理学家称为“北京小平原”。在北京小平原南侧与华北大平原之间，古代曾有许多淀泊沼泽，严重阻碍着交通，人们若要从华北大平原北上进入北京小平原，只有经过永定河的古渡口才行。这个古渡口就在如今卢沟桥的那个位置。由此继续北进或东行，便形成至少三条以上的分岔道路。因此，古渡口成为当时的交通要道，在此处建城，应当是十分合适的位置。

但是，由于永定河经常洪水泛滥，古渡口最容易被洪灾侵袭，所以，蓟城最终便建在“去渡口最近而又不受洪水威胁的地方”了，而这里也终于成为古代南北大道的汇集点。

研究一座城市早期城址的形成究竟有什么意义呢？

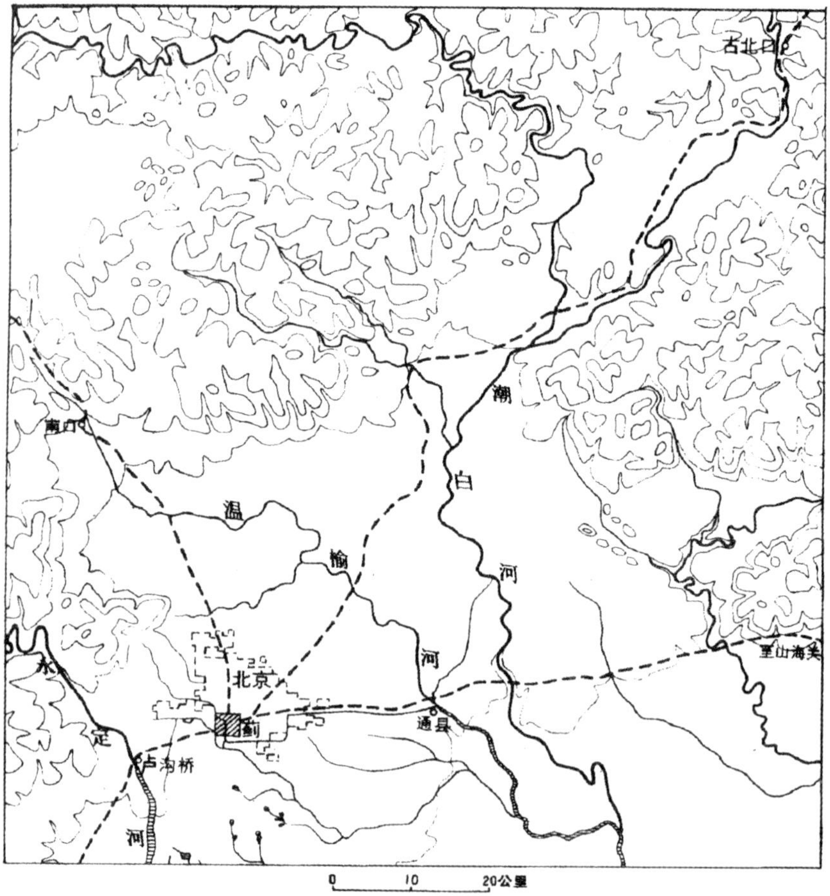

▲ 北京小平原古代大道示意图。（引自侯仁之《城市历史地理的研究与城市规划》）

侯仁之说：

> 对于一个有历史性的城市，如果连它早期城址的起源及其地理特点，都不能加以说明，就更难进一步来揭示它的发展特点和基本规律了。在这样的情况下而企图对于这个城市进行全面的规划和改造，总不免是带有一些盲目性的。

事实正是如此。侯仁之通过进一步的研究证明，正是由于古代蓟城在选址时因客观环境的影响而不得不远离河流与渡口，自然也就远离了理想的水源，因此不可避免地造成了地表水源的匮乏，对以后的城市发展产生了极大的影响。金中都本是建在蓟城原址上的，由于城市扩大、人口增加，水资源的问题日益严重。后来元大都之所以选择新址，最根本的原因还是为了解决水的问题。因此，侯仁之说：

> 作为城市历史地理研究的一个专题，来深入揭露北京城址转移的内在原因，以及河湖水系在整个旧城平面设计中的重要作用，不仅在说明历史上这个城市发展的地理特征是必要的，而且对于全面规划这个城市的未来也是不可缺少的，因为新中国成立以来北京城作为我国的首都，它在城市功能上所面临的开辟水源的要求，仍然是城市规划和城市建设中一个极为重要的问题，是绝对不能忽视的。

通过北京这个具体的实例，我们可以看到，在城市规划建设方面，历史地理学的研究与应用具有极其重要的现实意义。如果不了解历史，不尊重科学，一味盲目蛮干，其后果是相当严重的，甚至直接关系到一座城市的兴亡。这方面的教训实在不少。

一座城市的形成，不可避免地要受到自然条件和地理环境的影响，而在漫长的历史发展过程中，人类活动又会造成地理环境的极大变化，许多城市的发展演变过程都清楚地揭示出这一点。

1975 年侯仁之应邀考察了有“塞上明珠”之美誉的河北省承德市，发现这座城市的形成与发展有许多独特的地方。如今的承德旧城所在地，原是武烈河畔一个名叫“热河上营”的小村。由于距小村不远处有温泉汇流进入武烈河，致使河水温热，因此又称“热河”。大约 300 年前，清朝的康熙皇帝在北巡时行经此处，觉得山水相依、景色绮丽，决定在这里修建一座行宫，即后来的“避暑山庄”。

修筑行宫需要调集大批劳力，民工来了则应当有住的地方，于是热河上营就成了一个很大的营地。行宫建成后，许多人留居当地，据说住户竟多达万家，已经俨然形成了一个很有规模的城市雏形。这个城市中的居民所从事的工作，主要是为行宫提供各种服务。一个新的城市就这样诞生了，连它名字都是崭新的——“承德”，“承接皇恩之德”！

由于承德产生于这样一种特殊的历史背景之下，它的市区“在短期内竟然出现了两种既互相联系又截然对立的地理景象，一种是经过精心设计而更加显示了自然之美的皇家苑囿，一种是为创建这一苑囿而迅速成长起来的类似贫民窟的劳动人民的居住区……”在一座城市之中居然形成了两种完全不同的形态，也可算是一个十分有趣的特例了。

侯仁之认为：

> 根据这个城市历史形成的特点以及今后发展的性质来考虑，把承德开辟为一个风景旅游城市，是完全合理的，也是十分必要的。为此也必须改造南半部的居住区，它的主要功能首先应当是为北半部的旅游区服务，同时也要改变旧日单纯消费的性质，并为本身的经济发展做出合理的安排。如此考虑承德城市发展的性质，是符合这个城市历史发展的特点的。从历史地理的研究中得出这一结论，就为城市规划工作提供了必

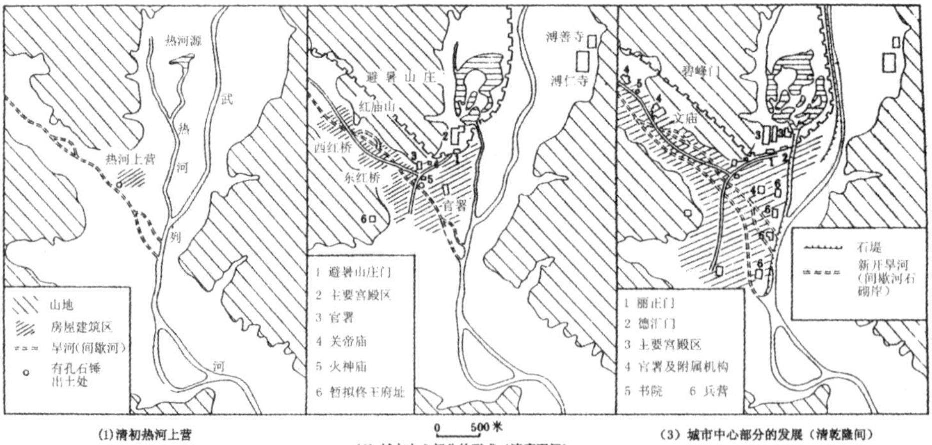

(1)清初热河上营
(2)城市中心部分的形成（清康熙间）
(3)城市中心部分的发展（清乾隆间）

▲ 清代承德城市扩展示意图。（引自侯仁之《城市历史地理的研究与城市规划》）

要的参考依据。这是一个比较特殊的例子，说明了城市历史地理的研究与城市规划的关系。

每座城市都有每座城市的特点。有的城市自形成而发展，日益兴盛，甚至历千年而不衰；有的城市曾经兴旺发达，却由于各种原因一蹶不振甚至彻底消亡；也有的城市像一只不安分的兔子，在一个特定的区域内“跳来跳去”，不断变换城址；还有的城市犹如一个形态不定的变形物，时而膨胀，时而萎缩，时而左轻右重，时而南凸北凹……真是千姿百态、千变万化、千奇百怪……对于一个历史地理学家来说，也是做不完的课题！

1976年，侯仁之又去山东淄博进行实地考察，这座历史悠久的古城几经兴衰，很有一些值得深入研究的地方。

淄博是春秋战国时期齐国的故都。2600多年前，齐国国君齐桓公任用著名的思想家管仲为相国，改革经济，增强国力，使齐国在短短几十年时间里得到迅速发展，成为当时经济、军事实力最强盛的国家。

淄博城址的确立，仍与交通和河流有关，它起初是在临淄发展起来的。临淄位于早在殷商时期便已形成的一条交通要道上。这条沿鲁中山地北麓自西向东延伸的大道，连接了中原地区与渤海沿岸，在途中与南北方向的淄河相交，临淄就在这大道与淄河相交的渡口处。作为齐国首都，临淄最兴盛的时候人口竟达七万户，堪称天下名都。

然而，由于长期战乱影响了城市的发展，加上后来沿海一带逐渐得到开发造成交通要道南移，临淄离开了主要交通线，其“要冲”的地位逐渐被位于其东南方向的新建益都城所取代。这是西晋末年的事情。到了清朝初年，情况又发生了很大的变化。由于交通的进一步发展，发达地区转移到了临淄西面的周村。周村原是一个普通的农村，此时却成为周边地区的货物集散中心。随着资本主义生产方式的进入，促进了当地纺织业的蓬勃发展，使周村迅速成长为工商业基地。再后来，因为胶济铁路的修建，临淄与周村中间一个叫“张店”的地方突然得到了发达的机遇。铁路交通对地方经济的影响如此巨大，使张店最终成为左近的政治经济文化中心。这就是如今的淄博市核心地区。

但是，如果根据上面的叙述就认为现在的淄博市是建立在两个新兴城市——周村和张店——的基础上，那又是大错特错了。侯仁之经考查证实，远在春秋战国时期，周村和张店也曾兴旺发达过。距前者不远有于陵古城遗址，距后者不远有昌国古城遗址。所以侯仁之说：周村就是“现代的于陵”，张店就是“现代的昌国”。

侯仁之据此而总结道：

> 研究一个城市的起源和发展，绝对不能忽视对于整个地区的开发过程以及由此而引起的地理环境的变化和经济活动、交通状况等历史文化景观的变迁。因此研究一个城市的历史地理，也必须结合整个地区的历史地理进行综合探讨。这样，历史地理的研究不仅对城市规划工作，也同样对区域规划工作，是可以有所贡献的。

侯仁之是一个十分认真的学者，每考察一个城市，他都要写出一些内容十分详尽的工作报告，并提出许多指导性的意见。在短短几年时间里，他写出并发表的文章有《邯郸城址的演变和城市兴衰的地理背景》《承德市城市发展的特点和它的改造》《淄博市主要城镇的起源和发展》《从考古发现论证陕北榆林城的起源和地区开发》，等等。

工作是愉快的，工作也是痛苦的。尽管侯仁之在各地的考察受到当地有关部门的欢迎、支持和帮助，但国家的大环境却使人感到前途渺茫。年复一

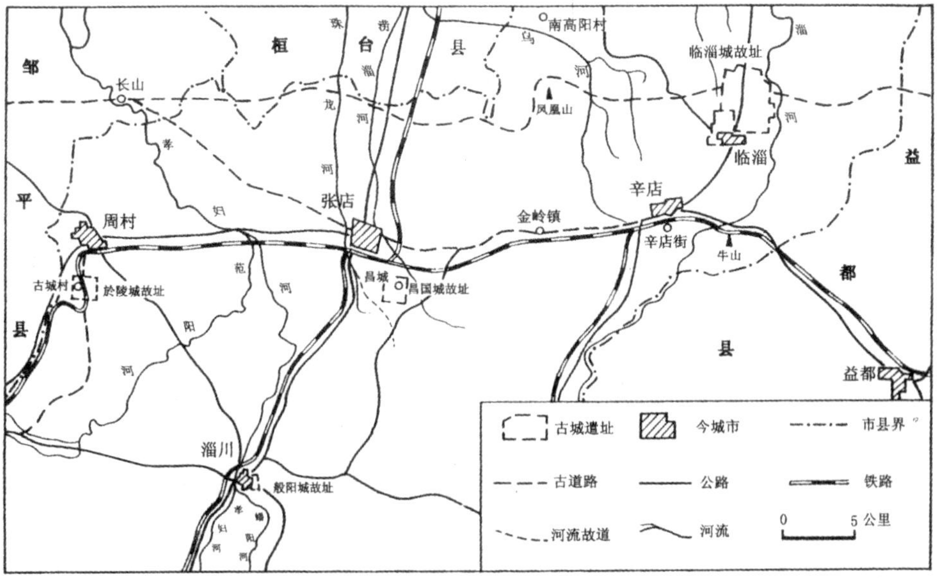

▲ 淄博市临淄、周村、张店、辛店古今地理位置图。（引自侯仁之《城市历史地理的研究与城市规划》）

年，大运动套小运动，“党内的路线斗争”不仅没完没了，且有愈演愈烈之势。侯仁之不知道自己的这些研究能否真正发挥应有的作用。

▲ 晚年的侯仁之与张玮瑛在雪中燕南园。（侯仁之提供）

需要说明的是，我在上面所引用的侯仁之的那些文字，并非出自他当时的工作报告，而是引自刊载于 1979 年 12 月第 34 卷《地理学报》上的《城市历史地理的研究与城市规划》一文。他在这篇文章中所发表的观点，甚至使用的词汇，若是早些年，是不可能出现的。比如什么“人的意志”——在阶级社会里，从来都没有抽象的“人”，只能有“阶级的意志”！比如什么“风景旅游城市”——这是典型的充满资产阶级享乐主义情调的词汇，在阶级斗争、路线斗争如此激烈的当口说什么“旅游”，究竟是何居心？！

所以，尽管是“纯粹”的学术研究，侯仁之也必须十分当心。稍不留意，就会触动“阶级斗争”这根弦；稍不留意，就会陷入“右倾翻案风”的旋涡里去。他好比在戴着镣铐跋涉，脚步是无比沉重的！

然而，在 1979 年以前，还有一个历史无法逾越的 1976 年呢！

1976 年，了不得的一年。动乱中的中国改变了命运。

拾柒

十七　老骥犹有千里志

科学大会，春风化雨，时光可逝去，工作不拖后，重返西北沙区考察，收获颇丰……80年代，真是我学术生涯的大好时期……

——侯仁之

1976年，是多灾多难的一年，也是大悲大喜的一年。凡是经历过1976年的人都会永远记住它的。

1月8日，中共中央副主席、国务院总理、政协全国委员会主席周恩来逝世。15日，当周恩来的遗体送往八宝山火化时，上百万人在街头泣送灵车。

4月4日，清明节。此前数日，无数群众自发到天安门广场悼念周恩来总理。5日，开始镇压群众，即“四五反革命事件”，也就是后来被平反的“四五运动”。

7月6日，中共中央政治局常委、人大常委会委员长朱德逝世。

7月28日3时42分54秒，河北省唐山地区发生7.8级强烈地震，震中区烈度11度，并波及天津、北京。这次地震累计死亡24.2万多人，重伤16.4万多人。

大地无情地陷落了！

9月9日零时10分，中共中央主席、中央军委主席、全国政协名誉主席毛泽东在北京逝世。

对于当时的中国人来说，这消息犹如苍天崩塌了！

天灾人祸迭出不穷的1976年啊！

然而，大地并未陷落，天空依然高悬。

10月6日，中共中央政治局采取断然措施，对江青、张春桥、姚文元、王洪文实行隔离审查。“四人帮”被彻底粉碎！

举国欢腾，“十年动乱”终于结束了！

那两年，使用频率最高的一个词是“拨乱反正”。

“拨乱反正”需要一个过程。

这个过程并不漫长，它在一步一步踏实地进行着。正在做和将要做的事情都很多，在这里，只简单地说说与侯仁之有关的。

1977年8月4日至8日，中共中央召开科学和教育工作座谈会。

8月13日至9月25日，全国高等学校招生工作会议在北京召开。会议决定高校招生改变“文化大革命”期间不考试的做法，采取统一考试、择优录取的办法。1977年末，全国大约有570万青年参加了高等学校招生考试，其中的27.3万人后来走进全国各大专院校的大门。

顺便说一句，1977年我作为招生人员参加了陕北地区的高考工作。那次，陕西省语文考试的作文有两个题目，一个是“难忘的一天”，另一个是“给全国科学大会的一封信”。在考试的时候，我看到作为考生的一位北京知青选择的是第二个题目。他在试卷上写下了这样一句话，给我留下了极其深刻的印象：“……当年，高玉宝曾发出过‘我要读书’的心声，今天，我也要大声地呼喊：我要读书！我要读书！！”

这是他的心声。每个人的心中都有这样一句呐喊！

侯仁之同样在呐喊：“我要工作！我要工作！！”

1978年3月18日至31日，企盼已久的全国科学大会在北京召开。这是“文革”结束后中国科学工作者第一次盛大的聚会。邓小平在开幕式上讲话，他明确指出，“四个现代化的关键是科学技术现代化”，“知识分子是工人阶级的一部分”；他一再重申“科学技术是生产力”这一马克思主义基本观点。

侯仁之出席了大会。听到这些激动人心的话语，他怎能不热泪盈眶！

在大会闭幕式上，中国科学院院长郭沫若发表了书面讲话《科学的春天》，并由著名播音员虹云当场诵读：“……春分刚刚过去，清明即将到来。‘日出江花红似火，春来江水绿如蓝。’这是革命的春天，这是人民的春天，这是科学的春天！让我们张开双臂，热烈地拥抱这个春天吧！”

这诗一样的语言充满了炽热的情感，让侯仁之感到浑身热血沸腾。他觉得生命似乎刚刚开始！

工作的热情如火山般迸发。在全国科学大会结束后两个月，侯仁之便参加了中国科学院沙漠研究综合考察队，打点好简单的行囊，前往西北沙漠去了。

坐在疾驰西去的列车上，侯仁之难以克制内心的激情。他写道：

> 科学的春天终于来到了，浩荡的东风又把我送上前往大西北沙区的征途。火车奔驰在包兰线上，黎明时候正好穿越黄河北岸的后套平原，然后迅速南转，向着内蒙古境内最后一个大站磴口（巴彦高勒）前进。
>
> 我急忙从火车右侧的窗口向外探望，十多年前的一个夏季，我曾和几位青年同志，冒着烈日酷暑，出入在这一带连绵不断的沙丘之间，探索古代人类活动的遗迹……当时这里黄沙弥漫，除去铁路沿线疏疏落落的一些矮小的灌木以外，几乎再没有什么绿色的东西了……

一路上，侯仁之始终难以入眠。他俯身在车窗前，迎着呼啸的风，贪婪地张望着四外的景色。大漠无边，黄沙漫漫，却如一位风姿绰约的恋人，时时牵动着侯仁之的心。整整 14 年未曾谋面，怎不叫他苦苦思恋！

有一件事情他全然忘记了：这一年，他已经 67 岁了。

此次前往大西北，考察队伍涉及的专业十分齐全，包括风沙地貌、陆地水文、植物、林业、历史、考古等不同行业的学者，侯仁之所代表的，自然是历史地理专业。这次考察的目的也十分明确，主要是调查内蒙古西部到河西走廊一带沙漠地区的综合状况，系统分析沙漠形成的原因，寻找治理沙漠的有效办法。

其实，早在 1958 年召开的西北六省市治沙会议上，便提出了“向沙漠进军”的口号。当时曾经有一个十分宏伟的设想，打算使用十年的时间，自内蒙古开始由东向西、经河西走廊至新疆，进行一系列有计划的考察研究。20 世纪 60 年代初期，这一工作逐步开始进行，并取得了很多令人鼓舞的成果。但是由于突如其来的“文化大革命”，使计划完全中断，想来令人十分痛心！如今，终于有机会重新开始工作了。

这次考察的范围比以往要大了许多，从内蒙古西部的额济纳旗沙区，直到河西走廊西端的古阳关，历时一个半月。侯仁之觉得好不过瘾！

所谓“河西走廊”，原是古代一条东西向的重要通道。从汉代至唐代，古都长安——也就是如今的西安——一直是全国的政治、文化和经济中心。当时，自长安通向西域、进而直达中亚及东欧，有一条著名的经贸通道，即“丝绸之路”。河西走廊就是丝绸之路的重要组成部分。

由长安西行，遇到的第一大河自然是黄河，“河西”之称，便是此意。过黄河之后，是一条狭长的地区，南面是终年积雪的祁连山脉，北侧有丘峦起伏的戈壁沙漠，这“狭长的地区”自然就形同一条“走廊”了。

每逢夏季，融化的祁连山雪水汇成河流，滋润着河西走廊的土地，形成连绵不断的大小绿洲，也为人类的生存提供了良好的条件。当地有“金张掖、银武威”之说，是形容那里草肥水美，物产丰富，如塞外江南。自汉代时，这里便设有“河西四郡”，加上“金城”（即后来的兰州），共为五郡。自东向西，依次为金城、武威、张掖、酒泉、敦煌。

祁连山的雪水顺坡而下，流经张掖汇为黑河。西行之后北拐，名为“弱水”——人们常说“任凭弱水三千，我只取一瓢饮”，却未必知道西北居然真有一条名叫“弱水”的河。

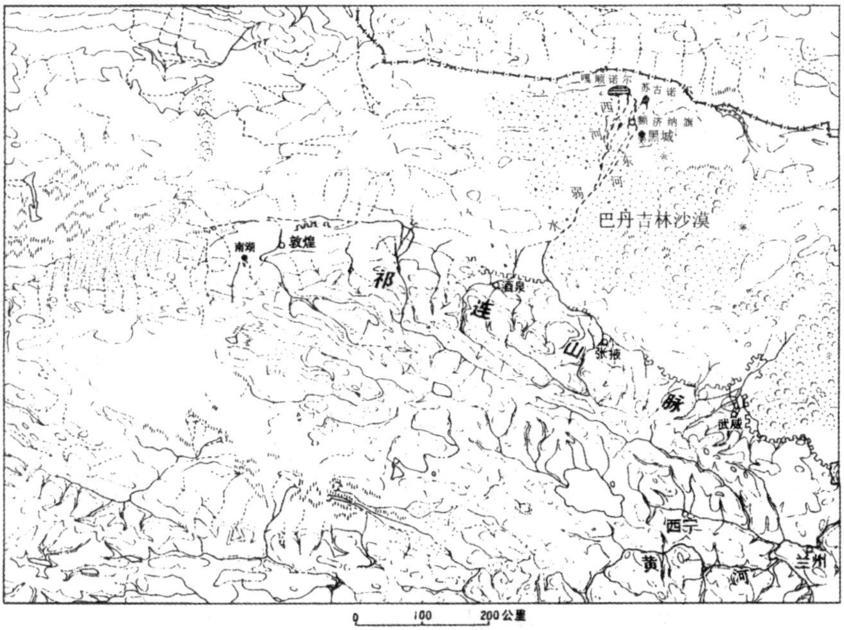

▲ 弱水源流图。（引自侯仁之《我国西北风沙地区的历史地理管窥》）

弱水北行，直逼沙漠，突破沙丘阻拦奔流而去，一路畅行至内蒙古西部北端，在一个低洼地带歇下脚来，汇成湖泊，名字叫做“居延海”。弱水在流入居延海之前，形成了一个三角洲。汉代时，为了防止匈奴沿河道南下袭扰河西走廊的“丝绸之路”，曾在这三角洲上开辟了一个屯垦戍边的军垦区。军垦区里有一个居延城，是当时的行政中心。

侯仁之他们的考察工作，是从弱水下游的古居延地区开始的。这里现属内蒙古额济纳旗所辖。

从汉代至今，已经过去了差不多2000年的时间，当地的地理环境发生了巨大的变化。原本湖面开阔的居延海已濒临干涸，弱水向西偏移，分为“东河”和“西河”，流入两个小小的湖泊——索古诺尔和嘎顺诺尔。古居延城和原先的农田已完全被黄沙湮没。

这一情况与十几年前侯仁之在其他地区进行的那些考察所看到的情况基本类似。它确切表明：“地球上大部分沙漠是在地质时代形成的。但是有些地方的沙漠，确实是在人类历史时期才形成的，特别是在半干旱地区的一些沙漠。”

那么，古居延地区的沙化是从什么时候开始的？是由于什么原因造成的呢？

经过全面考察分析，得出的结论很让人吃惊：造成内蒙古西部古居延地区沙化的源头，居然在千里以外的祁连山脉；制造这一惨重后果的“罪魁祸首”，是人类自己！

明代中叶以后，河西走廊一带的农业得到很大发展，人口也不断增加，随着大量新兴城镇的出现，人们砍伐山区林木的活动也不断加剧。早先祁连山森林茂盛，能够有效地控制雪水融化的过程和速度。春季雪水缓缓融入黑河，灌溉周边的土地，保证了庄稼的播种与生长；夏秋之交，第二次雪融之水再次来临，为收获季节提供了可靠的保证。但是，当森林被大面积地破坏之后，春天大量雪水顺流而下，黑河狂涨，经常造成洪涝；到了夏秋两季，水势微弱，黑河水位下降，难以引水入渠，以致酿成旱灾。这种情况愈演愈烈，形成恶性循环。但人们并未认识到造成这一恶果的根源，在继续破坏山林的同时，为了抵御旱涝灾害，自然要进一步修水渠、建水库。在上游采取了这些措施，必然要影响下游，如此竟殃及了遥远的居延地区。由于水量减少，弱水真的变成了“微弱之水”，居延海逐渐萎缩，农田无水可供自然荒芜，继而完全沙化。良田变为沙漠，人们终于失去了在当地生存的条件。

为了更全面地了解情况，侯仁之他们又继续考察了位于河西走廊西部的古阳关地区。

唐代诗人王维写有《渭城曲》，曾被谱曲为《阳关三叠》。那“劝君更进一杯酒，西出阳关无故人”的名句，是传唱千古而不朽的佳作。其中的“阳关”，位于河西走廊西端，与位于其北面不远的玉门关同是“丝绸之路”上的重要关口。古人以“南”为“阳”，“阳关”因位置居玉门关之南而得名。唐朝诗人王之焕也有名句：“羌笛何须怨杨柳，春风不度玉门关。”可见阳关与玉门关均为古时西北边塞名关。两关相距约 140 里，汉代便已建立，都在当时的敦煌郡龙勒县境内。那县城在汉代叫“龙勒”，至唐代名“寿昌”。关于“龙勒”这名称的来历，尚有待查考，而“寿昌”的得名，是因为在县城的东南方向不远处有一个名叫“寿昌泽”的湖泊。

“寿昌泽”也叫“寿昌海”，还叫“渥洼池”。据古籍所载，这渥洼池一带水草滋茂，野马成群，西汉年间，曾有一个被贬官后在此屯垦的人，捕获品相奇异的野马献给朝廷，为了表功，他谎称这马生自水中，极为神异。汉武

▲ 敦煌的月牙泉。(摄于1997年)

帝得此良驹，大喜之下而作“天马之歌”。由此可见，那时当地的自然生态环境还是很好的，而且有农业的形成和发展。

但是，阳关自唐朝开始已逐渐废毁，考察队几经周折，终于找到了它的遗址，并发现了大量汉唐时期的遗物以及城堡和房屋的基址。

对于当地的历史地理情况，由于种种原因，历经数朝而记载甚少，自唐代以后的几百年间几乎是一片空白。人们只知道，直到清朝雍正初年在敦煌设立“沙州卫”，并由内地迁来大批移民屯田，才使当地重新得以开发。

如今这里名为“南湖”，它既是一个居民点的名称，也是这个居民点所在绿洲的名称。南湖绿洲在敦煌县城西南 70 公里处，是祁连山北麓向西延伸的最后一个绿洲，由此再往西，就是库姆塔格沙漠了。当年渥洼池所在处，如今已经建起了一座水库，从地形上说，它与寿昌古城和阳关遗址形成了一个三角形，南湖居民点就在这三角形的中心点上。

其实，仅从地名的产生及变化，也可大致猜出当地地理环境及其演变的脉络：“阳关”、“玉门关”，说明那里古时是重要的关隘；“寿昌海”、“渥洼池”，可知原先水源之充沛；“沙州”这名字，无形中变得有些凶险；“南湖”——显然如今当地仍然有水，但与“海”相比，已不可同日而语了。

作为河西走廊西端有名的绿洲，这里的景色十分壮丽。侯仁之写道：

> 从（水库）大坝上遥望湖泊对岸，绿草如茵，牧马成群，再往远处去，南山崛起，如屏似障，虽在盛夏，仍有皑皑白雪，覆盖山顶，确是一幅喜人的图画，突出地显示了河西走廊上、沿祁连山北麓大小绿洲的一种特色。

然而，在这诗一般美丽的“喜人的图画”下面，却掩盖着一些令人疑虑的事情。

第一，自侯仁之他们考察之前的 30 年间，当地的天然植被已经遭到严重的破坏。

南湖绿洲的河流与泉源基本依靠冰雪融水和山区的自然降水供给。自南湖向西北方向延伸，有一条主要的河流，名为“大沟河”；大沟河两侧还有两条河沟，东面的叫“山水沟”，西面的叫“西头沟”。据居民介绍，30 年前，绿洲上林木茂盛，甚至可以借助河岸一边的树干爬到对岸的树干上去。当时这里只有 25 户人家，人们出门打猎，一天能打到十多只黄羊。除了常

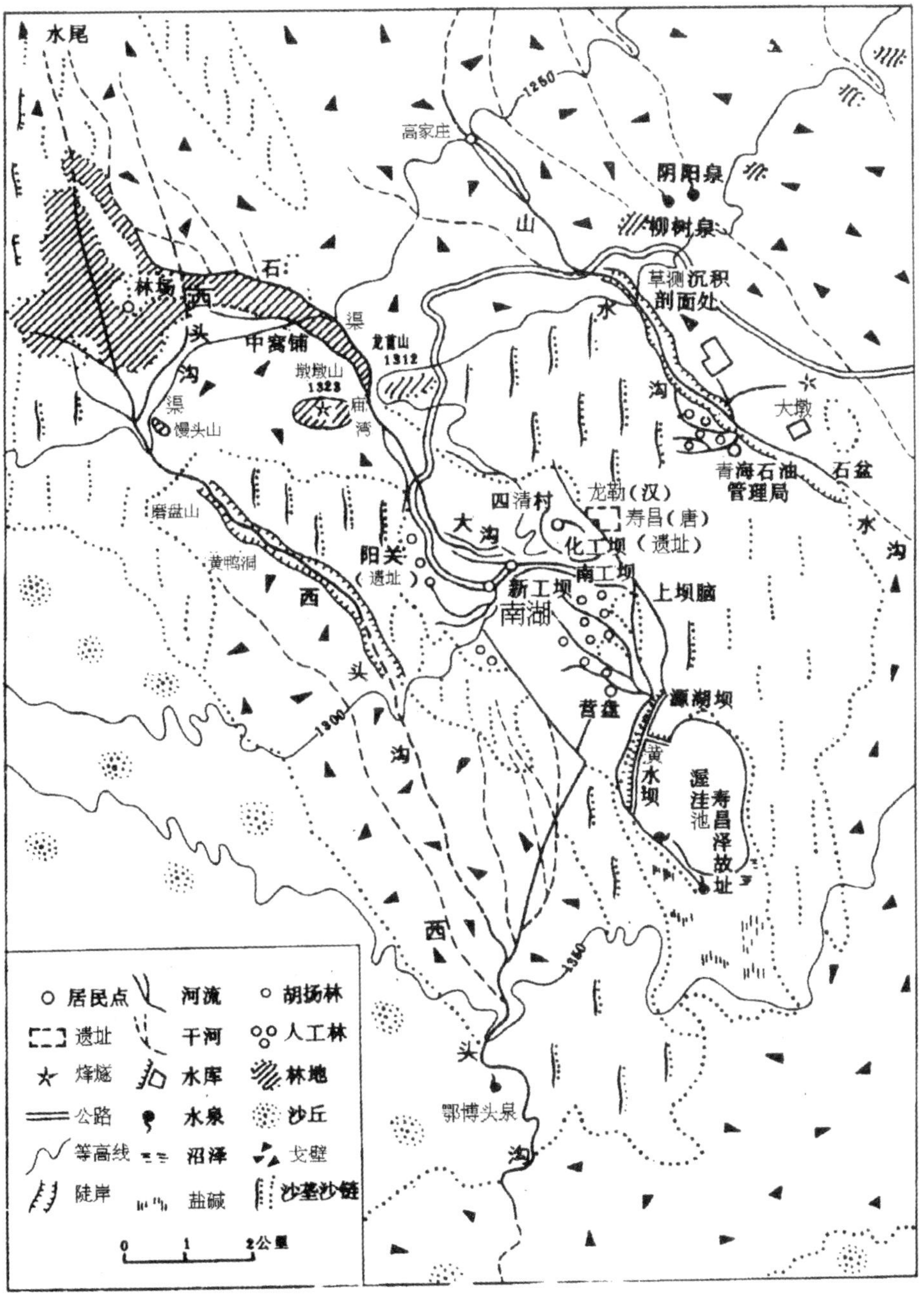

▲ 南湖附近古阳关地区。（引自侯仁之《我国西北风沙地区的历史地理管窥》）

见的野马、骆驼、狼群等，天鹅、野鸭等水禽也多得不计其数，芦苇丛中禽蛋成堆。但是，现在情况已经完全变了，居民增加到730余户，而绿洲面积却大为缩小，沙垄、沙丘随处可见，而懵懂无知的人们还在继续他们的破坏行为：

> 近年以来，南湖绿洲内部，沿河流、道路和田埂等处，已经营造了护田林网，成绩是显著的。可是绿洲以外残余的天然植被，还在不断地遭到破坏，过分的樵采和放牧，仍然是个严重的问题。我们亲眼看到成群的山羊就在红山口下，贪婪地吞食沿河流水边生长的小胡杨树，却无人干预。

第二，天然植被的破坏，导致强烈的沟蚀，而这种沟蚀现象还在活跃地进行着。

以山水沟为例，由于屡发大水，竟把原先的小河沟冲蚀成悬崖林立的大河谷。那水是来自南面的祁连山。每遇南山大雨，大量泥沙被暴发的洪水携带而下，积淀之后，又被大风吹回，沉落后形成沙垄。而耕地本身因风蚀作用，也会就地起沙。

侯仁之写道：

> ……若干年来，山水沟屡发大水的原因，都是由于上游一带天然植被横遭摧残的结果。远自南山以下，一直到南湖绿洲边缘，原始的天然植被，已然全部毁灭，绿洲上的沙质土壤，一旦开垦，又易遭侵蚀。和历史上汉唐时代比较，就知道南湖绿洲上现代沙漠化的情况是何等迅速、何等惊人了。
>
> 解放以来，南湖绿洲以及山水沟特别是西头沟下游一带植树造林的成绩是显著的，效果是良好的。但是，如果继续忽视上游地区封山育林的工作，以及盲目在绿洲周围扩大耕地面积，是仍然不能彻底扭转这里仍在活跃进行中的沙漠化过程的。

同以往一样，考察完毕之后，侯仁之写出了《居延和阳关地区沙漠化的初步考察》《敦煌县南湖绿洲沙漠化蠡测》等一系列调查报告；他还根据“文革”前后对沙漠地区考察的总体情况，写出了《我国西北风沙区的历史地理管窥》等文章；在许多学术性会议上，他都做过专题发言。

▲ 1990 年，侯仁之在古阳关附近残存的汉代烽燧。（侯仁之提供）

在这些文章和发言中，侯仁之明确指出：

——在人类社会发展到了农业开始成为一个主要生产手段之后，人的活动就在大地的表面上留下明显的痕迹，开始改造大地。随着生产力的发展和提高，这种变化越来越迅速，从原始社会的晚期之后，人的活动加工于自然、改造自然面貌，发生了深刻的影响，有的时候是有利的，有的时候带来了灾难。

——原来不是沙漠的地方，由于不合理的开垦，破坏了原有的植被，因而沙漠化了。

——清朝时代就有人提出，对（祁连）山上林木应当永远保护。保护了没有呢？解放之前不被保护，因在反动统治之下是掠夺自然的。可是怎么能够在解放以后，对祁连山的林木还不积极加以保护呢！

侯仁之感慨地说：

有时我们深受自己行动之害，还不完全了解是怎么回事。

侯仁之尖锐地指出：

> 过去由于不合理的土地利用，破坏了草原，引起了流沙，这是人类盲目破坏自然的结果，应该归咎于社会的原因，而不是自然本身的毛病。

需要特别指出的是，侯仁之提出的这些观点，在当时是需要极大的勇气和胆魄的！

长期以来，任何事情——包括纯粹的学术讨论——都丝毫也不能脱离“阶级斗争”的观点。人们津津乐道的是“与天奋斗，其乐无穷；与地奋斗，其乐无穷；与人奋斗，其乐无穷”！所谓“战天斗地”是也！所谓“向地球开战”是也！

而侯仁之却要说什么人类对自然环境的改造“有的时候带来了灾难”。他居然说“怎么能够在解放以后，对祁连山的林木还不积极加以保护呢”？他胆敢说自然环境的破坏“应该归咎于社会的原因，而不是自然本身的毛病”！

但世界总是要变的！

世界也的确在变。

1978 年，就在侯仁之他们前往西北考察的那段时间，一场有关“真理标准”的大讨论正在进行。这并非学术讨论，而是实实在在、极其激烈的思想斗争！

终于，1978 年 12 月 18 日至 22 日，中国共产党第十一届中央委员会第三次全体会议在北京举行了。全会坚决批判了“两个凡是”的错误方针，高度评价了关于真理标准问题的讨论，果断决定停止使用“以阶级斗争为纲”和“无产阶级专政下继续革命”的口号，正式宣布要把工作重点转移到社会主义现代化建设上来。

禁锢人们思想的沉重枷锁终于被打开了。

1978 年，侯仁之真忙。

整个夏天，他都在西北地区东奔西走地忙碌，直到暑假即将结束的时候才回到北京。8 月底，随着大批新生进校，侯仁之迎来了“文革”以后的第一批研究生。历史地理学后继有人了，他感到无比欣喜。

9 月，新学期刚刚开始，侯仁之便带着他的研究生前往安徽芜湖，结合当地的城市规划工作，进行历史地理专题研究。

与以往研究过的那些城市相比，毗邻长江的芜湖市也颇有一些与众不同之处。它的特点是：虽然城市多次迁移且远离原址，名称却始终保留。

早在公元前100多年，资料中便有关于芜湖的记载。到了公元二世纪的汉代，开始在此设“芜湖县”。但县址与如今的芜湖市相距足有40里。那座老城古称“鸠兹”，当地人也叫其“楚王城”，位置在一条河流的南岸。由于当地多为湖塘沼泽，鸠鸟云集，因此得名“鸠兹”；而“芜”字意为“乱草丛生的地方”，“芜湖”之名显然也源自当地的环境。

芜湖所依傍的那条河流当时叫“中江”，后称“水阳江”，西连长江、东通太湖，是一条重要的交通水道。芜湖为紧扼中江的渡口，位置相当重要。到了100多年后的三国时期，出于军事上的需要，吴国孙权将芜湖西迁到距青弋江口不远的鸡毛山高地上。这青弋江是中江下游连接长江的最后一段，随长江水道逐渐开发，中江的经济地位下降，而迁址后的芜湖仍然具有重要的地理位置。

此后数百年，行政建制几经变革，“芜湖”的名字曾一度取消，直到公元十世纪才重设芜湖县。两宋时期，全国经济重心逐渐南移，芜湖城区迅速扩大。后屡经战乱，几毁几建，明万历年间再次筑城。到了清代，芜湖发展成为新兴的工商业城市，沿青弋江江口一带形成了商业中心地区，号称“十里长街”。

19世纪鸦片战争以后，芜湖因其交通位置和经济条件的重要而成为被迫开埠通商的口岸之一，沿长江一带被划为外国列强的公共租界。开埠通商以后，由于交通便利，米商纷纷前来开设米号，芜湖成为全国著名的四大米市之一。由于经济的畸形发展，老城区与外国租界之间的大片空地辟为新的街道，市区进一步扩大，重心由青弋江两岸转移到了长江右岸。

芜湖市在2000多年的时间里，城址由内陆的小河附近逐步迁到长江岸边。侯仁之说：

> 这就是一种规律性的发展，充分揭示了在社会经济不断发展的前提下，水上运输乃是促进芜湖城市发展的一个主要因素。由此可以设想，现在随着祖国改革开放的不断发展，芜湖必将成为长江沿岸通向大海和大洋的重要口岸。高瞻远瞩，这一前景在芜湖的城市规划中，是应当充分予以考虑的。

城市如人，各有自己的面貌、个性与特点。运用历史地理学的理论与方法，深入探究每座城市的成长过程，从中寻找规律性的东西，对其将来的规划与发展提出有价值的意见，这的确是一件很有趣味的工作。而这些具体的考察与研究，又反过来促进了学科理论自身的发展。

从 1979 年开始直到 20 世纪末，侯仁之发表了一系列重要文章，如《历史地理学的理论与实践》《再论历史地理学的理论与实践》《历史地理学研究中的一些认识问题》，等等，对历史地理学的基础理论进行更加深入的探讨。

如果把他在 1962 年发表的《历史地理学刍议》与他后来的这些文章进行一下对比，不难看出，侯仁之除了坚持自己以往的一些基本观点以外，还在许多方面有进一步的发展。

比如，对于历史地理学的学科归属问题，他仍然强调：

> 从学科性质上来看，历史地理学正是现代地理学的一个有机的组成部分，这一学科性质是不容怀疑的。
>
> ……在历史地理学的研究工作中，特别是在涉及有关文字记载的人类历史时期的研究时，也必然会利用到历史文献和资料，但不能因此而断定历史地理学就属于历史学。因为历史地理学的研究所要解决的问题，仍然是地理科学的问题，而不是历史学的研究所能解决的。

在这里，侯仁之附带提到了一个很重要的概念——“有关文字记载的人类历史时期”。

尽管对历史地理学的学科归属问题多有争议，但关于历史地理学的研究对象，学界的认识还算比较统一，简单地说，就是“人类历史时期的地理”。然而，这个“历史时期”的时间范围应当如何确定，或者说，这个“历史时期”的“上限”应当以何时为基准，是一个很重要的问题。长期以来，很多学者认为，在通常的意义上，人类的历史是从有文字记载的时候开始的，在此之前，一般称做“史前时期”，对于史前时期的地理，只能运用考古学或古地理学的方法进行研究，所以，历史地理学所涉及的“历史时期”的上限，应是有文字出现的时候。

据专家考证，地球诞生于约 45 亿年之前。相比之下，人类的历史太短了。在 3000 多万年前，出现了一种高级的哺乳动物古猿，它们自树顶下至地面，学会了直立行走，开始能够制造工具和说话，如此才进化成了人。而文字的诞生就更晚了，直到大约一万年前，古人在陶器等器物上刻符、在山岩上作画，后来又学会结绳编贝以记事，但那都还不能算是文字。

人们通常认为，人类最早的文字是在西亚地区两河流域出现的楔形文字，因为它的形状像钉头，所以也叫“钉头文字”，那时间，大约是距今5500年左右。稍晚一些，是古埃及人创造的“圣书字”。相比之下，中国殷商时期的甲骨文出现的时间较迟，大约在3500年前。后来，楔形文字和圣书字都已消亡，唯有甲骨文却演变成现代汉字，成为世界上唯一使用至今的表意文字。

由此可知，如果以人类文字出现作为历史地理学研究在时间范畴上的“上限”，最多只有五六千年。

侯仁之对此有不同看法。他大胆提出：

> 把地理学的研究，不仅局限在当前所能见到的地球表面上的这一层，同时还要扩展到过去的历史时期，特别是扩展到从“中全新世”以后的历史时期，也就是扩展到人类活动对地理环境开始产生了日益显著的影响以后的时期（从考古学上来说，就是从新石器时期以后的时期）。这就是历史地理学研究的范围。

在这里，侯仁之说得很明白：历史地理学所研究的，应当是“人类活动对地理环境开始产生了日益显著的影响以后的时期”。具体说，就是“‘中全新世’以后的历史时期”，也就是“新石器时期以后的时期”。

“全新世”是一个地质学的概念。它先将地球的历史划分为“宙”：根据同位素测算，自45亿年前开始的叫“隐生宙”，到5.7亿年前进入“显生宙”。“显生宙”下又分为三个“代”：自5.7亿年前开始的叫“古生代”，到2.3亿年前进入中生代，到6700万年前进入“新生代”。“代”之下又分“纪”，“新生代”划分为自6700万年前开始的“第三纪”和自250万年前开始一直延续至今的“第四纪”。

在“纪”之下，才分为“世”。第四纪只分了两个“世”：早期叫“更新世”，也称“洪积世”，时间约从250万年前至15000年前；晚期叫“全新世”，也称“冲积世”，从15000年前到现在。

所以，我们目前所在的21世纪应当是“显生宙”、“新生代”、“第四纪”的“全新世”。

在“第四纪”的初期，人类祖先开始出现，比如北京猿人、尼安德特人等。所以，“第四纪”也叫“灵生纪”。

早期人类经过数百万年的发展，到了“全新世”的中期，也就是不到一万年前，开始进入“新石器时代”。这是一个考古学的概念。此时人类已经发明农业和畜牧业，生活资源有较可靠的来源，开始定居生活。人类不仅广泛使用磨制石器，还能制作陶器和进行纺织。

应当说，早期人类只能被动地设法适应自然环境，只有进入新石器时代以后，才具备了改造自然状况和影响地理环境的能力。

侯仁之认为，历史地理学所研究的，不是局部的、片面的、静止不变的、缺乏内在联系的地理状况，而是应当通过对不同历史阶段各个特定区域内的地理环境变化情况进行系统的、综合的研究，从中找出规律性的东西，尤其需要重视的，是人类自身与地理环境的关系，以及人类活动对地理环境的影响。他说：

> 如何把过去时代和目前正在发展中的这个时代的人地系统的地域变化，有机地结合起来进行研究，既包括其历史过程，又密切结合其现状，这正是现代地理学研究的一项当务之急。因为只有这样才能更好地探索未来。地理学的研究，归根结底就是要为未来的发展和建设，提供人地关系在发展中的合理建议和对策。

他还说：

> 在研究“地球的自然面貌”——包括我们现在所说的地理环境的过程中，把“现在和过去这两者之间互相渗透”的关系，紧紧把握住，把现阶段地理环境中所显示的“前一阶段的秘密”有效地揭露出来，并进而探讨“过去”和“现在”之间发展演变的规律，这正是历史地理学在其确定的领域内进行研究的主要课题。

按照这种思路，如果把历史地理学所涉及的时间范畴仅以人类有无文字作为确定上限的标准，显然会受到很大的束缚。所以侯仁之认为：“历史地理学的研究范围，必须扩展到地质史的最后时期，也就是随着人类的活动能力逐渐加强，并开始在自然环境上产生了日益显著的影响以后的时期。”确切地说，就是“全新世”，起码应当是“中全新世”，即“新石器时期”。

如此，将时间从5500年前延伸到将近一万年前，历史地理学的研究领域自然得到了极大的拓展。

作为一门新兴学科，不仅对于基础理论还有许多需要深入探讨的内容，在具体实践方面同样面临诸多新情况、新问题，比如新技术的应用。侯仁之说：

> 必须把现代的科技手段引入到历史地理学的研究中来。……可以用之于研究当前地理问题的现代科技手段，如何应用到过去时代的地理问题的研究中来，这在历史地理学新一代人才的培养上，应该是提到教学日程上来的时候了，这也正是我国历史地理学今后发展的关键所在。

当然，在不断深入进行理论探讨的同时，侯仁之仍然反复强调野外考察的重要性。这些年来，无论是沙漠历史地理还是城市历史地理，贯穿始终的主要还是对环境变迁的研究。而只有走出书斋，坚持进行实地考察，才能真正掌握最直接、最真实的第一手资料。对此，侯仁之始终坚持不渝。

直到20世纪90年代，侯仁之已经年逾八旬，仍持续不断地去沙漠地区、去各地城市，这对他来说，也是极大的乐趣。他的身体的确结实，长途旅行、野外跋涉，实在算不得什么。据侯仁之当年的一位学生回忆，1990年，侯仁之带着同学们再次前往承德，并专程去坝上围场考察，一见到那无边无际的大草原，大家十分兴奋，跑啊、跳啊、在草地上打滚啊！侯仁之跑得很快，连小伙子都很难追上他。同学们采来一大簇一大簇盛开的野花献给老师，侯仁之在五彩缤纷的花丛中开怀大笑，那场面永远留在大家的记忆里。

1993年，侯仁之82岁。这年暑假，他又带着学生们去内蒙古的赤峰市考察。他们已经与对方联系妥当，准备工作也做得很充分，并按时登上火车出发了。不料，列车刚刚开到北京郊区的怀柔便停了下来，原来是大雨冲垮了路基，铁路中断了。列车停了好长时间，最后还是返回了北京。这是侯仁之最后一次外出考察。他曾充满惆怅地说：“我的野外考察生涯就这样中断了！”

拾捌

十八　中国『申遗』第一人

80年代多次赴国外交流讲学，同时开始对比研究中外城市的历史地理……

——侯仁之

20 世纪 80 年代，改革开放的春风吹开了中国通向世界的大门。这时，人们才痛切地发现：在经济、文化等许多方面，我们已经比别人落后了一大截!

世界是要前进的，没有人会停下脚步等候一个落伍者。

中国必须加快步伐赶上去。

既然人家比我们走得快、走得好，我们就要虚心地向人家学习。

当然，我们也并非一无长处。我们这个古老而神秘的国度还是充满生机、富有魅力的，只是人家不了解。

所以，只有加强交流、共同发展、并肩前进，世界才有希望。

我曾经听到过这样一个传说：某次侯仁之参加一个国际性的学术会议，为了让那些外国人瞧瞧中国的历史如何悠久、文化积淀如何深厚，因此特地选了两块城砖，不远万里带到国外。那故事的情节很为生动，说的是：当会议召开的时候，侯仁之把城砖往桌上一放，充满自豪感地大声说道："这个，就是我们长城上的城砖！"与会人员无不动容!

这故事听来有些过于神奇：两块城砖好大好重，且不说长途旅行如何携带，仅是那"往桌上一放"，便不是一般人所能"放"得动的!

后来，我特就此事询问侯仁之，他听后不禁失笑：两大块城砖，我搬得动吗？！

不过，"两块城砖"的故事倒是的的确确发生过的。

1979 年夏天，由美国匹兹堡大学 17 位学者组成的访华团前来北京大学访问，进行学术交流。其间，访华团的一位负责人婉转地提出了一个要求：作为举世闻名的古城，北京给人留下了深刻的印象，因城市建设的缘故，原有的城墙已经拆除，想必拆下的城砖数量不少，不知是否可以获赠一块，作为北京大学与匹兹堡大学两校之间文化往来的一个纪念?

客观而言，这个要求不难满足。20 世纪 60 年代，因为修建环城地下铁道，北京的城墙基本全部拆除。出于"备战备荒"的目的，拆下来的无数城砖用来修了防空洞，但散落民间的仍是不计其数。可以毫不夸张地说，在北京城的小胡同、大杂院里转一转，那些旧院墙、临建棚、小厨房……不少都是用城砖搭建的。在那时候，没人认为这些烂贱不值的东西还会有什么大用场。可在外国人眼里，它们就是宝贝，是珍贵的纪念品!

美国学者既然郑重其事地提出了这么一个要求，中国方面就得同样郑重其事地当大事办。一块砖头在自己家里是破烂，拿出国门可就是"文物"。于是，北京大学正式呈报国家文物事业管理局，获得批准后，由北京市文物事业管理局负责准备工作。承担这项任务的具体工作人员考虑得很周到，觉得既然是礼品，就应当找一块比较完整、带有文字的城砖——北京原是皇城，明清时期制造的城砖是非常讲究的，一般都刻有窑户工匠的名字和制造的年代，若出现质量问题，是要追究责任的。

可是，平时那城砖似乎犄角旮旯满世界都是，到了认真想找一块完美无缺的真品时，却发现竟是件十分困难的事情。经过多方努力，最后终于有了两块带有不同文字的明代城砖，其中一块比较完整，另一块稍有残缺，上面刻着“大新样城砖”、“嘉靖三十六年分窑户王保造”的字样。此后，又特地请琉璃厂的师傅专门制作了两个精美的礼品盒，赠礼总算准备好了。这已经是 1980 年的春天了。

经称量得知，这两块城砖总重近 50 公斤，随身携带是不可能的，只能通过海运寄给匹兹堡大学。

但是，海运的时间比较长，一般需要一两个月。巧的是，就在这时，侯仁之接到加拿大和美国几所大学的邀请，由夫人张玮瑛陪同前去短期讲学，匹兹堡大学也是其中之一。于是，北京大学的有关领导便交给侯仁之一个重要的任务：先把这两块城砖的照片和文字拓片带去，由他代表北京大学赠送给匹兹堡大学，并告知对方，城砖即将运到。

这当然是一件很光荣的事情，侯仁之欣然接受。不过，当时他也有些纳闷，不知道对方要这两块普普通通的城砖有什么用处？

等他到了匹兹堡大学之后，方才得知缘由，不禁十分感动。

在匹兹堡大学校园里有一座大厦，第一层中央大厅的四面，开辟了 18 间教室，每个教室都各以一个国家的名字命名，并按照这个国家的特色予以布置。比如“英国教室”，房间内布置得俨然是伦敦下议院的缩影，就连下议院在第二次世界大战中遭轰炸而被烧毁的一些建筑材料，也被收集来装修在这里。房间内的墙基上还嵌有一块附有铜牌说明的特殊砖头，是直接取自伦敦唐宁街的首相府。

这 18 个房间中有一间是“中国教室”。雕梁画栋，古色古香，天顶饰有藻井，四边悬挂宫灯，周遭陈设红木桌椅，壁上高悬孔子画像……房间里的一些细微之处也十分讲究，比如窗户的花格采用的是中国传统图案，红木椅背上刻着“循循善诱”四个大大的中国字，梁木上写着一些中国历史人物的名字，等等。在这异域的高等学府，看到这样一间充满中国情调的房间，让人感到格外亲切。

据匹兹堡大学的主人说，他们原本想把那两块北京的城砖镶嵌在这间教室的墙壁上，现在得知砖上还有文字，便考虑将其放在图书馆里公开展览，似乎更有意义。

赠送礼品的仪式也是在这座大厦的一间大厅里举行的。侯仁之在向主人出示城砖的照片和文字拓片时，特地说明："制造这城砖的嘉靖三十六年，是公历的1557年，也就是哥伦布发现美洲大陆以后的第65年。"这话立即引起一阵热烈的掌声和赞叹声。

不久以后，匹兹堡大学校长博斯沃专门致函北京大学校周培源，对顺利收到城砖表示感谢，还特地向侯仁之致意。后来，这两块城砖连同锦盒及文字拓片，被装入特制的玻璃橱柜，并配上详细的文字说明，放置在匹兹堡大

▲ 1980年，侯仁之代表北京大学向美国匹兹堡大学赠送明代北京城砖。右一为侯仁之的夫人张玮瑛。（侯仁之提供）

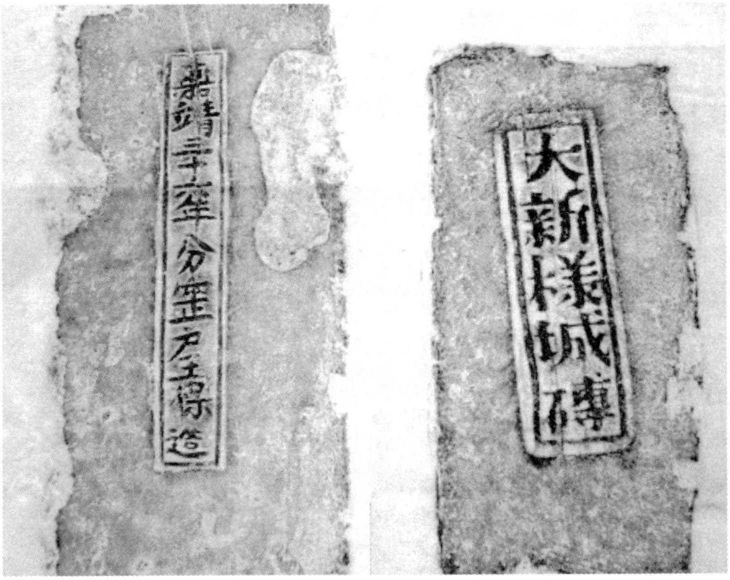

◀侯仁之代表北京大学向美国匹兹堡大学赠送的明代北京城砖拓片。（侯仁之提供）

学图书馆的东方图书部公开展出。匹兹堡大学对城砖极为珍惜，就连中国文物管理部门盖在上面的红色火漆印章也完好地予以保留。

这一次去美国和加拿大，侯仁之还有一个特殊的收获，他和张玮瑛专程前往波士顿，拜见恩师洪业。师生阔别 34 年，这是第一次见面，也是最后一次见面。这年的初冬，侯仁之与著名学者雷洁琼教授一起应邀出席在新奥尔良举行的美国社会科学学会成立 60 周年大会，由于行期短促，未能再去看望洪业老师。不料，12 月 23 日，洪业因病去世，侯仁之深为悲痛。

这两块城砖的故事看似平淡，却对侯仁之有极大的触动。说来不过是视同弃物的旧砖头，却被对方视为宝物，实在令人感慨。我们还有无数更为珍贵的东西，尚未得到如此的重视与爱惜，这是值得深思的。

1980 年，侯仁之加入了中国共产党；同年，又当选为中国科学院学部委员、院士。这不仅是一种光荣，还代表了更重的责任。作为一个以学术事业为生的学者、一个胸怀拳拳爱国之心的知识分子，他唯有以更加努力的工作来报效自己的祖国。

从 20 世纪 80 年代开始，侯仁之多次出国讲学，参加各种会议，进行广泛的文化交流。这些活动不仅大大开拓了眼界，也促进了中国与他国之间的了解。在孜孜不倦地虚心向国外同行学习的同时，侯仁之也在不遗余力地利用各种机会介绍中国、介绍北京、介绍历史地理学在中国的发展情况。

1982 年底，侯仁之接到美国康奈尔大学研究院院长卡萨瑞特的一封来信，他热情地赞扬了侯仁之在历史地理学研究方面取得的巨大成果，还提出了一个很好的建议："我了解到您近来对北京旧城和华盛顿城的中心部分，在规划设计上的相互比较有浓厚的兴趣，因此我愿意告诉您，我校有一个'康奈尔在华盛顿'的研究中心，吸引了很多建筑史的学者，不断利用这一条件，前往华府考察研究。如果您在 1983—1984 学年度能来校工作一年，讲学之外，主要是可以利用这一条件来进行您的研究。此外，我校还有十分丰富的关于中国和日本的藏书，可供您充分利用。"卡萨瑞特还特地说明，侯仁之的夫人张玮瑛作为历史学专家，也受到该校历史系邀请，可以同时前往。

这是一个十分难得的机会。不过，由于种种原因，直到 1984 年春天，侯仁之夫妇方得成行。

这次侯仁之在美国一共待了七八个月，时间看似不短，但安排的内容十分充实，倒显得有些紧张。

到康奈尔大学的头几个月，主要的内容是进行讲学和室内研究。而对侯仁之来说，此次前去的主要课题，仍然是希望深入进行有关北京与华盛顿两座风格迥异的城市在规划设计上的比较性研究，而这项工作是不能仅靠在案头完成的。所以，待学期结束，暑假刚刚开始，侯仁之便与张玮瑛赶赴华盛顿的康奈尔大学研究中心。巧的是，正当他在美国期间，华盛顿市的市长访问北京，5 月 15 日，华盛顿与北京结为友好城市，侯仁之的研究工作又增添了一层新的意义。

在此期间，侯仁之在张玮瑛的陪同下还去了一趟英国：由于侯仁之在历史地理学方面所取得的优异成果，利物浦大学决定授予他荣誉科学博士学位。

离别母校已经 35 年了，侯仁之还是第一次重返故地，并且见到了当年的导师达比教授。达比是专程从剑桥大学赶来表示祝贺的，他还特地邀请侯仁之夫妇前往剑桥游览。这是一次难得的相聚，侯仁之格外激动。遗憾的是时间太过短促，因为侯仁之还要赶回美国继续进行对华盛顿的考察。

对一座外国城市——这并非一座普通城市，而是美国的首都——进行全方位的实地考察，对侯仁之来说还是第一次，自然十分兴奋。更难得的是，张玮瑛的妹妹张玮琳、妹夫司徒灵得长期在华盛顿居住，是理想的向导。而小儿子凡兴不久前已经来美国，在西雅图的一所大学读书，适逢暑假，也特地赶来随同父亲进行实地考察，并协助拍摄照片。父子能借这样一个特殊的机会在国外相聚，实属难得，这也使考察工作充满了愉快的气氛。

▲ 1983年，侯仁之在美国华盛顿国会山考察。（侯馥兴提供）

由于事先周密的计划，在华盛顿的考察开展得有条不紊。正值盛夏，华盛顿的天气和北京一样炎热，因此他们一般都是利用早晨和傍晚较为凉爽的时候抓紧时间外出参观，午饭前后直到下午四时左右，重点进行室内工作。

有一天下午，侯仁之因为手头的一些事情没有做完，留在住处工作，凡兴自己带着照相机前往国会大厦拍摄外景。这次去的时间格外长，都吃过晚饭好久了，还不见他归来，大家不禁有些着急，生怕有什么意外。直到夜幕降临，他突然推门而入，大家才放下心来。

凡兴下午先去位于著名的绿茵广场西段的华盛顿纪念塔，利用夕阳西下时柔和的光线，拍摄了北侧的白宫和东面的国会大厦，然后直奔国会山，想借助那里较高的地势拍摄几幅俯瞰的全景。此时天色将晚，游人已经不多了。他刚登上山顶，便被一个警察拦住，很严肃地问他有没有许可证，如果没有许可证，是不许带三脚架到国会大厦来的。凡兴自然没有许可证，但他不甘心如此作罢，便说，有一位中国教授前来考察，对两国首都的城市规划进行研究，自己是助手，根据教授的要求来拍摄照片。没想到，那警察听过之后，当即把凡兴带到自己的办公室，马上给他办理了许可证。凡兴很顺利地拍摄了一些夜景。这样，自然回来得晚了。

像国会大厦这样重要的地方，似乎应是戒备森严的，没想到凡兴竟如此顺利。侯仁之很有些好奇，决定第二天和儿子再去一次，看看他那张许可证到底灵不灵。

与前一次不同的是，这天晚上国会山的人很多。本来那里有两条上山的道路，各有百余级台阶，此时台阶成了座席，还有许多人坐在自带的轻便椅子上，原来有一场露天音乐会要在这里举行。侯仁之和凡兴登上山顶的平台，上面游人不少，也有一些警察掺杂其间。凡兴大大方方地架起三脚架，还故意让父亲让开一些空间，企图引起警察的注意，看看他们有什么反应。不料，他摆弄了半天相机，走来走去的警察视若未见，毫不干预，他们不免有些扫兴。此时音乐会已经开始了，凡兴又换了个位置，想拍一下音乐会的全景。这次终于引来了一位女警察。她从人群中走过来，很有礼貌地轻声问了一句："Permit（许可证）？"凡兴很得意地也只回答了一句："Yes。"没想到，那女警察转身就走了。这件事给侯仁之留下了极深的印象。

华盛顿原名"联邦城"，是由美国第一任总统华盛顿亲自勘察选定城址并为其命名。后来，为了纪念这位伟人，便正式以他的名字命名。侯仁之在华盛顿所进行的深入而广泛的考察，对他在城市历史地理及城市规划方面的研究有极大的促进。他写道：

> 当我反复徘徊在华盛顿市中心的绿茵广场上，并且多次出入这里最重要的三大建筑——即国会大厦、华盛顿纪念塔和林肯纪念堂之后，使我进一步体会到，对于一个具有重要政治意义的城市，特别是一国的首都来说，判断其城市规划价值的重要标准，首先就在于它所企图表现的主题思想、是否通过其平面设计及其主要建筑，已经充分表达出来。我最初获得这一概念，来自对于北京旧城在规划设计上的研究。北京旧城作为我国封建时代的都城，其规划设计以及主要建筑，经过不断地缔造经营，终于把封建统治阶级"帝王至上"的这一主题思想最充分地体现出来。同样地，在我逐步了解到华盛顿作为资本主义上升时期一个新建立的联邦政府的统治中心，在它不断发展的过程中，也在企图通过规划设计及其主要建筑，把资产阶级独立自主和三权分立的主题思想表达出来。

通过这次考察，侯仁之相继写下了《从北京到华盛顿——城市设计主题思想初探》《华府采访拾零》等文章。前者从历史地理学的角度，对北京和华盛顿这两座首都城市的规划设计、发展及现状等问题进行了全面的介绍和分析，是一篇构思严谨、分量很重的学术论文；后者详细记述了在华盛顿进行考察的经历及感想，是一篇文笔优美、情节生动的散文。在这些文章中，侯仁之列举了大量考察实例，并结合丰富的历史资料，通过令人信服的论证，深入阐述了上述观点。

说来北京与华盛顿这两座分处不同大陆的城市，地理环境千差万别，文化背景各不相同，营建年代相去甚远，规划思路迥然而异，似乎难以找到任何相似之处。然而，出人意料的是，这“相似之处”不仅存在，而且极为明显，令人称奇。侯仁之说得明白：

在过去的规划设计上，北京和华盛顿既有形式上的类似之处，又有本质上的区别和差异。在形式上的类似之处，最突出的一点，就是两者从建城之始就各自选定了一条中轴线作为全城设计的出发点。在本质上的区别和差异，则在于两个城市在其最初的规划设计上，由于社会性质和文化传统的根本不同，所力求表达的主题思想，也就大不一样了。

关于北京城的起源及城址的变迁过程，我们在前面有过一些简单的介绍，现在继续这个话题，不妨直接从元大都说起。

学者们在介绍中国古代都城的建筑特点时，最常引用的一段文字是春秋时期成书的《周记·考工记》。那段话是这样说的：

匠人营国，方九里，旁三门，国中九经九纬，经涂九轨。左祖右社，面朝后市。

这段极其精要的叙述，实际是国都建设的基本规范。照此规定，作为国都的城市，在平面上应当是一个正方形，每边长九里，周长三十六里；每边的城墙设三座城门，全城共有十二座。城中街道纵横分割，各为九条，十八条交通要道正好将全城划分为一百个均等的区域，看上去很像一个放大了的围棋盘。每条街道的宽度是“九轨”——“轨”指“车辙”，也就是车轮的轨迹，在这里是用作长度的计量单位，两个车轮之间的距离为一“轨”，按照周制，一“轨”为八尺。对于“九经九纬”，也有人理解为三纵三横的九条街，每条街的宽度为三“轨”。

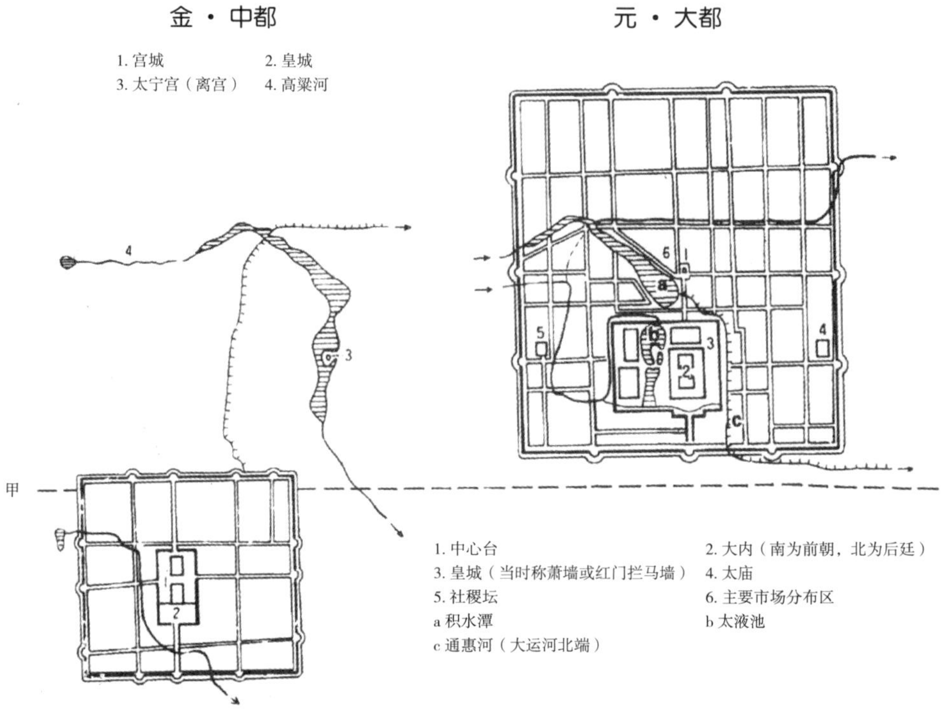

▲ 北京旧城城址变迁（金中都到明清北京）。（引自侯仁之《从北京到华盛顿——城市设计主题思想初探》）

在这里，还有两个重要的问题需要说明。

第一，中国的国都是“城中有城”，朝廷所在之处的皇城应为全城的中心。“中心”也可理解为“重心”，朝廷是统辖全国的“重心”所在，自然也应是“中心”。但对于一个幅员辽阔的泱泱大国来说，不可能正好将国都设在全部国土的正中。但在规划都城的时候，则可以争取做到这一点，把朝廷所在的皇城作为都城的中心。

第二，中心定位后，还要确定朝向。都城是以南为“上”、为“前”的，这是中国城市布局的主导方向。按照封建社会的正统观念，即“面南而王”。为什么“面南”如此重要呢？追根究底，是与中国所处的地理位置有关，冬季北风强劲，为了避风采光，房屋自然以背面朝北、正面向南为宜。走遍中国，从都城到乡镇、从皇宫到民居，差不多都是采用这样的方位。

说明了这两个问题，才能够解释“左祖右社、前朝后市”：皇城左面（即东侧）是供奉先祖灵位的处所，皇城右面（即西侧）为祭拜天下社稷的地方；

明・北京
（明朝前朝）

北京
（明中叶以后）

1. 钟楼（北）鼓楼　2. 万岁山（后改景山、煤山）
3. 紫禁城　4. 太庙
5. 社稷坛　6. 承天门（后改称天安门）
7. 天坛　8. 山川坛（后改称先农坛）

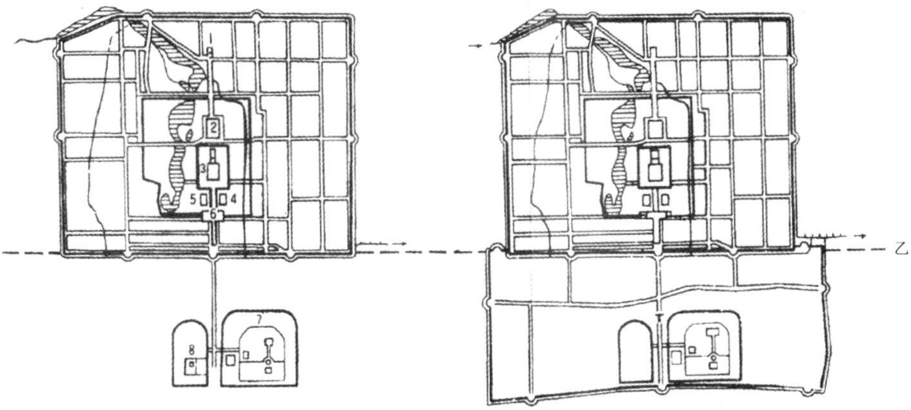

公元 1553 年加筑外城

（甲······乙虚线表示城址南北移动的相对位置）

0　4　8 公里

皇城之前（即南侧）面向外朝，皇城之后（即北侧）为贸易市场。

古人设想的完美的国都，就应当是这么一个格局。

元大都的建设，基本是按照上述原则规划设计的。首先，将全城的几何中心点确定在如今的鼓楼后面不远处。由此向南，是皇城的位置。

细心的读者马上就会发现一个明显的问题：前面不是一再说，皇城应当在都城的中心，而元朝的皇城（即“大内”）为什么不在这个中心点上呢?

这是因为，一座城市不能没有水。无水之城，只能是一座“死城”。所以，都城的建设首先必须考虑水系的利用与安排，而不能完全拘泥于古制。

大都城的水自西北而来，拐了一个弯，形成一连串湖泊，就是后来的什刹海与“三海”，这是北京的生命之水。大都城的中心点设在这拐弯处的东北岸。这一串湖泊的南半部分，被圈入皇城，成为皇家苑林的中心。顺便说一

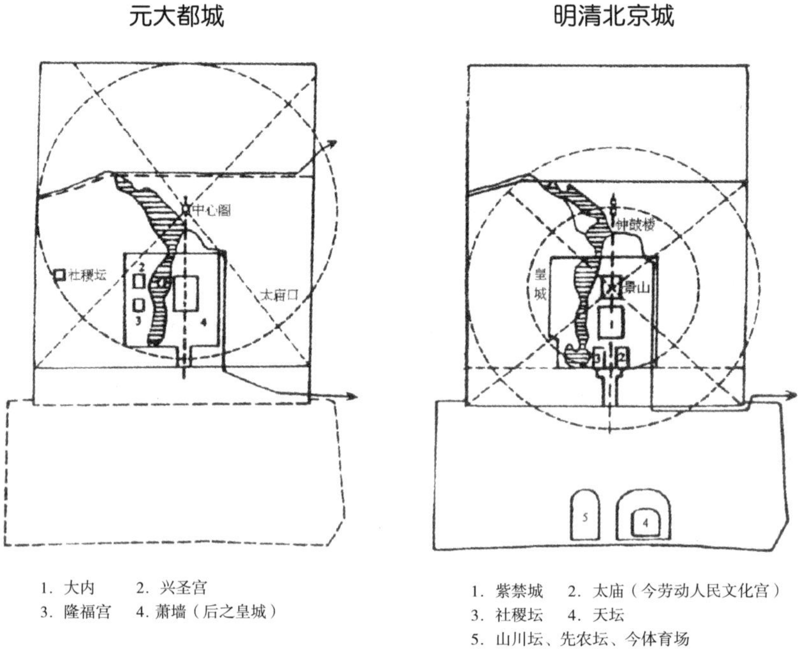

▲ 北京旧城平面设计的演变示意图。（引自侯仁之《北京紫禁城在规划设计上的继承与发展》）

句：元大都城垣南北较长、东西稍短，并非理想的正方形，也是出于合理利用河湖水系的原因。

皇城的格局是对称的，它的对称中心，取自由全城中心点向南的延长线。这条延长线就是大都城的中轴线。

明代将大都改称“北京”，城市位置整体南移，中心点随之而至景山中峰。后来又在中轴线南部延长线的两侧兴建天坛与山川坛（后改称先农坛），继而又加筑外城，形成举世无双的“凸”字形城垣。如侯仁之所说：

> ……终于出现了纵贯内外两城长达八公里的新轴线，并且给人以一种整体感，好像内外两城是同时设计，一气呵成的。这也显示出凸字形的城垣轮廓，比起任何一种矩形轮廓（如元大都和明初北京城的轮廓），更能给人以一种稳定感。正是这种全城平面布局上的整体感和稳定感，从美学观点上引起了西方建筑学家和城市规划学者的无限赞叹。

当然，当初设计这条中轴线的目的，主要不是为了表达美学方面的意义，而是突出展现“天下一统”和“择天下之中而立国”的封建正统观念。

▲"左祖"——供奉先祖灵位的太庙。(摄于 2005 年)

▼"右社"——社稷坛的五色土。(摄于 2005 年)

▲ 北京旧城中轴线的北端——钟楼。（摄于 2005 年）

1276 年，大都城主要建筑基本完工；1285 年，所有城建工程竣工。它的设计师是位天才，原名刘侃，因深得忽必烈赏识，赐名“秉忠”。参与元大都设计的，还有刘秉忠的学生郭守敬。郭守敬也是一位杰出的科学家，为改造元大都的水系做出了卓越的贡献。如今，在什刹海西海北沿的汇通祠中设有郭守敬纪念馆，其中陈列着不少与当初筑城时进行水利建设有关的资料和展品。

▲ 北京旧城中轴线的南端——复建于2004年的永定门。（摄于2005年）

负责美国首都华盛顿规划与设计的，也有一位优秀的主持者，即法籍工程师朗方。

与元大都竣工时隔500多年，即1791年，美国国会授权第一任总统华盛顿为首都选址。经实地考察，他将城址选在大西洋海岸中部由两条河流构成的一个三角形地带。为叙述方便，我们将这两条河中的主流简称“波河”，支流简称“安河”。三角形地带的中心是一座名为“仁金斯山”的小丘，四周有几条小河。朗方一眼看中了仁金斯山，认为这正是联邦政府中心建筑最理想的天然基座，因此当即决定将其定为全城的中心点。这就是后来国会大厦的所在地——“国会山”。

中心点确立后，以其为基准，再拟定首都东西方向的中轴线。这条中轴线自波河东岸至安河西岸，全长5.5公里，设为一条宽敞的绿地，即“绿茵广场”。

1800年10月，美国政府各部门以及七万多军政官员和文职人员，在一

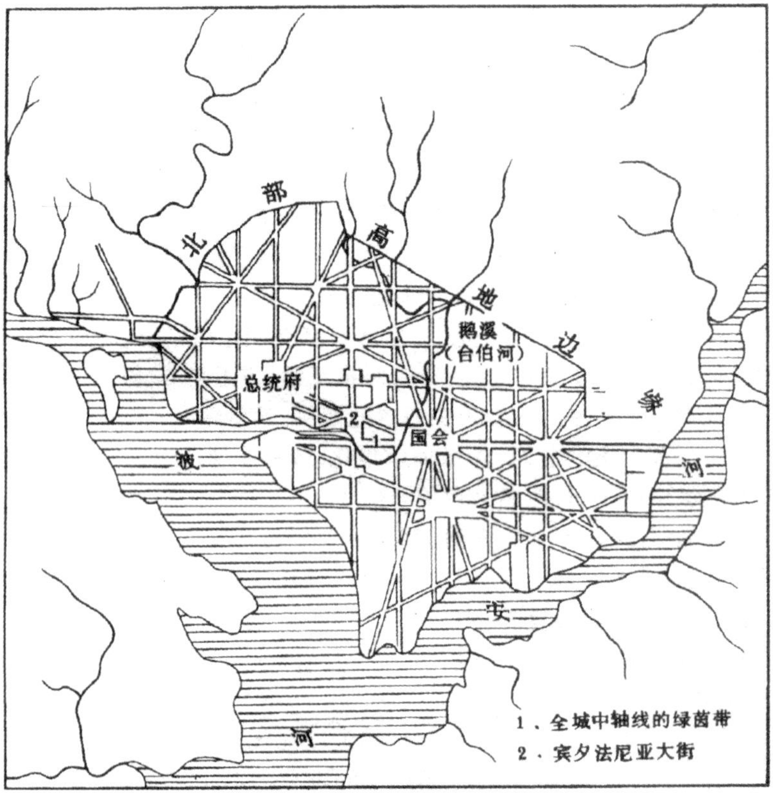

▲ 华盛顿城初定时的地形示意图及主要街道轮廓。（引自侯仁之《从北京到华盛顿——城市设计主题思想初探》）

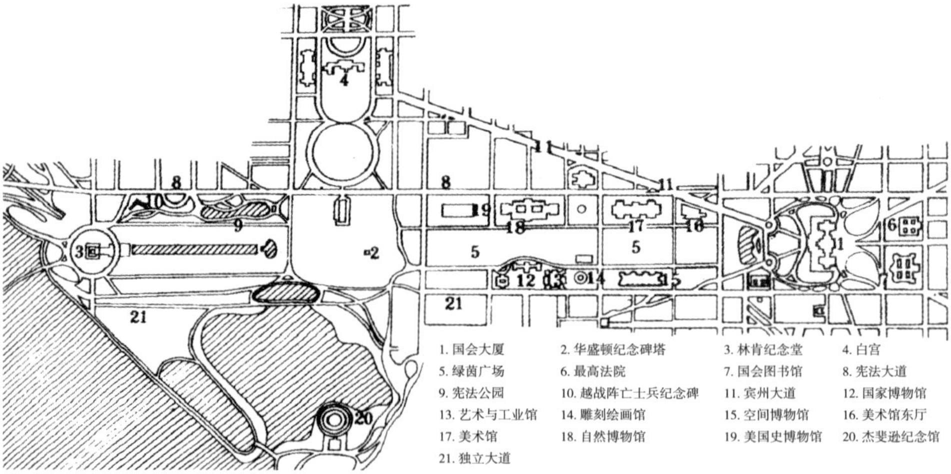

▲ 华盛顿城中轴线上的绿茵广场。（引自侯仁之《从北京到华盛顿——城市设计主题思想初探》）

个月内全部由费城迁至初具规模的华盛顿。但华盛顿城并不是在有限的时间里集中建成的，而朗方的设计思想起初也没有得到应有的重视，有些建筑——比如1847年开始兴建的国家博物馆居然侵入绿茵广场界内。由于种种原因，许多建筑也不是完全处于中轴线上。不过总的说来，许多重要的建筑——像白宫、华盛顿纪念塔等——仍集中在这条中轴线的附近。而后来由于填平中轴线西端的沼泽地建成波河公园，使中轴线本身向西延长了许多，长度达到了7.3公里。1922年，在这西端低地上兴建了林肯纪念堂，使它成为中轴线的西端起点。

而林肯纪念堂的存在，还赋予这条中轴线所代表的主题思想以新的含义。

侯仁之写道：

立足在林肯像前，回首东望，越过中央耸立的华盛顿纪念塔和辽阔的绿茵广场，自然就会把一个人的思路，一直引向白色穹顶的国会大厦，这也会促使人们联想到林肯为美利坚合众国的缔造所做出的重大贡献。

……从象征意义上说，林肯纪念堂兴建在华盛顿全城中轴线上的起点上，应该看做是朗方最初所赋予它的天赋人权这一主题思想的一个发展，可是这始终还是一个远未实现的理想。

北京旧城与华盛顿最大的相似之处，就在于有一条长度几乎相同的中轴线。而最大的不同，是前者具有完整规范的城垣，而后者完全以河流和高地边缘作为城界。实际上，美国从无修筑城垣的传统，也没有一座城市建有城垣。

侯仁之认为：

朗方设计最突出——也是影响最为深远的一点，就是他确定了以国会山为中心的主轴线，并把主轴线上计划作为绿茵广场的位置固定下来，从而为日后华盛顿城核心地区的发展，奠定了基础。华盛顿城主轴线上的这一段和北京旧城中轴线上从景山到正阳门的一段，在全城布局上的重要性极为相似。但是彼此所反映的在设计上的主题思想，却截然不同。在北京旧城力求突出的是“帝王至上”，在华盛顿城则企图反映的是“人权为主”。因此，两者在空间处理上也就截然不同。前者是严格的封闭型，后者则是完全的开放型。思想内容不同，表达的形式也就因之而异了。

以上所说的，基本是北京旧城和华盛顿城初期建设时的主题思想。随着社会的发展，城市也在不断地变化，如何确立新的、符合时代潮流的城市规划设计主题思想，是至关重要的。

其实，在此次赴美国之前，侯仁之就曾在他的《北京旧城城市设计的改造》一文中提出：

> 在进行现代化建设的过程中，结合自己的具体情况，注意吸收外国一切先进的科学技术是必要的。但是在发展社会主义新文化的过程中，如何从自己的历史文化遗产中吸取一切有价值的部分，乃是一个更加重要也更加复杂的课题。

对于这个问题，通过在华盛顿所进行的实地考察和研究，侯仁之有了更进一步的认识。

在将近200年的时间里，以绿茵广场作为华盛顿城中轴线的核心部位，相继建成了大量带有各个不同历史时期特点的新建筑。除了显示中轴线的主体建筑——林肯纪念堂、华盛顿纪念塔、国会大厦、最高法院以及偏于一隅的白宫，在广场南侧还建有国家博物馆、艺术与工业馆、雕刻绘画馆、空间博物馆，北侧建有美术馆及其东厅、自然博物馆、美国史博物馆，等等。此外，甚至还有一个在越南战争中阵亡以及失踪战士的纪念碑。尽管这座纪念碑置于此处未必适宜，但它那强烈的时代特色却是十分鲜明的。

与华盛顿城相比，有700多年历史的北京旧城具有更为深厚的文化底蕴。如何改造这座历经沧桑的古老都城，是侯仁之久久思索的问题。他相继写下了《试论北京城市规划设计建设的两个基本原则》《北京：历史文化名城的性质和特点》等一系列文章，旗帜鲜明地提出了自己的观点。他指出，北京的城市规划建设，必须明确这样两个基本原则：“第一，一定要站在创造社会主义新文化的高度上，来看北京城的规划和建设，特别是北京旧城的改造。不然，就丢了大方向。第二，一定要在北京城的规划和建设中——特别是在旧城的改造中，要坚持突出社会主义新时代的主题思想。不然，就要陷于支离破碎，面目全非。”他认为：“旧城的改造，必须立足于创造社会主义新文化的高度上，对于固有的特殊风貌，既要有所继承，又要有所创新。”

通过分析以往的情况，他在许多具体问题上进行了全面而客观的总结。比如，对于天安门广场的改造，他便给予了充分的肯定：

30多年来在首都建设的实践中，既有像对城墙那样处理不当的教训，也有在旧城改造中符合上述原则的成就，其中最重要的一例就是天安门广场的改造。封建时代的天安门广场，原是有计划地设在皇城正前方的一处宫廷广场……这个宫廷广场是专为举行隆重典礼之用，老百姓严禁涉足。全城设计的主题思想，就集中表现在紫禁城和这座宫廷广场的中心位置上。用文字来说明，它所力求表现的就是封建帝王的“至高无上，唯我独尊”。把这样一个主题思想，通过城市规划的平面设计表示出来，从而达到这样一种艺术高度的，在古今中外的封建国都中可以说是罕有其匹。现在经过改造的结果，新出现的天安门广场已成为社会主义新时代全国人民一心向往的政治活动中心。而封建时代雄踞全城之上的紫禁城也就相应地被推到了广场“后院”的次要位置上，成为人民群众展示其伟大艺术创造的博物馆。从这时起，天安门广场在历史形成的基础上继续有所变化，它的位置如旧而景象日新，从而显示出人民首都的一种特殊风貌。这其间既有继承，又有创新，最根本的一点就是它旧日在设计上的主题思想，已经完全为一个新时代的主题思想所代替，这个新的主题思想就是“人民至上”。

针对几十年来在北京旧城改造中所出现的一些原本可以避免问题，他感到十分痛心：

北京旧城无可比拟的特殊风貌，只是由于它乃是我国历史上最后出现的一个封建国都而逐渐形成的，因此在规划设计上能够集历代都城建筑艺术之大成，其中最突出的一点就是它的整体性。不幸的是过去对它在规划设计上的这种整体性认识不足，因而造成了无可挽救的损失。最突出的一例，就是它那有数百年历史的城墙已被拆除，和城墙共存的巍峨城楼，除去个别的被孤立地保留下来之外，也已不复存在。

他尖锐地指出：

北京这座历史文化名城在目前的发展形势下所面临的一个十分突出的问题，就是建筑上的民族形式如何继承和发展的问题……必须看到为了进行现代化建设，更重要的是要立足于创造社会主义新文化的高度上来瞻望我国未来建筑的新发展，为此而主动地、有创造性地去吸收外来建筑之长以补我之短，也是完全必要的。关键的问题是在于识别哪是精华、哪是糟粕，绝不能一味模仿、生搬硬套，更不能毁我精华而代之以外来的糟粕。

对于北京今后的发展方向，侯仁之还提出了大量诚恳的意见和建议。

如今时间又过去了30来年，面对眼前这座“日新月异”的北京城，重新回顾侯仁之当年所说的那些话，我们不能不感到，这些年来，有许多“毁我精华而代之以外来糟粕”的事情是值得深刻反思的。

在华盛顿考察期间，还有一件巧事，就是参加首届“朗方日”的纪念活动。

作为华盛顿城的总设计师，朗方本人的命运颇为悲惨。由于在拆迁问题上得罪了某位权贵，他竟被撤销了主持建城的职务，只给予极少的补偿。朗方性情高傲，拒绝接受，认为这是对自己的极大污辱。他自己另寻工作，不幸失业，只能借住朋友家中。后来他要求政府支付当初一年的工资以及规划图纸等其他费用，共计95000元，最终却只得到1594.20元。1825年6月14日他去世的时候，全部遗物仅值46元。

直到20世纪初，朗方对建设华盛顿城所做出的贡献才得到认可。1909年4月28日，政府将他的遗体迁葬至波河对岸的阿灵顿国家公墓，在墓碑上，镌刻着他的华盛顿城规划示意图。为纪念这位了不起的人物，华盛顿市长宣布1984年8月6日为“朗方日”，侯仁之有幸应邀出席了纪念活动。想到朗方那坎坷的命运，让人难免感慨不已。

在华盛顿和康奈尔大学的工作终于结束了。除了在学术研究上取得了极有意义的成果，还发生了一件重要的事情：侯仁之有机会促成了一件意义极其深远的重大举措，这就是中国参加《保护世界文化和自然遗产公约》。

在美国期间，侯仁之在与外国同行接触的过程中，第一次听说，国际上有一个《保护世界文化和自然遗产公约》。许多学者都说，中国历史悠久，有无数极其珍贵的文化遗址和著名的风景胜地，为什么不加入这个公约，让世界更好地了解中国呢？

看来，加入这个《保护世界文化和自然遗产公约》还真是一件值得重视的大事情呢！

1972 年 10 月 17 日至 11 月 21 日，联合国教育、科学及文化组织大会第十七届会议在巴黎举行，会议讨论的一项重要议题，是曾在上届会议中提出的有关保护全世界文化和自然遗产的问题。

在地球形成和人类发展的漫长历史中，形成了无数自然景观和人类文化产物，它们是全人类共同的财产。但是，由于种种原因，这些宝贵的遗产越来越受到破坏的威胁，而具体到某个国家，又往往缺乏完善的保护手段。会议认为："……保护不论属于哪国人民的这类罕见且无法替代的财产，对全世界人民都很重要；考虑到部分文化或自然遗产具有突出的重要性，因而需作为全人类世界遗产的一部分加以保护；考虑到鉴于威胁这类遗产的新危险的规模和严重性，整个国际社会有责任通过提供集体性援助参与保护具有突出的普遍价值的文化和自然遗产，这种援助尽管不能代替有关国家采取的行动，但将成为它的有效补充；考虑到为此有必要通过采用公约形式的新规定，以便为集体保护具有突出的普遍价值的文化和自然遗产建立一个根据现代科学方法制定的永久性的有效制度"，从而于 1972 年 11 月 16 日议决通过了《保护世界文化和自然遗产公约》，通常简称"世界遗产公约"。

1976 年 11 月，第一届《公约》成员国大会在肯尼亚首都内罗毕举行，世界遗产委员会自此正式成立，以负责《公约》的实施。同时，还建立了世界遗产基金。

侯仁之了解到上述情况后，认为这是一件大事。回国后，立即开始积极努力促进此事。作为全国政协的委员，他起草了一份提案，在具体介绍了有关"世界遗产公约"的情况后，继续写道：

> ……我为文明古国，地大物博，无论是在上述的文化遗产或自然遗产中所拥有的具有世界性重大价值的，而且是应该积极予以保存和保护的对象，历历可数，其中为举世所公认并已得到国际友人主动赞助进行维修和保护的，如万里长城和卧龙熊猫自然保护区，即分别属于上述的文化遗产和自然遗产两大类别之中。但是我国迄今尚未参加《保护世界文化和自然遗产公约》，因此也不能享受由签约国所应该享受的一切权益，更无助于推动这项有益于全人类的国际文化合作事业。
>
> ……现在我国实行开放政策，除去注意引进有利于我国四化建设物质文明的各项技术、设备和资金外，也应该积极参加并推动既有益于我

国，也有益于世界人民精神文明的国际文化科学事业。因此建议我国尽早参加《保护世界文化和自然遗产公约》，并准备争取参加世界遗产委员会。

提案写好后，侯仁之征得阳含熙、郑孝燮、罗哲文三位政协委员的同意且联合签名，在 1985 年 4 月召开的第六届全国政协第三次会议上正式提出，并获通过。

1985 年 12 月 12 日，中国终于成为“世界遗产公约”缔约国，并自 1987 年开始进行世界遗产的申报工作。1987 年 12 月，在世界遗产委员会第十一届全体会议上，中国的故宫博物院、周口店北京人遗址、泰山、长城、秦始皇陵（含兵马俑坑）、敦煌莫高窟六处文化与自然遗产被列入《世界遗产名录》。1999 年 10 月 29 日，中国当选为世界遗产委员会成员。

2004 年 6 月 28 日，第二十八届世界遗产大会在中国江苏省的苏州市召开。将近 20 年间，中国拥有的世界遗产数量已经位居世界第三位，达到了 30 项。

又过了 22 年，至 2016 年 7 月，中国的世界遗产已经有 50 个，它们分别是：31 处世界文化遗产，即周口店北京人遗址，甘肃敦煌莫高窟，长城，西安秦始皇陵及兵马俑坑，明清故宫（北京故宫及沈阳故宫），武当山古建筑群，曲阜孔庙、孔林、孔府，承德避暑山庄及周围寺庙，布达拉宫（大昭寺、罗布林卡），苏州古典园林，山西平遥古城，云南丽江古城，北京天坛，北京颐和园，重庆大足石刻，皖南古村落西递、宏村，明清皇家陵寝，河南洛阳龙门石窟，四川青城山和都江堰，大同云冈石窟，高句丽王城、王陵及贵族墓葬，澳门历史城区，安阳殷墟，开平碉楼与村落，福建土楼，河南登封天地之中古建筑群，元上都遗址，云南红河哈尼梯田，中国大运河，丝绸之路（起始段和天山廊道的路网），中国土司遗址；11 处世界自然遗产，即四川九寨沟，四川黄龙，湖南武陵源，云南三江并流，四川大熊猫栖息地，中国南方喀斯特，江西三清山，中国丹霞，中国澄江化石地，中国新疆天山，湖北神农架；4 处世界文化与自然遗产，即山东泰山，安徽黄山，四川峨眉山及乐山大佛，福建武夷山；4 处世界文化景观遗产，即江西庐山，山西五台山，杭州西湖文化景观，左江花山岩画文化景观。

此外，还有数量在不断增加的“人类口头遗产和非物质遗产代表作”，比如蚕桑丝织技艺、福建南音、南京云锦、安徽宣纸、贵州侗族大歌、广东粤剧、《格萨尔》史诗、浙江龙泉青瓷、青海热贡艺术、藏戏、新疆《玛纳斯》、蒙古族呼麦、甘肃花儿、西安鼓乐、朝鲜族农乐舞、书法、篆刻、剪纸、雕版印刷、传统木结构营造技艺、端午节、妈祖信俗、中医针灸、京剧……

当人们读到这长长的名单的时候，一定不会忘记被誉为“中国‘申遗’第一人”的侯仁之。

拾玖

十九 钟情北京

北京——知之愈深，爱之弥坚……

——侯仁之

侯仁之是一个勤于笔耕的学者。据粗略的统计，仅 20 世纪 80 年代，他出版和发表的学术专著、论文以及其他各类文章便有 60 余种。这是一个很不完全的数字，因为还有许多散发于各种报刊的短文尚无法统计。通过这些文章，我们不难从另一个侧面了解充溢在侯仁之胸中的那股澎湃的爱国激情。

当然，“爱国”不是泛泛的空话。借用一句领袖的语录：“世上没有无缘无故的爱。”有了解才会爱。起码，我们应当知道为什么爱，应当知道该爱什么。

侯仁之觉得自己应当为这份爱做些什么。

其实，早在“文革”以前那十几年，侯仁之就不断在报刊上发表文章，写风景名胜，写大好河山，写历史典故，写地理知识，写名人事迹，写良师风范，写自己的成长道路和人生感悟……“十年动乱”结束后，思想上的禁锢被彻底打破，侯仁之更是一发而不可收。

值得注意的是，在这些文章中，最主要的题材便是北京。

在北京生活了四分之三个世纪，它已经成为侯仁之真正的故乡，更何况这又是一座多么美丽、多么可爱的城市啊！

侯仁之不仅写，还要讲。

我的朋友——北京大学新闻与传播学院教授、博士生导师萧东发说：“我初进北大，印象最深的一门入学教育课就是侯仁之先生讲北京，这门课令许多北大人终生难忘，受益无穷。”他曾有幸聆听过侯仁之的课程“历史上的北京”，那是“文革”结束后的事情。其实，侯仁之的这堂课早在 20 世纪 50 年代就开讲了。那时，每年新生入校所听的第一堂课，就是“侯仁之讲北京”。开始只有新生听，是在阶梯教室讲，后来许多高年级学生仍想重温，加上还有不少蹭课的学生，人越来越多，只得搬到大礼堂去讲。那时侯仁之 40 多岁，风华正茂。一位北大的老校友回忆道：“……他总是如青年般朝气蓬勃，热气蒸腾。他有着诗人的气质，易激动，满怀激情，讲起话来声音洪亮，富于鼓动性，很适合青年学生的口味。他住在燕南园，我常见他从林木荫荫中疾步走出，腋下夹着个黑皮包，昂首阔步地走在未名湖畔的石径上，发出鼞鼞的声响。他看见学生总是微笑着点点头，有时也答上两句话，又匆匆离去。他那宽宽的前额，黑边眼镜下含笑的眼睛，流溢着青春的光彩。”

由于“文革”，课程中断了。“文革”后继续开讲，一直讲到侯仁之因年事已高退出讲台，前后讲了 20 多年，这也可算是北大历史上的一件奇事吧。

北京这座城，真的有那么多说不完的东西吗？

有。太有了！

历朝历代，多少年来，尽管有无数专家学者怀着极大的兴趣、付出了极大的精力来研究北京，但这古老而美丽的城市却如同传说中的聚宝盆，永远有挖掘不尽的题材，永远有尚未彻底解开的谜团，永远有期待后人填补的空白。

比如，尽管人们对于北京建城的起因及过程已经有了比较全面的了解，但是，它最早建城的具体年代，却是长期未曾定论的一个大问题。

改革开放以来，中国加强了对外交往，北京也与世界上许多国家的首都结为友好城市。如果连自己的历史也说不清楚，就好像我们总说应当敬爱自己的父母，却不知道他们的生日具体是在哪一天，这未免有些说不过去。

作为历史地理学家，侯仁之认为有必要尽早解决这一悬而未决的历史之谜。经过仔细而慎重的研究，他在 1990 年的第 2 期《地理知识》杂志上发表了“迎接北京建城 3035 周年”一文，通过严谨的论证，正式提出自己的看法：

> 初步建议考虑北京建城之始的问题，始于 1987 年。就在那一年的青年节那一天，我曾写信给北京市的领导，建议应尽早考虑研究北京建城之始究竟在那一年。现在，根据研究成果表明，北京建城的时间可以上溯到 30 个世纪以前，故 1990 年则是北京建城 3035 周年。

侯仁之提出这一见解，是在详尽考证大量历史资料的基础上，结合有关学者对古代天象的最新分析结果而进行的合理推断：

> 武王伐纣后正式建立诸侯国的时候，北京附近的“蓟”、“燕”，已经初步具备了城市功能，即为北京建城之始。大约在东周初年，日益强盛的燕国已经征服了蓟国，并且迁都到蓟城，遂有燕都蓟城之称。日后北京又称燕京，来源于此。……按西周纪年，唯《史记·鲁世家》所记较详，因此武王伐纣在十一年，当无问题。

那么，“周武王十一年”折算为公历纪元又应当是哪一年呢？有关专家通过对国内外 20 余种不同论点所做的总结分析认为，最有价值的是利用天象和历法加以推算而获得的结果，即“只有确定武王伐纣在公元前 1045 年”才最为可信。侯仁之据此得出初步的结论：北京最早建城时的名字为“蓟”，时间是公元前1045年。

他的这一推断得到了学界认可。1995年，为纪念北京建城3040年，北京市在宣武区广安门外的滨河公园建起一座“蓟城纪念柱”，并特请侯仁之撰写《北京建城记》碑文：

北京建城之始，其名曰蓟。《礼记·乐记》载，孔子授徒曰：“武王克殷反商，未及下车而封黄帝之后于蓟。”《史记·燕召公世家》称：“周武王之灭纣，封召公于北燕。”燕在蓟之西南约百里。春秋时期，燕并蓟，移治蓟城。蓟城核心部位在今宣武区，地近华北大平原北端，系中原与塞上来往交通之枢纽。

蓟之得名源于蓟丘。北魏郦道元《水经注》有记曰：“今城内西北隅有蓟丘，因丘以名邑也，犹鲁之曲阜、齐之营丘矣。”证以同书所记蓟城之河湖水系，其中心位置适在今宣武区广安门内外。

蓟城四界，初见于《太平寰宇记》所引《郡国志》，其书不晚于唐代，所记幽州蓟城“南北九里，东西七里”，呈长方形。有可资考证者，即其西南两墙外，为今莲花河故道所经；其东墙内有唐代悯忠寺，即今法源寺。

时至辽代，初设五京，以蓟城为南京，实系陪都。今之天宁寺塔，即当时城中巨构。金朝继起，扩建其东西南三面，迁都于燕，改称中都，是为北京正式建都之始。惜其宫阙苑囿湮废已久，残留至今者唯鱼藻池一处，即今宣武区之青年湖。

金元易代之际，于中都东北郊外更建大都。明初缩减大都北部，改称北平；永乐登极，始称北京。其后展筑南墙，是为内城；及至明中叶，加筑外城，乃将古代蓟城之东部纳入城中。历明及清，相沿至今，遂为我人民首都之规划建设奠定基础。

综上所述，今日北京城起源于蓟，蓟城之中心在宣武区。其地承前启后，源远流长。立石为记，永志不忘。时在纪念北京建城之三千又四十年。

“蓟城纪念柱”原高六米，后因城市建设速度加快，周边环境发生很大变化，又于2002年重建，高度升至九米。侯仁之对碑文曾有所修改，使措辞更为严谨。

▶ 北京宣武区广安门外滨河公园里的蓟城纪念柱。初建于 1995 年，重建于 2002 年。（摄于 2005 年）

▼ 侯仁之撰写的《北京建城记》碑文。（摄于 2005 年）

▲ 滨河公园西面的辽代天宁寺塔。（摄于 2005 年）

“蓟城纪念柱”所在的宣武区滨河公园，始建于 20 世纪 80 年代。它北起西便门，南至右安门外西南角，因紧靠原北京旧城的西护城河而得名。如侯仁之所说：“这一带地方是自古以来北京城早期城址上最重要的一条中心地带。”如今在其周边地区仍保存有大量古迹，如北部西侧的辽代天宁寺塔、东面不远的唐代悯忠寺（即现在的法源寺），等等。有人认为，周初燕国迁都至蓟城以后，建筑的宫殿遗址就应当在公园北端附近；金中都的宫殿废墟则基本位于公园中南部。但是，由于

▲ 滨河公园东面城内的唐代悯忠寺（即现在的法源寺）。（摄于 2005 年）

前些年在进行城市建设的时候缺乏远见，以至于这些珍贵的历史遗迹完全消失在新建的小区下面了。因此，侯仁之曾数次撰文，除指出滨河公园的建设“有不可忽视的历史意义”，还再三强调“在邻近公园的地方，还有古代的遗址遗物，大可值得珍视”。尤其是公园西侧为金中都中轴线所在的地方，应有当时大安殿的基址——大安殿地位甚高，相当于后来紫禁城中的太和殿。而且，在大安殿西南不远处，有金中都鱼藻池遗址。侯仁之建议：“现在这处残余的遗址或许还有挽救的余地，如果能够加以整治，注以清流，绕以丛林绿地，岂非一举两得？”后来，在建设施工当中，果然发现了金中都大安殿与大安门的故址；同时，鉴于鱼藻池遗址与研究金中都城宫苑位置方位有极为重要的关系，有关方面将其列为北京市文物保护单位。这些实可让人感到宽慰。

金中都在北京城的变迁过程中占有很重要的位置。1153 年，金中都建城，这被确认为北京建都之始。2003 年，为北京建都 850 周年，北京市又在“蓟城纪念柱”南面、滨河公园内的金中都大安殿遗址上筑起一座造型独特的“北京建都纪念阙”。

“阙”是古代皇宫或神庙、陵墓前的专用建筑物，具有装饰和象征的作用。“北京建都纪念阙”高 12 米，北面的花岗岩地面上，有一个青铜质地的示意图，是“金中都城与明清北京城位置对照图”。纪念阙南、北两面的基座上镌刻着“金宫殿故址”的字样，西面有北京市宣武区人民政府的《北京建都纪念阙记》，东面是侯仁之撰写的《北京建都记》：

> 北京古城肇兴于周初之分封，初为蓟。及辽代，建南京，又称燕京，为陪都。金朝继起，于贞元元年即公元 1153 年，迁都燕京，营建中都，此乃北京正式建都之始。其城址之中心，在今宣武区广安门南。
>
> 金中都以辽南京旧城为基础，扩东、南、西三面有差，而北面依旧。城池呈方形，实测四面城墙，东长 4510 米，西长 4530 米，南长 4750 米，北长 4900 米。四面城垣各开三门，北城垣复增一门，共十三门。城内置六十二坊，前朝后市，街如棋盘。
>
> 皇城略居全城中心，四面各一门。正南宣阳门内有街直通皇宫应天门前之横街，两侧建千步廊，廊东有太庙，西有中央衙署。宫城位居皇城东偏，宫室建筑分为三路，结构严谨。中路殿宇九重，前有大安、仁政两殿，为常朝之所，后有后宫，为帝、后所居。主殿大安殿建于三层露台之上，规模宏伟。东路有东宫、寿康宫、内省诸建筑，西路有蓬莱院、泰和宫等

▲ 北京宣武区广安门外滨河公园里的“北京建都纪念阙”，建于 2003 年。(摄于 2005 年)

◀ 北京建都纪念阙基座下的“金中都城与明清北京城位置对照图”。(摄于 2005 年)

建筑。宫城内西南隅凿鱼藻池，建鱼藻殿，以为宫城之内苑，故址即今白纸坊桥西之青年湖。宫城迤东置太子东宫，迤西为同乐园，有瑶池等湖泊。

中都城之扩建，将西湖即今之莲花池下游河道纳入城中，导流入同乐园湖泊及鱼藻池，又经皇城前龙津桥下，转而向南，流出城外。公元1990年，在右安门外大街迤西之凉水河北岸发现其水关遗址，已就地建为辽金城垣博物馆。中都近郊建有行宫多处，其最著名者为万宁宫，故址在今北海公园处。元朝继起，就其址规划扩建大都城，遂为今日北京城奠定基础。

公元1990年西厢道路改造，市文物研究所沿宣武区滨河路两侧，探得金中都宫殿夯土十三处，南北分布逾千米，并作局部发掘，从而确定应天门、大安门和大安殿等遗址位置。公元2003年为金中都建都850周年，应宣武区人民政府之约，撰文以记北京建都之始，刊石于金中都大安殿故址之前。

以上两篇碑文，极为精要地阐述了北京城自建城至立都的演变过程，凡对北京真正有兴趣的人应当为之一读。能有如此漫长历史，遗有无数珍贵史迹，且能将旧有格局基本保存完好的城市，世上唯此一座。我们怎能不爱护它、珍惜它！

当然，时代是要前进的，城市是要发展的。如何在进行城市建设的过程中使“旧貌”与“新颜”共存，在建设“现代化国际大都市”的同时保留古城深厚的文化底蕴，尤其需要避免的是，“毁我精华而代之以外来糟粕”的行为，这是必须给以充分重视的大问题。否则，我们将愧对子孙！

早在1991年，侯仁之便提出了关于北京城市规划设计中的“三个里程碑”的观点。1994年，他写出《试论北京城市规划建设中的三个里程碑》一文，发表在当年的第六期《城市规划》杂志上。

侯仁之认为：

第一个里程碑是历史上北京城的中心建筑紫禁城。它的建成至今已有570余年，代表的是封建王朝统治时期北京城市建设的核心，也是中国传统建筑艺术的一大杰作。到今天它依然屹立在全城空间结构的中心，但已不仅仅是中国人民的艺术财富，而且已被列为“世界文化遗产”，享誉全球。

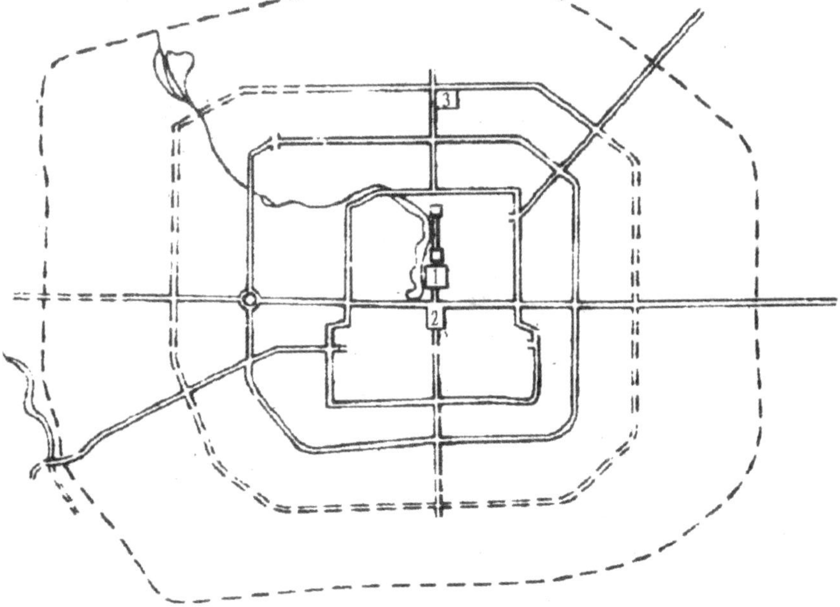

1. 紫禁城　　2. 天安门广场　　3. 国家奥林匹克体育中心

▲ 北京城市规划建设三个里程碑设想示意图。（引自侯仁之所著《试论北京城市规划建设中的三个里程碑》）

> 第二个里程碑就是新中国建立之后，在北京城的空间结构上、突出地标志着一个新时代已经来临的天安门广场。它赋予具有悠久传统的全城中轴线以崭新的意义，显示出在城市建设上“古为今用，推陈出新”的时代特征，在文化传统上有着承前启后的特殊含义。
>
> 第三个里程碑如上所述，最初是由于亚运会的召开和国家奥林匹克体育中心的兴建，才开始显示出北京走向国际性大城市的时代已经到来。

2000 年 11 月，侯仁之在为台湾来京的学者做学术报告的时候，更进一步深入地阐述了“三个里程碑”的思想。需要指出的是，这“三个里程碑”实际上都立足于北京旧城的中轴线及其延长线上。

与第一个“里程碑”有关的情况，我们在前面已经说了许多，不再赘述。至于第二个“里程碑”的形成，开始于新中国成立之初。开国大典前夕，在正阳门之北为人民英雄纪念碑奠基，并开始扩建天安门广场。至国庆十周年的时候，以人民英雄纪念碑为中心，向东、西两侧扩展，相继建设了历史博物馆和人民大会堂。而东、西长安街的拓建，与北京原有的南北中轴线在天安门正前方相交，侯仁之认为：

这是在北京建设史上的一个重要的发展。它赋予具有历史传统，且统领全城的中轴线以崭新的意义，显示出在城市建设上“古为今用，推陈出新”的时代特征，在文化传统上有着承前启后的特殊意义。

而第三个“里程碑”正在形成的过程中，它始于国家奥林匹克体育中心的兴建。侯仁之说：

奥林匹克体育中心建在北京城中轴线向北的延伸线上。历史上北京城的中轴线一直向南发展，一个指导思想就是“面南而王”。北京城的总体设计就平衡在这条中轴线上。到了国家奥林匹克体育中心建立以后，中轴线第一次转过头来向北发展。我觉得这一点在北京城的规划建设上有重大的意义，是北京城开始走向国际走向世界的一个标志。

侯仁之就北京的城市规划工作所发表的这些论断，对有关决策部门产生了很大影响。20 世纪 80 年代，北京市政府制订了《北京城市建设总体规划方案》，至 2004 年再作修订，其中有很多内容都采纳了侯仁之的意见和建议。

但是，也必须看到，几十年来，由于种种原因，在北京城区改造中也发生了许多严重失误，造成了无可挽救的损失。拆除城墙就是最典型的例子。当年著名建筑学家梁思成曾奔走呼号，企图阻拦这一愚蠢的行为，却全然失败。至 20 世纪 70 年代，北京内、外城的城墙几乎全部拆除；除正阳门城楼及箭楼、德胜门箭楼之外，其余城楼消失殆尽；而城墙上造型奇妙的角楼也仅剩下原城东南角一座。说起这些，唯有长叹！

改革开放以后，面对幸存的些许残垣断壁，有关方面征求专家意见，决定尽力维修。西便门一带为原北京旧城“凸”字形的“中腰”，内外城的结合部位，尚遗有一段明代城墙。1988 年，西城区政府负责将内、外两城连接处予以修复，继后仍请侯仁之为之题记。侯仁之怀着十分复杂的心情写道：

……按我国古代营建都城，必有城墙，既利于防卫，又是城市规划重要组成部分。……随着现代城市的发展，古代城墙已完全失去其固有作用。北京城墙与城楼以其雄阔巍峨的形象与建筑工艺，具有重要历史文物价值，根据古为今用的原则，理应加以保护和利用。遗憾的是在未及进行缜密研究情况下，竟被拆除。……北京市人民政府在广泛听取人民群众及专家意见后，决定今昔兼顾，新旧并举，以使古城风貌就地重现于现代化建设之中。为此特责成西城区人民政府尽力维修。但工事艰难，墙上南端原有角楼已不可恢复，仅两城相接处之城楼得以重建。为展现古城墙内部原始结构，维修时有意保留墙体的数处墙心。多年湮没地下的条石墙基与城砖，保存完好，经过清理乃得重见天日。又在墙之东侧加筑台级，以便游人登临。重建墙体高 11.6 米，基宽 19 米，顶宽 15 米，总长 155 米，其用新制城砖 13 万块。1988 年 8 月全部竣工。

念及我人民首都，为举世瞩目之历史文化名城，三千多年来都在不断发展中，而城市的总体规划及其主题思想，亦在与日俱进。城市建设日新月异。立足于此，环顾四方，更当满怀信心，奋发前进。

爱我首都，乐为之记。

实事求是地说，西便门的明城墙已无法“重现”旧日风貌。不仅角楼“不可恢复”，连城砖也难以使用旧物，只能“用新制城砖 13 万块”。但是，它毕

▲ 北京西便门的明城墙小城楼，重建于 1988 年。（摄于 2005 年）

▲ 北京城东南角楼是唯一保留下来的明城墙角楼。(摄于 2005 年)

竟代表了一段历史，因此侯仁之“乐为记之”。

相比之下，北京城东南角楼的命运要好得多。这座角楼初建于明正统元年，即 1436 年，其“形制为历代城市建筑史上所罕见”。更为难得的是，它不仅始终保存完好，还用自己的躯体记载着一段惊心动魄的历史。1900 年“庚子之乱”，八国联军攻打北京，城东南角楼首当其冲，后被洋兵攻占，至今在砖墙上还留有洋鬼子用刺刀刻下的外文。1981 年落架大修时，在东侧墙壁内还发现两枚炮弹残体！

1993 年，侯仁之应邀题写《北京城东南角楼记》，他自然“乐为记之”。在写到庚子之役的遗迹时，他更是激情勃发：“尔今于此巍峨角楼内，目睹及此，益足发人抗拒敌寇、捍卫家园之爱国热情！”

对于介绍北京的历史，宣传保护北京旧城风貌的意义，激发人们热爱北京的感情，侯仁之从来都是乐而为之的。而一旦发现有影响、破坏文物古迹的现象，他不仅感到痛心疾首，并且要不遗余力地大声疾呼，设法制止；对于涉及重大决策、对北京的发展有可能产生深远影响的事情，他一定会利用一切机会发表意见，献计献策，充分发挥积极作用。这方面的例子很多，前面已经介绍了一些。还有几个比较有代表性的例子，不妨细说一下。

先说一件“小”事。

说“小”，也并不太小。这件事情涉及著名的卢沟桥。

1937 年 7 月 7 日，日寇在卢沟桥打响了全面发动侵华战争的第一枪。经过八年浴血抗战，中国人民终于取得了反法西斯战争的伟大胜利，卢沟桥作为全民族奋起抗击日本侵略者的纪念地，天下闻名。而有近 800 年历史的卢沟桥，本身还是一处历史和艺术价值极高的古迹。它那设计严谨结构坚固的桥身，那精雕细刻且装饰着无数形态各异的大小石狮的桥栏，无不展现出古代匠人卓越的工程技术和杰出的石雕技艺。老北京有句歇后语：“卢沟桥的狮子——数不清。”说明这卢沟桥确是北京人心中的骄傲。

但是，这样一座珍贵的古桥却长期存在着保护不善的问题。尤其是“文革”后期由于承载了一辆载有超大型部件、重达 429 吨的车辆通过，以致造成“内伤”。后来又常年频繁使用，未曾很好维修，桥体破损严重。1985 年，北京市政协与全国政协组成文物保护联合调查组前往卢沟桥进行实地考察，发现北京城郊开往西南方向的车辆都要经过这座桥，日平均流量竟达 1.5 万

▲ 卢沟桥。（摄于 2005 年）

辆，其中不仅有大量大型载重卡车，还有许多大型拖拉机。卢沟桥的桥身已经遭到严重毁坏；石狮、栏板、望柱一半以上已被震裂；桥下河道中淤满工厂排放出的酸性粉尘，桥墩条石有的已被腐蚀为蜂窝状……为此，北京市政协向北京市委、市政府提交了一份《关于北京市先农坛、卢沟桥和宛平城文物古迹保护的意见和建议》，呼吁保护上述古迹。

▲ 卢沟桥桥面被车轮碾压变形的条石。（摄于 2005 年）

作为全国政协委员，侯仁之对卢沟桥面临的危机同样感到心急如焚。借纪念抗日战争胜利 40 周年之际，他写出了《保护卢沟桥刻不容缓》一文。在文中，他简要回顾了北京城的发展过程：尽管卢沟桥仅有近 800 年历史，但当初正是由于它所在的位置是连接北京小平原与华北大平原的重要渡口，所以才成为北京城的原始聚落诞生之地；由于永定河常发洪水，原始聚落向东北方向推移，后来发展为建成于 1153 年的金中都。1192 年，卢沟桥建成。后来，在元大都正在修建的时候，著名旅行家马可·波罗从意大利来到这里，曾对元大都及其郊区的卢沟桥大为赞扬，以至于卢沟桥以“马可·波罗桥”而扬名欧洲。1961 年 3 月，卢沟桥及宛平城被列入国务院公布的第一批重点文物保护单位名单。

侯仁之说：

标志着这个城市的新起点而保存到现在的唯一完整无缺而且代表着当时科学文化发展水平的建筑物，就只有这座卢沟桥了。反之，如果不是北京城开始走上全国政治中心的道路，这座卢沟桥也不会在这里建造起来。

应当如何对待这样一座在国内外均享有盛誉的古迹呢？侯仁之明确表示了自己的态度：

卢沟桥作为全国重点文物保护单位，它所面临的危机，应该引起首都以及全国人民的重视。实际上，当前我国的经济建设和文物保护之间所出现的矛盾，屡见不鲜，因此以卢沟桥为例，就此问题进行一些探讨，看看是否有“两全其美”的办法，也是非常必要的。

……没有现代化的经济建设，不能建成社会主义。但是社会主义建设不仅仅是个经济建设的问题，同时还有个文化建设的问题，而一个新社会的最大特征，又必然要在它的文化建设上最突出、最持久、最广泛地反映出来。因此，在社会主义建设中，物质文明与精神文明必须并重。同时更要看到，一个新社会的文化建设要比经济建设复杂得多。一般说来，经济建设常常要在破坏或全然废弃旧的设施和技术上来进行，而文化建设则必须在继承过去一切优良传统的情况下才能得到发展。一个新社会的文化不是从天上掉下来的，也不是从某些人的头脑里设想出来的，更不可能是从任何外国模仿搬运而来；它只能从自己固有的历史文化中产生出来。……卢沟桥所面临的问题，虽然发生在首都，影响却在全国，甚至在全世界。两全其美地解决它，是刻不容缓和十分必要的。因此从现在开始就必须采取一切积极措施，以解决经济建设中卢沟桥不应该担负的运输任务。为此，有关部门和专家也已经提出了可供采纳的方案，只要下决心去做，就可以实现。

侯仁之是一个性情平和的人，但在这篇文章中，却使用了一些斩钉截铁、带有强烈感情色彩的词句，像“刻不容缓”“十分必要”“必须采取一切积极措施”，等等。

侯仁之的文章发表于 1985 年 8 月 15 日的《北京日报》，这一天正是抗日战争胜利 40 周年纪念日。六天以后，《北京日报》公布了北京市政府的决定：自 8 月 24 日开始，卢沟桥禁止机动车与兽力车通行。这座古桥从此正式“退役”。此后，卢沟桥不仅多次整修，还在 2002 年 9 月公布的《北京历史文化名城保护规划》中，与宛平城被列为旧城外的十片历史文化保护区之一；2005 年，北京市文物局确定了七个项目作为申报世界遗产的后备名单，卢沟桥及宛平城也名列其中。

这样的结果让人感到极大的欣慰！

我们还应当注意到，在这篇文章中，侯仁之所关注的并不仅仅是一个卢沟桥：“卢沟桥所面临的问题，虽然发生在首都，影响却在全国，甚至在全世界。”它所反映的是如何正确处理经济建设与文化建设之间的关系问题。侯仁之坚定地认为，“物质文明与精神文明必须并重”、“文化建设则必须在继承过去一切优良传统的情况下才能得到发展”。

然而，正如他所指出的，在北京城的建设发展过程中，“经济建设和文物保护之间所出现的矛盾，屡见不鲜”。由于种种原因，有时即使社会各界同声疾呼，也未必能取得理想的效果。美术馆后街 22 号院的故事就是一个典型的例子。

1998 年 5 月，北京的许多新闻媒体报道了一个引人注目的消息。北京大学教授、中科院院士侯仁之，清华大学教授、中科院院士吴良镛，中国文物学会会长、国家文物局古建筑专家罗哲文，国家历史文化名城保护专家委员会副主任委员郑孝燮，全国政协委员、中国现代文学馆常务副馆长舒乙，全国政协委员、中国文物学会副会长梁从诫六位学者联名发出呼吁：“近日，受平安大街拆迁工作牵连，一处有巨大价值的小四合院面临彻底拆毁的危险，取代它的将是一座现代商业楼。……房地产商借口此院非‘文物保护单位’，没有保护价值，企图强行拆除。目前，事态仍在向前发展。为了不扩大事态，及时消除不良影响，特联名论证其价值，呼吁保护。”

这里所提到的“有巨大价值的小四合院”指的是美术馆后街 22 号院。这是一个典型的两进四合院，始建于明代，格局规整，山墙上有工艺奇巧的大型砖雕，室内有饰纹精美的落地雕花隔扇。而更重要的，这院落还是一处重要的名人故居，它原先的主人是著名爱国者、原燕京大学宗教学院院长赵紫宸。

关于赵紫宸，我们在前面曾经提到过。1941 年太平洋战争爆发后，日寇占领燕京大学，赵紫宸是第一批被捕者之一。后来，他与侯仁之等 11 位著名学者被关押在陆军监狱，应算是同历患难的狱友了。1948 年 8 月，赵紫宸去荷兰首都阿姆斯特丹参加世界基督教会联合会的成立大会，被选为该会六大主席之一。当时正值北平解放前夕，他毅然返回祖国；新中国成立后，任第一届全国政协委员。从 20 世纪 50 年代初，赵紫宸就和他的子女居住在美术馆后街 22 号院，一直到 1979 年去世。

赵紫宸的女儿赵萝蕤是著名翻译家和比较文学研究家，1998 年去世；女婿陈梦家则是著名新月派诗人和文物专家，“文革”初期因不堪凌辱而自缢身亡。如今住在这个小院里的主人是赵紫宸的长子赵景心和儿媳黄哲。赵景心早年曾参加“两航起义”，退休前为北京对外经济贸易大学教授。

这样一处院落应不应当拆除，答案似乎是十分明确的。侯仁之等学者发出呼吁之后，在 1999 年 3 月全国政协九届二次会议期间，一些政协委员提交

▲ 美术馆后街 22 号的小院与虎视眈眈的推土机对峙。（摄于 2000 年 2 月 27 日）

了《关于将赵紫宸、赵萝蕤故居定为文物保护单位的建议案》；其后，学者们再次联名发出呼吁，但是这些并未能拦住开发商的拆迁脚步。当年 12 月，赵景心收到北京东城区房管局拆迁纠纷裁决书，得知东城区文物局以“美术馆后街 22 号院从没有被定为文物保护单位”为由，同意拆除这个 22 号院。绝望之中，他将文物局和房管局告上了法院。

2000 年 4 月 25 日，东城区法院一审开庭判决，驳回赵景心的诉讼请求。7 月 18 日，北京市第二中级人民法院做出终审判决，驳回赵景心的上诉，维持原判。

2000 年 10 月 26 日，在经过长达两年之久的抗争和诉讼之后，美术馆后街 22 号院终于被推土机强行推倒，夷为平地。

这样的结局，对于侯仁之所曾谈到的“经济建设和文物保护之间所出现的矛盾”，我感觉似乎是水火不可相容的，似乎只能是势不两立、“你死我活”的。因为这后面有太多、太复杂的内幕和背景，让人不能不感到，指望有什么“两全其美”的办法，也许只是一种天真的幻想。

然而，为了北京，侯仁之从不会因挫折而退缩。因此，他不仅是一位可敬的学者，还更像一名勇敢的战士。

最值得钦佩的，是他始终能够保持一种平和的心态，坚持大胆进言，勇于发表意见。他坚信：“两全其美”的办法是肯定有、是必须有的。“只要下决心去做，就可以实现。”

有一个非常典型的例子，就是有关莲花池和后门桥的故事。

1993 年 1 月 19 日，国家“八五”重点建设项目——北京西铁路客运站破土动工。工程进度很快，一年以后，一座庞大的建筑已经在京城西南隅拔地而起；1996 年 1 月 21 日，北京西站正式开通运营。

北京西站站舍建筑面积达 27.6 万平方米，比 1959 年建成的北京站大出三倍还多。这样一座超大型建筑物的建设，必然会使其周边的地理环境发生很大的变化。作为一名历史地理学家，侯仁之最为关注的是与西站相邻的莲花池。

1994 年 12 月，侯仁之写出《莲花池畔再造京门》一文，介绍了有关莲花池的历史情况，并提出：

> 这北京西客站选址在莲花池畔，只需进一步开发水源，莲花池上平展如画的水面，必将为这号称“京门”的交通枢纽带来无限风光，同时

也将会产生良好的小气候效应。

然而更有意义的是还应当看到这莲花池在北京城的早期发展过程中所产生过的重要影响。

光写文章是不够的。按照侯仁之的习惯，还必须亲临现场进行实地考察。于是，他和夫人张玮瑛专门到工地去了一趟。当时，西站的主体建筑已经基本建成，但内部施工还在紧张地进行，里面连电梯都没有，这两位年逾八旬的老人相互搀扶着，小心翼翼地顺着楼梯一直攀到顶层。这里视野开阔，可以俯瞰整个莲花池。

他们不无担忧地看到，这著名的莲花池已经干涸，成了堆放建筑材料的大仓库，看上去没有丝毫将要被整修改造的迹象。

其实，当初在为北京西站选址的时候，曾经有一些不同的意见，有人建议直接将车站建在莲花池上，这样既不存在居民搬迁问题，还可以利用下凹的地势修建车站的地下部分，如此将会大大缩短工期、省减经费。但侯仁之的意见还是引起有关方面的重视并予以采纳，西站的主楼被东移了100多米，

▼ 北京西火车站破土动工。远处可见干涸的莲花池及其北岸的小亭。（摄于1993年3月8日）

将莲花池完整地保留下来。

保留当然是件好事情，但若不及时进行修复，莲花池将来的命运仍然难以确定。因此，在接下来的几年里，侯仁之仍利用各种机会不断呼吁。1998年春，他又在《北京规划建设》上发表了《从莲花池到后门桥——保护古城发展起源，改善城市生态环境》一文，继续宣传恢复莲花池的意义。他写道：

> 对于城市的发展，生态环境是至关重要的，在历史文化名城的保护与建设中，要特别重视这一问题。现在，一些新的建设虽然不在旧城之内，但与旧城的发展密切相关，应当从全局考虑，慎重处理好发展与保护的关系。我认为，在当前的保护与建设中，尤其应当重视并搞好与北京古城起源及旧城发展关系密切的历史古迹及其环境的保护。如果这些历史古迹及其环境不能很好地得到保护，就会失去真正的历史意义和价值。

就在这时，一个特殊的机会使侯仁之得以全面阐述自己有关城市发展与古迹保护的意见。

1998 年 4 月 28 日下午，北京市委中心组进行第六次学习，87 岁的侯仁之被聘请前去做报告，介绍北京城市的历史。他的报告题目，就是“从莲花池到后门桥”。

这是一个十分新颖的话题，“从莲花池到后门桥”，有什么问题能够把这两处地方联系到一起呢？在座的听众——北京市的诸位领导——一下子就被这出人意料的开场白吸引住了。

侯仁之娓娓道来。

北京最初建城为“蓟”，莲花池的水是蓟城的生命之源。建城如同筑房，往往选择在地势较高的地方，莲花池西北方有一处高地名“蓟丘”，蓟城建于蓟丘并因此而得名。1400 多年前，北魏时期的著名地理学家郦道元在他的《水经注》中便有相应的记载，那时，莲花池名为“西湖”。

在详细介绍了北京城自蓟城至金中都的发展过程后，侯仁之说：

> 由于莲花池的存在，影响到一个古代城市一步步成长，最后扩建为金朝的中都城。这就是北京建都的开始。因此可以说北京城的成长和莲花池的关系至关重要。
>
> 现在北京开发水利工程，我殷切希望能够把莲花池尽可能地加以恢复，可以从北方把玉渊潭的水沿着西三环引下来，注入莲花池。引水完

成后，有三点值得注意：

第一，作为“京门”的西站附近，保持开阔的空间，不会被占据。

第二，富有历史渊源的自然风光，出现在号称“京门”的一侧，为历史文化名城增光。

第三，更重要的是，如果给予充分的水源，可使人文、交通荟萃之处的西站小气候得到改善。我殷切希望，能够考虑这个问题，使莲花池上的历史光彩重新出现在今天。

侯仁之没有把这堂为领导们所上的课仅局限于介绍历史。他大胆声明：“我报喜也报忧，我真希望有朝一日莲花池能恢复它的水上景观。”他在上述短短的一段话中，两次重复“殷切希望”，迫切之心，诚挚之情，溢于言表。

接下来，侯仁之把话题转向后门桥。

他一步一步地具体讲解了元朝取代金朝之后，刘秉忠与郭守敬就恢复旧城还是另建新城的问题所进行的周密策划。为解决京城供水水系并开辟漕运，同时还要考虑皇宫的理想位置，因此最终确定了大都城的中心点以及皇宫的中心位置。前面我们已经说过，这个中心点位于如今鼓楼的北侧，而侯仁之所说的“后门桥”，则在鼓楼的正南方、什刹海东岸。什刹海当时名为“积水潭”，俗称“海子”。郭守敬当年引昌平白浮泉之水西行，尔后南下至瓮山泊（即今天的昆明湖），继而入城注入什刹海，再经后门桥向东转向通州。经此规划，南方的粮船沿大运河而来，可由通州直达什刹海。当时的什刹海中及后门桥畔，帆樯如林，热闹非凡，一派繁华的景象。

这后门桥原随“海子”而被称作“海子桥”，因位于明清时期皇宫北门——俗称“后门”的地安门之北，所以叫“后门桥”，其实它的正式名称应当是“万宁桥”。后门桥位于元大都中轴线起点与皇宫中心点之间，所以侯仁之说：

大都城规划的起点，严格地讲，就是海子桥，也就是现在的后门桥，因为海子桥的选址决定了全城的中轴线，是紧贴着湖泊的东岸定下来的。

侯仁之在叙述北京城的变迁过程时，再三强调了“中轴线”的重要历史意义和现实意义。他尖锐地说：

后门桥残破凋零的情况我感觉是挺可悲的，它就在中轴线上，而且是中轴线最初设计的起点，也就是靠它决定全城中轴线的，现在已经定为北京市文物保护单位。但是两边的石桥栏已经破损。不但这样，两边的水面也看不见了，而且用了很大的广告板挡起来。我说句不好听的话，那是用来遮丑的东西。原来西有风景秀丽的什刹海，东有一溪清流。现在桥下两边，不堪一顾。

侯仁之高声呼吁：

保护中轴线是保护北京这座历史文化名城的重要内容之一，这在全城的总体规划中已有充分说明，然后把什刹海的水引过后门桥，恢复后门桥下这段河道的水上景观。这样一来，全城中轴线最初涉及起点的地方会焕然一新。有没有这种可能？我大胆地提出来。

侯仁之像一个热情的宣传鼓动家，他在最后充满激情地说：

▼ 修复后的莲花池。（摄于 2005 年）

了解过去，正是为了建设未来。这个意义很值得我们思考。特别是像北京这样有悠久历史的文化名城，哪一个城市像北京这样3000多年来不断发展，一直到今天，迎来了蓬勃发展的新时代。所以我们市领导负有重大的任务，使得我们的人民每看到新一步的发展，都受到鼓舞，感到高兴……

侯仁之的报告受到市领导充分的重视，他的建议也被正式采纳。两个月后，莲花池恢复改造工程正式启动；紧接着，后门桥的整治修复也作为北京市重点工程项目开始动工。令人惊喜的是，在清理后门桥河道的过程中，发掘出六只雕刻精美的石兽，那原是古河道两岸的镇水兽。

2000年12月20日，莲花池和后门桥遗址举行修复开园仪式，首都各大媒体在报道这一消息的同时，不约而同地提到了侯仁之的名字。其中《北京青年报》的文章标题是“轮椅老人一号嘉宾”。这“一号嘉宾”便是侯仁之，而成为“轮椅老人”却是迫不得已。原来，就在举行仪式的前两天，侯仁之

▲ 修复后的万宁桥（即后门桥）。（摄于2005年）

不慎跌了一跤致使腿部受伤。就在他去看病取药的时候，脑子里还在考虑参加仪式的事情，因随身没有带纸，便把想到的问题随手记在了刚刚取到的药盒上。

十几天前，侯仁之度过了他的 89 岁生日。按照中国民间的传统习惯，那应是他的 90 大寿。莲花池与后门桥的修复，是他所收到的最珍贵的生日礼物！

一个月以后，侯仁之接到北京市领导的一封来函，请他为后门桥西侧新造的一座供游人通行的石桥命名并题字。对于第一件事情，侯仁之欣然应允。他在复函中写道：

> ……考虑到桥名必须便于称道，又应与什刹海上的风物相结合，因而联想到前后海之间有银锭桥，创自明朝中叶，立足桥上，西山在望，遂有“银锭观山”之称。1984 年重修之后，原形设计已有变化。又后海西岸高楼耸起，遥望西山胜景，自然受到影响。但是银锭桥之名，依然如初，且益增民间向往之情。联想及此，因而建议前海东岸新建石桥即

▲ 万宁桥西侧的金锭桥。（摄于 2005 年）

◀“金锭桥”三字并非侯仁之专门书写，而是从他的信中拓下字迹拼接而成的。（摄于 2005 年）

▲ 什刹海南岸的巨石上刻有侯仁之撰写的《什刹海记》。（摄于 2005 年）

命名为金锭桥，这样什刹海上前后两桥，金银并称，不仅便于记忆，而且与金锭桥隔海相望的西北岸上原有胡同两处，即以大小金丝套为名。联想至此，更加有助于此新桥之命名。最近在春节期间，有便以金锭桥之命名，征求相会诸位好友之意见，无不欣然同意。敢以奉闻，尚祈裁夺为盼。

“金锭桥”就此得名。但对于题写桥名的事，侯仁之婉言谢绝了：

因为我缺乏书法训练，近来又深感目力衰退，虽曾试写过“金锭桥”三字数次，实难如意。反复考虑，还是另请长于书法的专家执笔为是……

其实，为古迹撰文题碑，本是侯仁之“乐为记之”的一件事情。他认为，借书碑以述说历史、启迪世人，是一位历史地理学家应尽的责任。就在这什刹海南岸便立有一块巨石，上面刻有侯仁之写于 1991 年的《什刹海记》。那么，这一次他为什么却拒绝为金锭桥题写桥名呢？想来也不难理解。如他所说，为新桥题字留名，应是书法家的事情。自己并非书法名家，岂可越俎代庖！后门桥已经修复，了却心头一件大事，如此足矣！

贰拾

二十　心系燕园

我爱燕园，燕园是美丽的……

——侯仁之

从 1932 年迈进燕京大学的校门开始，侯仁之在燕园里面已经生活了四分之三个世纪。对他来说，这里的一草一木、一山一石，都是那样熟悉，简直连闭着眼睛出门也不会迷路。时日愈久，感情愈深，因为这里就是他的家园。

在侯仁之写过的文章里，燕园占有很大的比重。《我从燕京大学来》《在燕园里成长》《未名湖溯源》《未名湖上新气象》……甚至他的一本文集的名字就叫《燕园问学集》。燕园已成为他生命的组成部分。

一说到燕园，首先想到的就是自己的老师。侯仁之写道：

……这里岗峦起伏，林木幽深，更可爱的是盈盈湖水，涓涓清流。……我还清楚记得当我自己也是个青年学生初到燕园时，确曾为她的旖旎风光所陶醉，并引起了很大的好奇心，很想知道她的一些来历。

……我深感幸运的不仅是燕京大学校园新落成时就来到了这里而深受其幽美环境的感染，更重要的是当时洪煨莲教授对于校园历史的研究，又使我深受启发，一直影响到我日后的研究方向。

洪业老师早年所著《勺园图录考》与《和珅及淑春园札记》，对燕园历史的研究颇有造诣，侯仁之从中获益匪浅。他在老师的启发下，不是以一个观赏者的角度，而是使用历史地理学的方法全面地审视这座美丽的校园，自然有更多的收获。

20 世纪 60 年代，侯仁之曾在北大校刊上开辟了一个名为“校园史话”的栏目，连续发表了一系列专题文章。尽管这个专栏在“文革”初期莫名其妙地被“造反派”与《燕山夜话》扯在一起，再加上和吴晗的那点“关系”，给侯仁之扣上了个“三家村黑干将”的大帽子，整了个死去活来，但这丝毫没有影响他对燕园的热爱。“文革”以后，他不仅将这些文章以《燕园史话》为书名结集出版，还写出了更多的文章介绍燕园，由此不仅激发了北大师生对校园的挚爱之情，也在社会上引起很大反响。

谈到燕园的诞生，自然要了解其周围的环境，虽然相对于北京这偌大的版图来说它只是一个很小的区域，但也同样可以从历史地理的角度来进行一番分析研究。

我们在前面曾经多次提到，北京早期建城于蓟的原因，是基于永定河的古渡口及古代交通要道汇聚处，以致后来发展为金中都。自金中都北去出居庸关而通向蒙古高原的交通大道，出城后的第一站就是如今的海淀。这里是商旅歇息的理想地点，所以曾被称为“海店”。后来元大都兴建，北上的大道东移，“海店”不复存在。因这里河湖众多，人们便以“海淀”之名称之。

海淀地区的地形很有特点，它位于“北京小平原”的西北角，是一片海拔高度在50米至52米的高地，侯仁之称其为“海淀台地”。在“海淀台地”西面，本是地势逐渐升高的山区，但在进入山区之前，地势却又突然下降至海拔46米至47米，形成一片低洼地区，这里原是数千年前永定河北去的故道，即“巴沟低地”。不要小看这仅有几米的落差，它使这一带的地理环境变得丰富多彩。

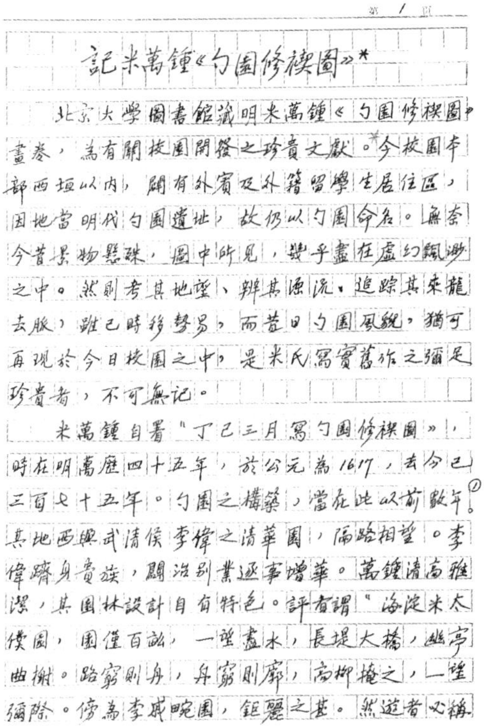
第 1 页

記米萬鍾《勺園修禊圖》*

北京大學圖書館藏明米萬鍾《勺園修禊圖》畫卷，為有關校園開發之珍貴文獻。*今校園本部西垣以内，闢有外賓及外籍留學生居住區，因地當明代勺園遺址，故仍以勺園命名。無奈今昔景物懸殊，圖中所見，幾乎盡在虛幻飄渺之中。然則考其地望、辨其源流、追踪其來龍去脈，雖已時移勢易，而昔日勺園風貌，猶可再現於今日校園之中，是米氏寫實舊作之彌足珍貴者，不可無记。

米萬鍾自署"丁巳三月寫勺園修禊圖"，時在明萬曆四十五年，於公元為1617，去今已三百七十五年。勺園之構築，當在此以前數年。① 其地西與武清侯李偉之清華園，隔路相望。李偉躋身貴族，闢治別業逐事增華。萬鍾清高雅潔，其園林設計自有特色。評者謂"海淀米太僕園，園僅百畝，一望盡水，長堤大橋，幽亭曲榭。路窮則舟，舟窮則廊，高柳掩之，一望彌際。傍為李戚畹園，鉅麗之甚。然遊者必稱

▲ 侯仁之《记米万钟〈勺园修禊图〉》手迹。（侯馥兴提供）

由于巴沟低地淀泊众多，是营造园林的理想处所，因此明朝中叶皇戚李伟在这里兴建了著名的清华园，著名书法家米万钟则建起了勺园。明末清初，两园荒落。到了清康熙年间，在清华园遗址上建成畅春园，后又陆续营建圆明园、长春园、绮春园等皇家园林，终于形成“三山五园”。

清朝后期，外寇入侵，各园屡遭破坏。直到民国初期，清华大学和燕京大学相继在此建立，才为这些旧时的园林遗址注入了新的活力。

以目前北京大学的校园——燕园——来说，其所在位置涉及明清的两座园林。

燕园的西南部分，为勺园遗址，初建于明万历年间。由于它的水源来自“海淀”（这个“海淀”是指以此为名的湖泊），取“海淀一勺”之意，名曰“勺园”。米万钟酷爱集石，据说当年他在京郊房山发现一块形态奇绝的巨石，想方设法要运到勺园，由于运输过程耗资巨大，仅移至良乡便已用尽家财，竟至破产，人称这块巨石为“败家石”。到了清代，被乾隆皇帝发现，运进颐

▲ 燕园西南角的勺园遗址。（摄于 2005 年）

▲ 20 世纪 80 年代初，侯仁之在考察燕园内的勺园遗址。（侯仁之提供）

和园置于乐寿堂前，取名“青芝岫”。乾隆的母亲很不喜欢这块石头，认为它曾经败了米家，现在岂不是要再败大清的天下嘛！有人把后来清廷的败落归咎于这块石头，也实在有些冤枉它了。

由于明清易代，勺园逐渐荒废。此后清室在此建造新园，名“弘雅园”；继而再称“集贤院”。第二次鸦片战争期间，英法联军攻入北京，由于此前集贤院曾被用来囚禁在战争中捉获的英法俘虏，出于报复，外寇将集贤院与圆明园一并烧毁。

20 世纪 20 年代，燕京大学迁来西郊，勺园遗址便成为校园的一部分。此前，关于勺园规模形态的资料不多，始终是一个遗憾。幸运的是，迁校后不久，有消息说在天津一位陈氏家中藏有一幅米万钟亲笔绘制的《勺园修禊图》，燕京大学设法购得。后来，洪业据此写出了《勺园图录考》。

侯仁之《燕园史话》中的第一篇文章，就是“勺园”。可见在对燕京大学校址的研究中，勺园的地位十分重要。正如侯仁之所说：“勺园不仅是我校校园中开辟最早的一块地方，同时也是海淀园林开辟的先驱。”

不过，勺园仅构成了燕园的西南部分，燕大校址的北部，最早是“自怡园”，初建于清康熙年间，是当时英武殿大学士明珠的别墅，后被籍没，继而修建“淑春园”。乾隆年间，淑春园北部被划出，名为“春熙院”，春熙院几经分割、几易其主、几更其名，成为后来的鸣鹤园、镜春园、朗润园等；而淑春园本身则被乾隆赏给了宠臣和珅。和珅权倾一时，未免忘乎所以，对淑春园大加建设，不料十几年后获罪下狱，被嘉庆皇帝赐死，家产也被抄尽。由于对淑春园的建设“竟与圆明园蓬台瑶岛无异”，也成为他的一条主要罪状。淑春园屡换其主，日渐荒废，此后又归多尔衮的后代睿亲王仁寿所有，也称“睿王园”，最终随圆明园一同被毁。由于“睿”字在满语中读“墨尔根”，所以当地百姓也称其为“墨尔根园”。这一名称一直沿用到燕京大学在此开辟校园之时。

司徒雷登担任燕京大学校长后，几经周折，购下这块地方，开始营建校园。侯仁之写道：

> 当时主持燕园规划建设的是美籍建筑师亨利·墨菲。他虽然受教育于美国有名的耶鲁大学，却十分欣赏中国的古典建筑与园林设计。他接受这一任务后，就设想在这一片岗峦起伏、水流萦迴的园林废墟上，根据现代大学应有的设备和要求，采用中国古典建筑的形式和造园艺术的特点，创建一座新校园。可以设想，他曾不止一次徘徊在这一片山环水抱的废墟上，首先考虑的是从哪里开始来确定整个校园总体规划的主轴线。有记载说，有一天，他站在一座土山顶上四面眺望，西方玉泉山塔忽然映入他的眼睫，他高兴地说：“那就是我想找的端点，我们校园的主轴线应该指向玉泉山上那座塔。”实际上，校园大门（今西校门）的位置就是这样确定下来的，这正是我国古典园林中所谓“借景”的手法。现在这条主轴线从西校门开始，一直向东穿过早期教学中心的广场和校园主楼（办公楼），然后越过一带丘陵，又掠过一片湖水，而且正好是经过湖中的小岛直达

东岸。在这条主轴线上，中间的一带丘陵，划分了前方布局严整的教学区与后方环湖的风景区，它的作用十分重要。其次在湖心小岛和湖的东南岸边，又分别建起了岛亭和水塔，更突出了点景的作用。在这条东西主轴线之外，又设计了一条南北向的次轴线，并在这条次轴线上，布置了男女学生宿舍。男生宿舍在北，女生宿舍在南，中间隔以丘陵和湖泊，布局和谐自然。整个燕园核心部分的总体规划大体如此。其中所有建筑物，虽然功能上的要求不同，却一律采取三合院式的成组设计。在体形上或大或小，或开或合；在整体布局上既各有特点，又互相联系。整个环境在自然与人工的结合中，使人感觉到有起有伏，有节奏、有韵律，有美的享受。这就是最初的燕园最为引人入胜的地方，也就是在古典园林的基础上，为现代化建设的目的而进行规划设计并取得成功的一例。

从广义的角度来说，“燕园”作为早先燕京大学及如今北京大学的校园，还应包括西面的蔚秀园、畅春园、承泽园，以及东面的燕东园、中关园，等等。但这个话题有些太大了，我们还是把范围局限于燕园的核心部分为宜。

如侯仁之所说，当初亨利·墨菲在规划燕园格局的时候，首先确定了一条轴线——由于燕园的地形并不对称，所以称其为“主轴线”比较贴切。这条主轴线自西向东，将校园内的主体建筑和中心景区有机地连为一体。

在主轴线经过的地方，既有起伏的岗峦，又有幽深的湖泊，这些均出自人为的塑造，而并非原始的自然形态。设计者巧妙地利用了当地特有的地理条件，以独具匠心的构思，使原本平坦单调的环境充满令人心醉的韵律感。这条主轴线正处于“海淀台地”的北缘：主轴线南侧，地势逐渐上升，平均海拔高度在 50 米左右；而主轴线北侧则平缓下降，海拔高度至校园北端接近 45 米，既已进入“巴沟低地”。这一特殊的位置，在设计燕园山水风景的过程中起到了不可忽视的主导作用。何谓“因地制宜”？燕园即为实例。

写到这里，顿生感触。燕园虽小，但在一个历史地理学家的眼里，仍然是一个采掘不尽的研究课题！

而对侯仁之来说，燕园又岂是一个单纯的研究课题而已。70 余载秋雨春风，燕园已经与他的生命融为一体，这里的每一个地方：一座小山、一片丛林、一栋老楼、一泓碧水、一道残桥……都隐含着一段难忘的往事，时时牵动着他的心。

因此，我们不妨随着侯仁之记忆的足迹，漫步于燕园之中，以另一种眼光，去领略那萦绕于山林湖泊亭台楼阁间的缕缕柔情。

我们当然要从燕园主轴线的西端起点——西校门开始。

西校门原门牌为“娄兜桥 1 号”。娄兜桥也称“西勾桥”，其故址在西校门外南面不远的地方，早先是燕园来水之处，20 世纪 50 年代，校内开凿了第一口自流井，娄兜桥下的水道便堵塞不用了。后来由于道路扩建，这桥也不复存在。

那具有浓郁中国古典建筑风格的西校门原为 1926 年燕大校友集资所建，所以也称“校友门”，是燕园正门。门上所悬匾额，原是蔡元培题写的“燕京大学”四字；1952 年院系调整，北京大学迁来后，换成毛泽东题写的“北京大学”新匾，这四个字是新中国成立初期毛泽东应北大学生会的请求为校徽题写的校名，被放大后用于此处。校门两侧，是一对姿态威武的石狮，为那雄伟的大门增添了一种庄严的气氛。

燕京大学给侯仁之的第一印象应当是这座气势恢宏的校门了。立于门前回首西望，对面是蔚秀园校区，远处天际线上，遥遥凸现出玉泉山古塔的身影。当年正是由于这古塔闯入亨利·墨菲的视线，才激发了他确定燕园主轴线的灵感。

接下来：

> 一进西校门，半亩方塘，一个石桥。我来的时候还有水，从底下冒出来，那个时候看见真是心里高兴啊，一进来以后想起一首朱熹的诗：半亩方塘一鉴开，天光云影共徘徊；问渠哪得清如许，为有源头活水来。

那造型古朴的石桥名“校友桥”，也是燕大校友集资所建。走过校友桥，视野豁然开阔，前面是一大片绿茵茵的草坪，一对华表高耸入云，正面便是学校的主办公楼。

那华表原属圆明园遗物，曾有四座，修建燕园时得其三，余下一座不知为何被运到城里，置于天安门前。后来北京图书馆在文津街筹建新馆，想把燕园内多余的一座与天安门的那座配成一对，用于装点新馆舍，不料在运输的时候出了差错，搞乱了对应关系，使两处的华表都成了一粗一细。

草坪南、北、东三面的楼房形成一个“凹”字型区域，正东的主办公楼原名“贝公楼”，以纪念原汇文大学第二任校长、为建立燕京大学做出贡献的贝施德。

自校友桥至贝公楼一带，给侯仁之留下的不仅是学生时代的幸福回忆，还有许多无法忘怀的往事。当年参加长跑比赛，便是由校友桥出西校门直奔颐和园；1941 年日寇占领燕园，被驱逐出校的师生便在此处集结，当时侯仁之入校探听情况，那纷乱的场面历历在目。

草坪北侧的一排楼房，侯仁之记忆最深。它原称“M 楼”，后因钱穆先生批评：“入校门即见‘M’楼、‘S’楼，此何意？所谓中国文化者又何在？此宜与以中国名称始是。”燕大特开校务会议，决定将“M”“S”两楼取其中文谐音，改为“穆楼”与“适楼”。有人对钱穆戏称：“你提建议改名，结果与胡适各得其名，好不荣耀！”这也是燕园历史上一段趣事。

当年，侯仁之担任学生生活辅导委员会副主席时的办公室就在这“穆楼”二层西头。他被捕后最惦念的就是藏在自己办公桌里的一份名单，上面记着逃出北平的学生姓名，一旦落入日寇手中，将有性命之虞。因此出狱后他借回校取物的机会，冒着危险带出名单并设法销毁。后来侯仁之每与自己的学生行经此处，常会忆起那段惊心动魄的经历。

“穆楼”后来改称“外文楼”。“文革”期间，它是北大关押“牛鬼蛇神”的“牛棚”南界。“牛棚”在外文楼之北、民主楼以西的那片旷地。如今这里是落成于 1992 年的赛克勒考古与艺术博物馆，谁能想到，在那雕梁画栋的小楼与绿树繁茂的庭院下面，埋藏着不堪回首的历史片段！

在主办公楼南面，是早先的图书馆所在地。那年，侯仁之还是一个入校不久的青年学生。一日，自图书馆出来，沿南侧小径漫步，偶然看到了魏士毅烈士纪念碑，刹那间的精神震撼，使他对燕园的感情升华为一种信念，竟致影响终身。北京大学迁来后，将原在城内沙滩校园内的另一座“三一八死难烈士纪念碑”也移至此处，所以现在这里就有了两座外形相似的石碑。

若是继续沿主轴线东行，便是与南北方向的次轴线相交的地方了。这是一片丘陵，主、次轴线相交之处，是位于岗峦之巅的钟亭。亭内那口巨钟是清代遗物，1929 年被燕大置于此处，先悬钟、后筑亭，自此成为校钟。1945 年 10 月 10 日，是日寇投降后燕大正式复课的日子，侯仁之与全校师生一起，怀着激动的热泪倾听沉寂了三年零十个月的大钟再一次敲响。那一刻，他永难忘记。

在侯仁之的生命中，这条南北向的次轴线还有另一层特殊的意义：它是他爱情的“主轴线”。

当年亨利·墨菲在涉及这条轴线的时候，也许是受到中国传统文化的影响：以主轴线为基准，北侧属“阳”，从而安排了四座小楼，称为“一楼、二楼、三楼、四楼”，为“男士聚居地”；南侧属“阴”，则修建了四所格局独特的院落作为“女士闺房”。顺便说一句，后来在一至四楼的东面又相继建起了两座不同风格的建筑，排为“五楼”、“六楼”。北大迁入燕园后再增建一座小院，顺序排名为“德、才、均、备、体、健、全”七“斋”；而如今的一至六院中，三院、六院是后来添建的，燕大早期只有一、二、四、五院这四所院落。

那颇具阳刚之气的“四楼”与富含阴柔之美的“四院”遥相呼应，形成平衡主轴线的两翼。如侯仁之所说，与燕园内所有的建筑一样，这男女宿舍都是采用三合院式的成组设计，但在相似之外还各有特点：“四楼”不设围墙，风格粗犷开朗；而“四院”格局含蓄，有院墙、院门，各院自成一个相对封闭的空间，形成“庭院幽深”的独特美感。由此可以看出，设计者在规划时充分考虑到这些建筑将来的用途，在此基础上确定它们的不同形式，真是煞费苦心。

据侯仁之回忆，刚进燕大的时候，住在“五楼”（即后来的“体斋”）；后来当了助教，则住到蔚秀园的教师宿舍去了。而张玮瑛先住二院，后迁四院。两人虽非同届学生，但同系同师，日久自然慢慢产生了感情。

▼ 侯仁之学生时代住过的“五楼”，后名“体斋”。（摄于2005年）

▲ 张玮瑛学生时代住过的四院院内。（摄于 2005 年）

其实侯仁之先认识的是张玮瑛的姐姐张玮琦。张玮琦与侯仁之同是 1932 年入学，且同级同系。张玮瑛年纪虽小，却在六岁时便开始上学，后又跳级，所以反倒比侯仁之高出一级。由于有些专业课是不分年级可由学生选修的，侯仁之与张玮瑛居然有了在一起听课的机会。我只能猜测，也许侯仁之是通过张玮琦认识张玮瑛的，姐姐在无意中当了妹妹的“媒人”。

我与侯仁之交谈多次，总想探听些“个人隐私”，但作为后辈，有些难以开口。有一次侯仁之在回忆往事的时候多说了几句，从中可以揣测些许内情。这件事情我们在前面曾经说过，那次燕大的医预科主任请洪业前去讲演，洪业却推荐了自己的学生侯仁之，在正式讲演之前，他要侯仁之先试讲一次。那天，在洪业家的客厅里，侯仁之用英语宣讲，而洪业夫妇既是听众又是“现场指导”。当时在座的，还有第三个人，就是张玮瑛。由此可以想见，那时侯仁之与张玮瑛的关系已经有些“特殊”了。

两人当时虽然都住在燕园，但燕京大学对学生的管理十分严格，女生在晚上规定的时间之后不得擅自出去与男生约会。此外，学校还规定每年只有一天是女生宿舍的“开放日”，男生只有在这天才可以进入这四所神秘的庭院参观。尽管有这些规章制度的限制，热恋中的侯仁之与张玮瑛总会想出许多办法见面的。他们的“接头地点”，是钟亭南面不远处那座小楼。这楼便是前面提到的“适楼”，后来改称“俄文楼”。它也许是燕园里最早落成的建筑之一，因为在它西南角的基石上，刻着“1922”的字样，那应当是它的“生日”。小楼南端有个侧门，四周有浓密的灌木丛掩护，较为僻静，那是侯仁之与张玮瑛约会的地方。当时他们经常同在适楼听课，便经常借课余或饭后的间隙在那侧门的台阶上见面。

1939 年，侯仁之与张玮瑛结婚了。当时正是日寇占领北平、国难当头的时候，他们不愿意张扬自己的婚事。但校长司徒雷登执意要按惯例为他们举行婚礼。最后，还是按照校长的意思，在临湖轩“秘密”举行了一个小型的便宴，到场的除了司徒雷登，只有洪业、李荣芳两位老师及其夫人，证婚人自然是司徒雷登。

▲ 原燕园的“适楼”，后名“俄文楼”。（摄于 2005 年）

▲ 临湖轩正房。侯仁之与张玮瑛的婚礼在这里举行。（摄于 2005 年）

▲ 2005 年 6 月，侯仁之与张玮瑛在临湖轩留影，纪念结婚 66 周年。（吴英南摄影，侯仁之提供）

在这里有一点需要说明。在谈到当年结婚的过程时，侯仁之再三强调："这个经过以前从来没有对别人说过，不愿意讲。"我有些不解。张玮瑛解释说："当时正是抗日战争啊！有的朋友结婚时在大饭店请客，我们也没有去。抗日战争啊！我们不能那样大操大办，我们也不愿意说这件事。你还是不要写了。"

尽管我已经了解了他们的想法和原因，但是，我觉得，这场特殊的婚礼，不仅展示了燕大校长与教员之间那种真挚的感情，同时还验证了这样一个真理：即使是残酷的战争，也挡不住爱情的脚步。因此，经过再三斟酌，我还是决定把这段经过写下来。这显然有悖于侯仁之夫妇的原意，我希望能得到他们的谅解。

从临湖轩所在的小山下来，便是如诗如画的未名湖了。湖边有块未经雕琢的立石，刻有侯仁之题写的"未名湖"三个大字。

说起这"未名湖"之名，也有一段来历。当年校园建成之后，校内景观各得其名，唯有这位于全园中心、地位十分重要的湖泊反而因意见不一而迟迟未得命名。后来还是钱穆先生果断拍板：既然竞相提名皆不适，何不索性称之“未名”？！此名绝佳，令人称奇：“未名”并非无名，有名却又不似实名；看似平淡无奇，细究方觉奥妙无穷。犹如老子所言：“道可道，非常道；名可名，非常名。”这“未名”之“名”，也是不可名之名；要想搞清这“名”的含义，一万个人会有一万种理解，最终的结果可能仍是“未名”。——难怪说钱穆是“国学大师”，起个名字也这么不简单！

▲ 未名湖边由侯仁之题字的立石。（摄于2005年）

未名湖周边，确是一步一景，可说的东西太多了。从燕京大学到北京大学，一届一届的学子来去匆匆，都在这湖畔留下过自己的足迹；而这湖中的每一片波涛，都变成他们脑海中永远抹不掉的记忆。几十年的时间过去，他们写下了那么多的文章和诗篇，来回忆和赞美这一池永远在他们心中荡漾的湖水，所以，也就无须我在这里饶舌了。倒不如引用侯仁之的一句话，作为对未名湖的总结。他说：

> 点缀在北大校园的未名湖，似乎不应该仅仅看做是自然风景的中心，更应该看做是智慧的泉源常流不息的象征。

不过，既然我们已经沿着燕园的主轴线走到了这里，总不能不提那高耸于未名湖畔的博雅塔，它在这主轴线的东端终点。无论从哪个角度来说，博雅塔都是燕园规划中的画龙点睛之笔。

其实，若仅就功能而言，它不过是座普通的水塔。当年为解决校园内的生活用水，曾在未名湖的东南角开凿了一口深井，水源十分充沛。在这深井附近修筑水塔，当然是最合理的选择。至于“博雅”一名，则是为了纪念燕大美籍教授博晨光的家族为学校发展所做出的贡献。

最值得赞叹的是这水塔的造型。它是仿造通州城内燃灯古塔的形态建造的。那古塔始建于南北朝时期，已有1300多年的历史，据说塔内藏有佛舍利。塔为砖木结构，密檐实心，塔身有 8 面、8 角、13 层，高达 56 米。博雅塔高度仅有 37 米，且为空心的钢筋混凝土结构，但外观也是 8 面、8 角、13 层，看上去浑然天成，为未名湖增添了无穷魅力。因为通州协和大学本是燕京大学的前身之一，所以这塔也带有特定的纪念意义。

对侯仁之来说，每当漫步于未名湖边，那荡漾在水波中的塔影常会勾起缕缕往事。几十年前初到北京，先至通州，那里是自己命运的转折点；由通州而入燕大，与这塔影朝夕相处，想来真有无限感慨！

如果说，那永不干涸的未名湖水象征着智慧的泉源，那么，这雄伟屹立的博雅塔身就代表了勃然向上坚忍不拔的精神。不过，仅有这湖这塔还不够。人们常将燕园景致戏称为“一塌糊涂”，其实那是“一塔湖图”的谐音。“一塔”，便是博雅塔；“一湖”，既为未名湖；“一图”，当指图书馆。

从燕京大学到北京大学，图书馆经历了一个漫长的发展过程。早先燕大的图书馆是主办公楼南侧的那栋楼房，而北大的图书馆以京师大学堂藏书楼为起点，具有更久的历史，1918 年迁至沙滩红楼。1952 年院系调整，北大移来燕园，图书馆也合二为一。由于藏书剧增，地方局促，1975 年在东校门内建设了新的图书馆；1998 年由香港实业家李嘉诚投资再建新馆，使北大图书馆成为“亚洲高校第一馆”。

可以说，图书馆将燕京大学和北京大学的深厚文化底蕴纳于一体，同“一塔”、“一湖”和谐相依，构成燕园智慧、精神和文化底蕴的总体象征。

北大图书馆北侧侯仁之题写的“文水陂”。文水陂为明代勺园景点旧名。（摄于 2005 年）

新建的图书馆大楼保持了燕园中西合璧的建筑风格，成为燕园东部的标志性主体建筑，同时，又使整个燕园的主轴线南移。这些年来，燕园地域大有拓展，在校园建设中既有令人赞叹的奇妙构思，也有不可否认的败笔。最使侯仁之担忧的，是燕园水源枯竭的问题。当然，这不仅与燕园自身有关，还取决于周边环境。早在差不多20年前，侯仁之便已经指出：

> 一方面是地下水位逐年下降，以致泉源与自流井日趋枯竭。另一方面是河流改道，旧日水渠也逐渐湮废。这一切都和燕园息息相关。……总之，仅从水源枯竭的这一个侧面来看，这不仅影响到燕园的自然风光，而且还关系到整个校园的环境质量，必须给予应有的重视。

如今，这一问题日渐严重。园内北部一些小湖已干涸多日，露出沙砾遍布的丑陋湖底，可见侯仁之的忧虑并非多余。

图书馆大楼居高临下，一条大道正对着校园的东大门。夹道而立的，有两座灰色的老楼，北面的叫“文史楼”，南面的是“地学楼”。这地学楼是当年地质地理系所在的地方，即侯仁之从事教学和研究的处所。从这里到他所居住的燕南园，只有很短的一段路程。

在往返于燕南园与地学楼的途中，总要经过大饭厅。“文革”甫始，聂元梓等人的“第一张马列主义大字报”就是贴于大饭厅前。在漫长的岁月里，大饭厅经历过许多重大事件，也发生过许多故事。为纪念北大建校100周年，1998年在大饭厅原址筹建充满现代化气息的“百周年纪念讲堂”，2000年4月投入使用。

大饭厅的南面，则是那著名的“三角地”了。

不知为何，在介绍燕园景物的诸多资料中，很少提到三角地。但在北大人的记忆里，它却总有一个特殊的位置。说来它不过就是在原先大饭厅东南角，由几条交叉的道路勾画出的一小块三角形空地，不知从何时开始，随意地竖起了几块简陋的告示板，随时代的不同，那告示牌也在不断变换着内容。20世纪60年代到70年代，充满着浓郁的政治火药味：造反派的大字报、“红色组织”的通缉令、“牛鬼蛇神”的悔过书、革命群众的揭发信……不一而足。80年代显示出浓厚的学术气息：举办各种专业讲座、学术会议的通知，著名学者进行报告、讲演的告示，形形色色的群众团体招兵买马的启事……琳琅满目。90年代以来，最突出的是“经济”两个字：“名师家教”“考研辅导”

▲ 北大百周年纪念讲堂。（摄于 2005 年）

▲ 摄于 2005 年的北大三角地。如今容颜已改。

“出租豪华床位”“转让考试资料”“寻找经商伙伴”“传授致富秘诀”……若问北大校园里什么地方能够最及时、最鲜明地展现时代气息，答案只有一个，那就是三角地——永远充满喧闹、充满朝气。

然而就在三角地的西面，不过一墙之隔，却是一个安详静谧的天地。

那里是燕南园。

去过燕南园的人都知道，那地方很普通。如果说有什么特点的话，也许就是树多一些。绿树掩映之中，隐现着一些疏落的房屋，或是二层小楼，或是自成格局的小院，形态不尽相同，但也谈不上有什么特殊的风格。有一点倒是一致的：一律青砖灰瓦，没有任何奢华的装饰。也许，正是由于太多的树木把整个园子遮得严严实实，才越发与周边的环境形成了明显的对比。

燕南园并不大，总共只有 17 幢住宅。然而，正所谓“山不在高，有仙则名；水不在深，有龙则灵”。从建成至今 80 年来曾经在这里居住过的，差不多都是大师级的人物。

侯仁之也许是在燕南园居住时间最长的人之一了。他住在 61 号。

燕南园各宅的门牌很有个性：有的中规中矩写于院门之侧，有的十分俏

▼ 燕南园 61 号的侯仁之寓所。（摄于 2005 年）

▲ 侯仁之、张玮瑛夫妇与他们的女儿侯馥兴（左一）在燕南园。（摄于 2005 年）

皮地藏在墙头，有的鲜明地镌于廊柱壁上……61 号最特殊，门牌是钉在甬道入口柏树上的一块不大的木牌，绿底白字，写着“燕南园 61”。由于一座楼有两家住户，为避免来访者走错门，侯仁之还在自家门旁的墙壁上写了“61 侯”几个大字。正对门前的院墙边上，有一对残破的方形卧狮门礅，被铁丝细细捆住，以防碎裂。

著名作家宗璞在燕南园 57 号居住多年，曾写过许多文章述说燕南园。她说，从前燕南园有几户人家的花是很有名的。56 号樱花如雪，54 号以桃花取胜，而“61 号的藤萝架依房屋形势搭成斜坡，紫色的花朵逐渐高起，直上楼台”。可见这园中曾有多美！不过，“随着时光流逝，各种花木减了许多。藤萝架已毁，桃树已斫，樱花也稀落多了。”

在燕南园居住了半个多世纪，耄耋之年的侯仁之体弱多病，腿脚已不甚灵便，但每天还要坚持在园内慢慢走上一圈。每当经过 54 号时，他都会停步注目，向洪业老师的住宅致意。若是路过 66 号冰心老师住过的地方，他同样要在楼侧那两通著名的“花匠碑”前驻足片刻。

看碑文的内容，是乾隆年间圆明园几位总管所立。清时以农历二月十五为花神生日，须予以祭祀，有时皇帝也亲自光临。对于负责园林日常管理工作的官员来说，这花神与自己的饭碗有直接关系，自然需要好好供奉。碑文中有如下词句：“爰列像以祀司花诸神，岁时祷赛，必戒必虔，从此寒暑益适其宜，阴阳各遂其性。不必催花之鼓、护花之铃，而吐艳扬芬，四时不绝……”其实花养得如何，本是取决于花匠的技艺。想那满园绿树鲜花，若无匠人尽心侍弄，神仙又能如何？所以，这祈祷花神护佑的石碑被后人称为“花匠碑”，自然更贴切些。

关于这碑的来历，有不同的传说。有说它们来自未名湖南岸的慈济寺内，

▲ 燕南园61号的门牌。（摄于2005年）

▲ 燕南园的“花匠碑”。（摄于2005年）

该寺为祭祀花神而建，后毁于大火，现仅存一座庙门；还有说它们是圆明园的遗物，因圆明园被毁而流失民间；也有说它们原在燕园西部一片旷地旁边，那里曾是当年为圆明园培植鲜花的花房所在地……

不管来历如何，它们后来被人们安置在燕南园这个地方，莫非有什么特殊的用意不成？教师常被称为“园丁”，那也就是“花匠”了。燕南园中曾经居住和正在居住着的诸多大师们，不正是苦心培育人才之花的辛勤“花匠”吗？这碑，未尝不可说是为他们而立！

燕南园61

贰拾壹

二十一『名利于我如浮云』

我是一个平凡的人。

——侯仁之

时间进入 21 世纪，侯仁之迈入了人生的第 90 个年头。

他感叹道：

“人生七十古来稀”，可不知不觉中，我已经 90 岁了，到了人们说的耄耋之年。昔日读书的时候，对人生有白驹过隙的感叹。而今想一想自己 90 年的来路，反而感觉漫长而清晰。生活是这样的起跌不息，路转峰回……

在我 85 岁的时候，我曾用“老牛自知黄昏晚，不待扬鞭自奋蹄”的话来自励。现在，常常是想“奋蹄”的时候奋不了“蹄”。我应该感谢我的亲朋友好，特别是我的夫人玮瑛，数十年来相濡以沫，扶我走过风风雨雨，特别是到了老景，帮助我战胜疾病，鼓励我继续工作，以至于我虽不能“奋蹄”，但还可以慢慢地“走”路，庶几可多干点活。……总之，我还要平淡充实地继续工作下去。

他为自己作了这样一个简单的总结：

少年飘零，青年动荡，中年跌宕，老而弥坚。“平生最爱夕阳晚，坐听涛声到黄昏”。

作为一个学者，人生最大的乐趣就是工作。侯仁之是不会“坐听涛声”的。即使无法“奋蹄”，却还要“慢慢地‘走路’”，要“多干些活”。

他常用冰心“生命从八十岁开始”这句话勉励自己。实际上，从 20 世纪 90 年代以来，他干了很多“活”。

对外学术交流是他这一时期的一个重要工作内容。

1991 年，80 岁的侯仁之先是前往荷兰出席国际地理学会所属地理学思想史工作委员会会议，不久又重返美国康奈尔大学，作有关北京和华盛顿在城市设计主题思想上比较研究的报告，随后还应邀前去旧金山为南海艺术中心连续作了几次介绍北京城的报告。1992 年，侯仁之再赴美国，出席第 27 届国际地理学大会在弗雷德里克举行的地理学思想史专业委员会会议，还分别到美国及加拿大的几所大学做学术报告。

1996 年，侯仁之应邀出席美国克莱尔门特·麦基纳学院召开的“燕京大学的经验与中国的高等教育”国际研讨会。这是他最后一次出国，值得纪念的是，他专程前往波士顿，为敬爱的洪业老师扫墓。

▲ 侯仁之与张玮瑛在自己的寓所前。（侯仁之提供）

这些年，侯仁之在专业学术领域里也取得了新的成果。

由侯仁之担任主编的《北京历史地图集》第一集于 1988 年出版以后，他与自己的同事和学生们继续埋头苦干，又于 1997 年出版了第二集。

《北京历史地图集》第一集的主要内容，以北京市的政区沿革和北京城自金朝建都至民国时期的城区演变为主。侯仁之认为它“所涉及的历史地理研究内容和深度，还是有限的”，即使如此，它的编制过程也费时八年。而第二集的主要内容，是新石器时代最重要的遗址和遗存的分布图。这具体反映了侯仁之对历史地理学所涉及的“历史时期”上限问题的主要观点：即应当“扩展到从‘中全新世’以后的历史时期，也就是扩展到人类活动对地理环境开始产生了日益显著的影响以后的时期（从考古学上来说，就是从新石器时期以后的时期）。”

侯仁之在《北京历史地图集》第二集的“前言”中再次重申：

> 从整个人类生活发展史上来看，农业的萌芽乃是划时代的重大事件，是人类文明史上从旧石器时代进入新石器时代的转折点。这一客观事实，就为人地关系的研究，提出了前所未有的新课题，实际上也就是现代历史地理学研究的新起点。

《北京历史地图集》的绘制与编辑是一项异常细致而艰辛的工作。从其内容的时间范畴上看，已经出版的这两册地图集反映的是“历史时期”的两端：第一集的内容接近“历史时期”的下限、至民国时期为止，第二集则返回到“历史时期”的上限、即大约一万年前的新石器时期早期。而在这长达近万年的时间阶段中，还留有极大的空白，从这个意义上说，《北京历史地图集》第一、二集的出版可算是一个“起点”，这项极其浩大的工程也许需要几代历史地理工作者持续不断的努力才能完成。

2000 年 5 月，由侯仁之担任主编的学术专著《北京城市历史地理》正式出版。全书 40 万字，共分 11 章。内容包括从城市出现以前的新石器时期北京地区的人类活动直到辽、金、元、明、清时期北京城的规划与建设；同时还设立专章，分别介绍城市职能建筑分布、元明清时期的城市商业与市场分布、各时期北京城市人口、北京的对外交通、城乡关系及清代宣南的士人文化等重点内容。有专家评价，这本专著在观点及方法上均有开创性的意义。

侯仁之早就说过：

> 历史地理学作为现代地理学的一个分支，在城市地理的研究上，对一个城市的起源、城址的演变、城市的职能以及城市面貌的形成和发展，都应该看做是研究范围以内的事。特别是在我国，历史悠久的重要城市为数甚多，结合城市规划的要求，进行这方面的研究，尤其是当务之急。

可以说，《北京城市历史地理》是侯仁之上述思想观点的结晶。而他自己则认为，作为“城市历史地理”这个大课题，对北京这座城市的研究仍然仅仅是一个“新起点”，要做的事情还有很多很多。

但是，他毕竟已是九旬之人了，受身体和年龄的限制，他很难再漂洋过海出国交流讲学了，也再不能千里跋涉去边远沙漠地区考察了，就连骑着他的自行车出去转转也已经成为奢望。不过，他还可以写文章、做报告、提建议、收“徒弟”、带研究生，还在“平淡充实地继续工作下去。”他不无欣喜地看到，“所从事的学科后继有人，学问薪火相传”；他充满希望地期待，自己毕生的心血能够浇灌出几朵灿烂的小花，为人类生活着的这个世界增添些许光彩……

年龄不饶人，病痛时时折磨着晚年的侯仁之，他不由得感叹道：“……这几年，目衰加以足疾，所做的工作实在是很有限。”

侯仁之家的卧室、书房都在二楼，一层只有一个不大的客厅，用于接待客人。毕竟年龄大了，每天上下楼梯已经很不方便。2002 年 8 月，电视台的记者来拍专题片，他到楼上去拿一些材料，下楼时不慎跌倒，连胳膊也摔伤了。

有一次北京市文物局的人前来拜访，看到了这种情况，果断决定，由他们出资，派人在楼下的南窗外搭建出一两间屋子，还有厨房厕所。这样侯仁之白天基本可以待在楼下，免得上上下下爬楼梯了。

而眼睛的问题更让他苦恼不堪。2003 年夏天我去探望，他很高兴地告诉我，上周刚刚做了白内障手术，效果很好，看东西清楚多了；只是医生吩咐，至少半个月之内不得过度用眼，否则将前功尽弃。“但是，”他用手指了指书桌上的一大摞材料，“刚送来这些东西要看呢，真急人！”

我再三叮嘱：“您千万不能看！材料可以放一放，晚几天不要紧，眼睛再坏了可不得了！”

▲ 侯仁之家中的门厅及楼梯。（摄于 2005 年）

▲ 侯仁之家的客厅一角。（摄于 2005 年）

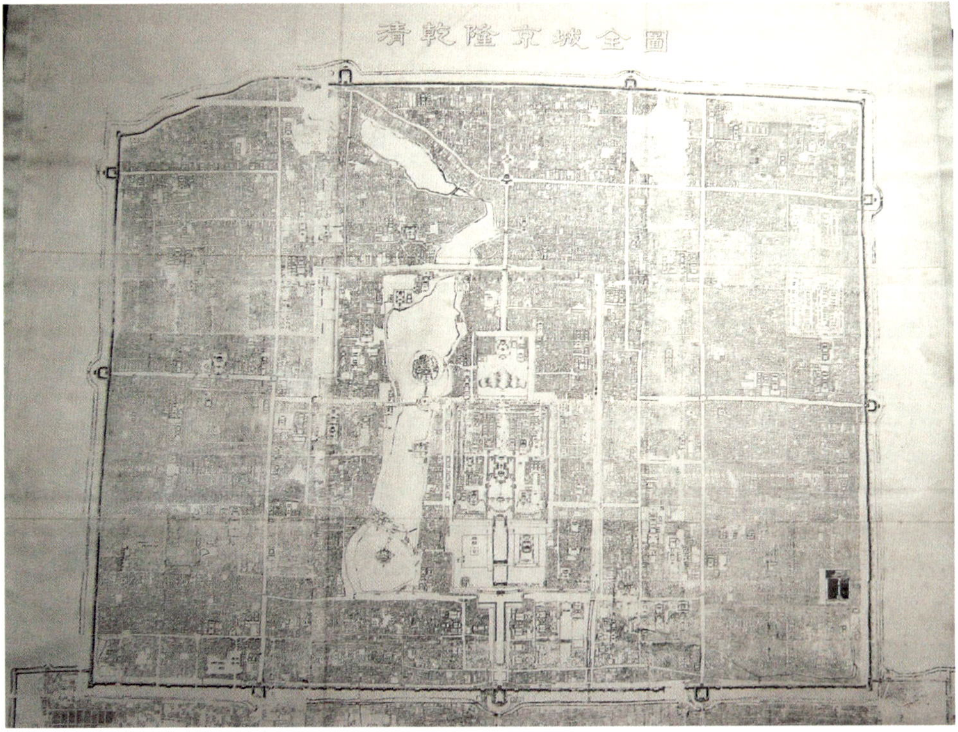

▲ 侯仁之客厅北墙上的“清乾隆北京全图”。（摄于 2005 年）

几天后我再去，他很后悔地说："没忍住，又看东西了。结果很不好，眼睛难受得很……"

他语气中带着一丝歉意，似乎是自己做错了什么事情，等着别人批评。

还有一次，我有些问题需要请教，便打电话过去，希望约一下时间。接电话的是张玮瑛，她说侯仁之这两天身体状态很不好，连出去散步也无法进行了，是不是可以缓几天？

第二天，我有些不放心，再打电话询问情况，接电话的仍是张玮瑛。我听见电话里很热闹，似乎有许多人在说话。张玮瑛把声音压得低低地说："对不起，他正在开会……"

我十分惊讶："侯先生的身体……"

她轻轻叹了口气："很重要的事情，推托不开呀。没办法……"

2005 年 6 月 28 日，出了件大事：前一天，侯仁之从下午到晚上连续跌了五次跤。28 日早上，他们的大女儿侯馥兴从美国给家里打电话，张玮瑛说侯仁之觉得不太舒服，还没有起床，放下电话，她发现侯仁之不仅难以下床，

▲ 2004 年 12 月 6 日，侯仁之与张玮瑛在家中。

连说话也有些困难了！本来小儿子凡兴几天前刚从美国回来，住在家里，不巧的是，他那天很早就和哥哥方兴出去办事了，一时联系不上。正在手足无措之际，幸亏侯馥兴觉得有些不太放心，紧接着又来了个电话。得知情况后，她立即四处打电话联系，人们闻讯赶到，赶紧将侯仁之送到医院，经过仔细的全面检查，认为问题还不太严重。原来他患有糖尿病，因服药不甚对症，居然造成血糖过低。好在他身体素质不错，没有引起其他的毛病。大家总算松了一口气！

不过，不管他自己是否情愿，这次必须彻底“休息”一下了。后来我去探望，他躺在病床上打吊针，精神已经好了许多，只是右手被针头扎的次数多了，有些肿胀。他很迫切地问医生：“我可以出院了吧？”医生当然断然拒绝了。他很有些失望，喃喃地说：“还有好多工作啊……我现在什么也干不了啦……”

方兴、凡兴兄弟俩很了解自己的父亲，特地买了一幅挺大的“古今北京城市地图”，挂在病床旁边。有这地图陪伴，侯仁之睡觉也踏实些。

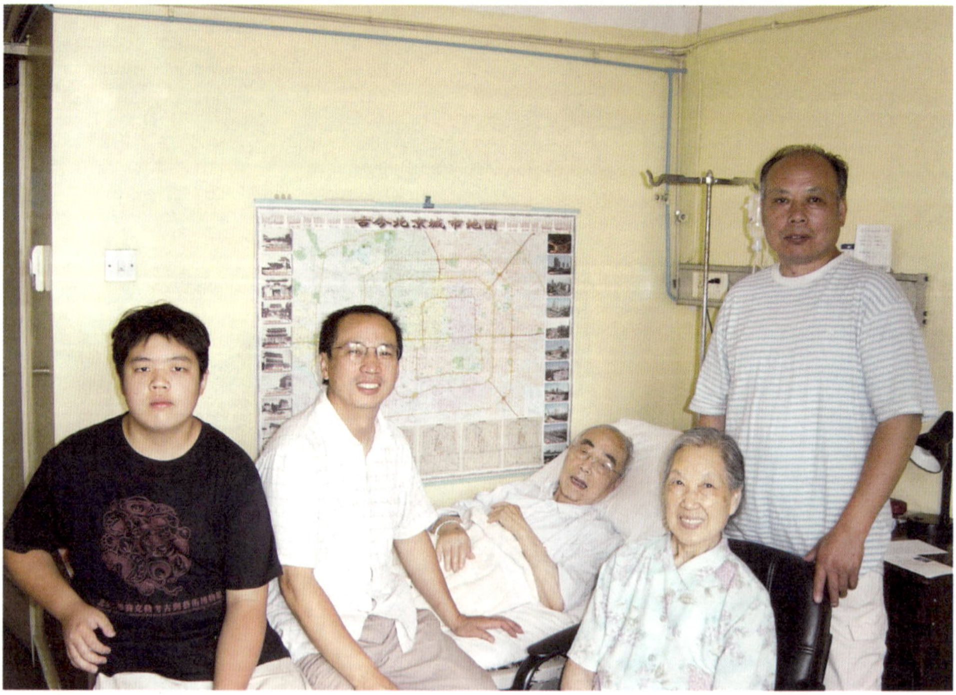

▲ 在北京友谊医院住院时，侯仁之与家人合影。自右至左：侯方兴、张玮瑛、侯仁之、刚从美国回来探亲的侯凡兴和他的儿子。（摄于 2005 年 7 月 18 日）

有一件事让侯仁之很上心。他住院后，正在美国参加一个重大科研项目的女儿打算辞去工作，回来专门照顾父亲。侯仁之很着急地说："她不应该回来，她的工作很重要啊！他们那个课题刚刚获得 2000 多万美元的资金，很了不起啊！她不能回来。我没事儿的！"

20 多天后，侯仁之终于出院了。他又回到燕南园的家中，又可以继续工作，继续怀着满腔热忱关注自己居住的这个城市、自己去过的那些地方……

许多情况应当是让他感到欣慰的。

还在 2002 年 9 月，北京市出台了《北京历史文化名城保护规划》，提出从整体上保护北京旧城的设想，并针对历史河湖水系、城市中轴线、皇城历史文化保护区、旧城"凸"字型城郭以及棋盘式道路网、街巷胡同格局、城市景观线、建筑的高度控制以及形态与色彩、古树名木、传统地名、传统文化和商业等各个方面的保护提出了相当具体的要求。

2005 年 5 月 1 日，也就是侯仁之住院之前的一个多月，由北京市第十二届人民代表大会常务委员会审议通过的《北京历史文化名城保护条例》正式实施。这个"条例"详细规定了保护的内容、规划及措施，并明确提出：对于依法负有保护北京历史文化名城职责的国家机关及其工作人员，若有违反条例规定的，"由其上级行政机关或者监察机关依法追究直接负责的主管人员和其他直接责任人员的行政责任；构成犯罪的，依法追究刑事责任。"这个"条例"的颁布实施，将对那些盲目追求"政绩"或"经济效益"而不惜大肆破坏北京旧城风貌的人员和行为起到应有的遏制作用。

在侯仁之住院期间，2005 年 7 月 10 日，第二十九届世界遗产大会在南非城市德班开幕。这次大会的重要议题之一是讨论审议中国、阿尔巴尼亚、南非等 44 个国家提出的 42 个备选世界遗产项目，其中包括 28 处文化遗产、10 处自然遗产以及 4 处文化和自然双重遗产。

中国该年度的世界遗产申报项目是"澳门历史城区"。它包括以澳门旧城为中心、通过相邻的广场和街道串联起来的妈阁庙、港务局大楼、郑家大屋、数座历史悠久的教堂、岗顶剧院、何东图书馆、民政总署大楼、三街会馆（关帝庙）、大三巴牌坊、哪吒庙、旧城墙遗址、大炮台、基督教坟场等 20 余处历史建筑，以及同分散建筑紧密相连的妈阁庙前地、阿婆井前地等 7 个广场空间。"澳门历史城区"保存了澳门 400 多年来中西文化交流的历史精髓。7 月 15 日上午，会议在讨论这一申报项目时，只用了不到十分钟时间，就在没有任何争议的情况下将其作为“世界文化遗产”顺利通过。至此，中国的世界遗产项目已经达到31项。

在这次大会上，由中国代表团提交的故宫缓冲区保护规划方案经专家评议后被予以肯定，并顺利通过。大会提出，要求中国相关部门在此保护方案的基础上，做出详细的土地使用规划，确保整个区域保护措施的顺利实施。同时，世界遗产委员会还决定派出监测考察组，对故宫、颐和园和天坛这三个世界遗产的大规模维修保护工程进行现场评估考察，并将结果提交明年举行的第三十届世界遗产大会，继续进行审议。这无疑将极大地促进中国的世界遗产保护工作。

在听到这些消息的时候，每个北京人、每个中国人都会感到兴奋不已，侯仁之也同样如此。

还有不少来自西北沙漠地区的消息。

从1978年开始的“三北防护林工程”，经过20多年的建设，已经取得了巨大的成果。这一工程横跨西北、华北、东北西部13个省、市、自治区，全长达7000多公里，涉及土地面积400多万平方公里，占我国陆地总面积的42.4%，覆盖了我国95%以上的风沙危害区和40%的水土流失区。它被誉为“人类历史上规模最大、规划时间最长的林业生态建设工程，也是持续建设时间最长的林业生态建设工程”。2005年6月14日，国家林业局宣布，根据第三次全国荒漠化和沙化监测结果的统计数字显示，中国的治沙工作已获得成效，荒漠化和沙化整体扩展趋势已得到初步遏制。

也许是偶然的巧合，从地图上可以看到，当年侯仁之与他的同事和学生们考察沙漠地区时的行进轨迹，恰好与如今的“三北”防护林带重合。

他们考察过的陕北榆林地区，如今“已成为我国造林绿化的一面旗帜，防沙治沙的典范”。经过当地人民的持续努力，“沙区生态环境和生产、生活条件发生了历史性的变化，‘沙进人退’的历史变成‘人进沙退’的现实。榆林市被评为‘全国绿化先进市’、‘全国治沙先进单位’。”侯仁之曾经赞叹“……敌楼高达24米多，10公里以外就已遥遥在望，甚是壮观”的统万古城，被列入由陕西师范大学和日本黄土高原绿化基地发起的“统万城绿色都市恢复行动计划”，“近年来，随着当地大力治沙，许多适沙灌木、草木植物已郁郁葱葱，一些老百姓栽植的白杨树也挺拔有力。古城周围的流沙有的已经变成了固定或半固定沙丘。”40年前作为侯仁之的学生与其一起考察过统万古城的朱士光，如今已经是一位颇有建树的著名学者，作为中国古都学会会长，他豪迈地说："虽然沙漠淹没了这座由十万人构筑的匈奴都城，但通过我们的不懈努力，使这座沉睡了千年的城池遍泛绿波不成问题。"

1990 年，侯仁之随"三北防护林视察团"重访 12 年前考察过的敦煌地区，听到当地同志反映，由于祁连山林木长期遭到破坏的问题仍然未能得到遏制，以致洪水成灾。侯仁之立即写出报告《祁连山水源涵养林的保护问题，迫在眉睫！》。

在前面我们曾经说过，由于祁连山的林木大面积被毁，雪水融化的过程和速度失去合理的控制，不仅对河西走廊的水系造成严重影响，甚至影响到远在千里之外的黑河下游，竟造成古居延海的干涸。

从那时到 2005 年，又过去了 15 年，那里的情况怎样了呢？

需要说明的是，现在这一带地区的地名及河流名称有所变化，原先的黑河及其下游的"弱水"、"额济纳河"被统一归于"黑河水系"；而侯仁之曾经提到过的"索古诺尔"和"嘎顺诺尔"（由于译音不同，也称"索果淖尔"、"嘎顺淖尔"）被称为"东居延海"和"西居延海"。

其中的西居延海（索古诺尔）早在 1961 年便已干涸，而东居延海（嘎顺诺尔）则在侯仁之发出"迫在眉睫"呼吁的两年后——也就是 1992 年——干涸。据媒体报道，"20 世纪 90 年代，黑河每年平均断流 200 天以上。湖水干涸后的额济纳旗成了沙尘暴的重要源地，并由此形成了一条横贯我国北方的'沙尘走廊'。"问题还不只这些。由于水源紧张，"这些地区用水纠纷事件经常发生，从 1993 年到 1999 年，仅甘肃的张掖、临泽、高台三县（市）就发生水事纠纷 152 起。"

2005 年 7 月，国内诸多媒体报道了这样一条重要消息："新华社郑州 7 月 18 日电。7 月 17 日 22 时 56 分，经过人工调度的黑河水到达尾闾湖泊东居延海。这是 2000 年国务院决策进行黑河水量统一调度和流域治理以来，我国连续四年七次成功调水进入东居延海。与以往调水后 6 ~7 月间东居延海出现干涸不同，今年不同年度的黑河水首次在东居延海汇合，实现全年不干涸已成定局。……额济纳绿洲既是西北和华北地区重要的生态屏障，也是当地人民生息繁衍、国防科研和边防建设的重要依托。为解决黑河问题，国务院授权黄委会黑河流域管理局从 2000 年起开始对黑河干流实施水资源统一调度与管理，经过连续五年调水，初步扭转了下游地区生态环境持续恶化的趋势。"

细细品味这些消息，让人感到喜忧参半。

“治沙工作已获得成效”“‘沙进人退’的历史变成‘人进沙退’的现实”“初步扭转了下游地区生态环境持续恶化的趋势”……这些都是很好的事情。但也必须看到，“荒漠化和沙化整体扩展趋势”仅仅是“得到初步遏制”，“生态环境持续恶化的趋势”也仅仅是“初步扭转”。全面保护自然生态环境的问题仍然“迫在眉睫”，要想真正顺应自然规律、求得人类与自然的和谐共存，依然是一个长期的、需要不懈努力的艰巨任务。

这些情况也说明，有许多事情往往不像希望的那样完美。有许多问题，侯仁之不能不说。不过，归根结底，他只是一个学者，只能在自己所熟悉的领域内发表意见；他只是一名科学家，即使发表了意见，是否能被接受、被实施，也还得有必要的客观条件，许多问题不是仅靠他个人的地位和声望所能解决的。对于他所发现和提出的许多问题，有些受到重视，被采纳、被解决了，这自然让人感到欣慰；也有些则被搁置不理，对此，他也感到无奈、懊恼甚至愤慨，因为许多原本可以避免的失误所造成的严重后果是永远也无法弥补的！然而，出于一个学者、科学家的良知和责任感，他始终在力所能及的范围内努力发挥自己应有的作用，从不因挫折而颓丧。只要有机会，他还是要写、要说、要大声疾呼。他始终对未来充满信心。

说到地位和声望，侯仁之几十年来所担任过的职务和获得的荣誉足以列出一份长长的名单，但他不以为这是什么了不得的事情。他在自己 90 岁的时候曾经说过这样一段话：

> 说实话，名利之心过去是有的，可是到了今天，“名利于我如浮云”。

如此肺腑之言，实为对人生的彻悟。

不过，在侯仁之所获得的众多荣誉之中，有几项还是必须一提的。

1999 年 10 月 21 日，何梁何利基金第六届颁奖大会在北京钓鱼台国宾馆举行。“何梁何利基金”是由何善衡基金会有限公司、梁銶琚先生、何添先生、利国伟先生的伟伦基金有限公司共同捐资，于 1994 年在香港注册成立的科技奖励基金，设有“何梁何利基金科学与技术进步奖”和“何梁何利基金科学与技术成就奖”，每年评奖一次。

“何梁何利基金科学与技术进步奖”授予在特定学科领域取得重大发明、发现和科技成果者，尤其是在近年内有突出贡献者。1999 年有 60 人获奖。

“何梁何利基金科学与技术成就奖”授予长期致力于推进国家科学技术进步，贡献卓著，并取得国际高水平学术成就者，每年的获奖人最多不超过五名。此次有两人获奖，即历史地理学家侯仁之与化学家卢嘉锡。

1999 年，可谓“双喜临门”。当年 11 月，侯仁之又获得美国地理学会“乔治·大卫森勋章”，侯仁之的女儿侯馥兴代表他出席了在纽约举行的颁奖大会。为了表示郑重，不久后该学会又特地在北京举行了一次由侯仁之本人出席的授勋仪式。

美国地理学会成立于 1851 年，是美国最具权威性的学术机构之一。为纪念美国著名地理学家乔治·大卫森，该学会于 1946 年设立了“乔治·大卫森勋章”，用以表彰那些在地理学方面做出卓越贡献的科学家。该奖项自设立以来，仅有五位学者分别在 1952 年、1972 年、1974 年、1975 年、1980 年获得此项荣誉；侯仁之是第六位获得者。

2001 年，侯仁之又获得一项新的荣誉——美国国家地理学会所颁发的“研究与探索委员会主席奖”。

以“增进和普及地理知识”为宗旨的美国国家地理学会成立于 1888 年。同年 10 月，该学会创办了自己的会刊，就是后来享誉全球的美国《国家地

▲ 2001 年，侯仁之获美国国家地理学会所颁发的“研究与探索委员会主席奖”。（侯仁之提供）

理》杂志。如今，美国国家地理学会已经成为全球最大的非营利的教育与科学机构，它所资助过的人类探索与科研计划超过了 7000 件。研究与探索委员会是美国国家地理学会的一个专业机构，每年为各种学科的项目提供资助。“研究与探索委员会主席奖”是该委员会的最高荣誉，专门授予那些为世界带来新知识、拥有杰出贡献的科学家。此前，这一奖项仅被授予南非的古生物学家李·伯格。

由于侯仁之在历史地理学方面的卓越成就，美国国家地理学确定他为 2001 年度的获奖者。2001 年 10 月 25 日，该委员会的委员玛莎·丘奇女士专程前来中国，在北京大学校园内的临湖轩为侯仁之颁奖。玛莎·丘奇女士说，侯博士是中国学术成就最丰厚的地理学家之一，他坚持出版研究著作，跨越自然科学和社会科学领域，是当代地理学的“世界级”人物。侯仁之获得这一荣誉是当之无愧的。

这些奖项具有特殊的意义。“何梁何利基金科学与技术进步奖”是国内科技界最重要的奖项之一，而美国地理学会和美国国家地理学会的奖项则代表了国际社会对中国科学家的认可和推崇。这些光荣不仅属于侯仁之自己，也属于我们全体中国人。

对侯仁之来说，2005 年 12 月 6 日的生日有些特殊。因为，按照中国人的计岁方式，这是他的“九五之寿”，应当隆重庆祝。人们在北大图书馆组织了一次场面热烈的祝寿活动，侯仁之与张玮瑛自然是中心人物。侯仁之在会上发言，他满怀深情地说：“我还记得，当初我在燕京大学的图书馆里头，认识了我的爱人，至今相伴，共度晚年。图书馆是我一生难忘的地方……”

张玮瑛也发言了。她说：“我想对年轻的同学说一句话，你们一定能够超过我们，后来居上！你们的前途是远大的。我们国家正在走向富强，希望大家努力，爱我们的祖国，爱我们的人民，爱学术，爱科学，日益进步！”

这是侯仁之最后一次参加外界的活动。

在接下来的几年里，他的身体状况越来越差，经常辗转于各个医院之间，病房成了他的长居之所。他和张玮瑛也难以再日夜相伴，而只能在规定的探视时间见面了。2009 年 8 月 7 日，是侯仁之与张玮瑛结婚 70 周年纪念日，张玮瑛到医院探望侯仁之，特地带去两支鲜艳的玫瑰花。几天后，一些至亲好友在临湖轩举行了一个小型的聚会，纪念他们结婚 70 周年；临湖轩正是侯仁

◀ 2005 年 12 月 6 日，侯仁之和张玮瑛参观北大图书馆特藏室。这特藏室的书桌是原燕京大学图书馆的旧物。燕京大学图书馆是他们爱情开始的地方。（侯馥兴提供）

▲ 2009 年 8 月 7 日，张玮瑛去北大校医院探望正在住院的侯仁之，特地带去两支鲜艳的玫瑰花，以纪念他们结婚 70 周年。（侯馥兴提供）

之与张玮瑛当年结婚的地方。

又过了一年，应是侯仁之的农历“百岁之诞”。2010 年 12 月 5 日，有关方面举行了一个规模很大的庆祝会，地点仍在北京大学图书馆。但是，这一次不仅侯仁之未能出席，连张玮瑛也无法参加了。几个月以前的 8 月 1 日，她突发脑梗，被送进了北医三院。

后来，张玮瑛转回北大校医院住院。我曾前去探望，但那天她正在睡眠中，不能探视，我只有去另一间病房看望侯仁之。实事求是地说，他的情况让人伤感。由于身体越来越虚弱，他早已无法进食，只能靠鼻饲维持营养。他的记忆力已经很差，虽然知道认识我，也一再说“我记得你”，却总也想不起名字了，这让他很苦恼；我赶紧打岔说些别的事情，以转移他的注意力。但是，尽管身处如此艰难的境地，他仍然不肯听凭疾病的摆布，还要进行坚决的抗争。为了避免长褥疮，他不愿长久地躺着，每天都要顽强地在椅子上坐一段时间，手里还攥着一对棒球以锻炼手劲；尽管体力不济，他依然坚持与我对话，只是说不了几句就失去了精神，开始垂头打盹了……

▲ 潞河中学的“仁之楼”。（摄于 2005 年）

看到一个曾经那样睿智达观的老人，被病魔折磨成这个样子，让人万般辛酸。而相随相伴 70 多年的张玮瑛，此刻就在同一幢楼的另一个病房里躺着，咫尺天涯，从此再也无法相见，这种情形，何等残酷！

这是我最后一次见侯仁之。我不忍再见，我也不想再去打扰他们。就让两位老人安静地度过他们人生的最后时光吧。

2013 年 10 月 22 日，侯仁之逝世，享年 102 岁。

2015 年 10 月 27 日，张玮瑛逝世，享年 100 岁。

人生总要有终点的。

有些人的生命如荧光一闪，转瞬即逝；有些人的生命如苍穹之星，长耀世间。

侯仁之属于后者。

记得当初我去侯仁之的母校潞河中学采访的时候，看到校园里那些已有近百年历史的老校舍保存得相当完好，而近年所建的楼宇在建筑风格和外观色彩上也力求与老楼一致，显得十分协调。在新建的信息中心楼旁边，我发现一座造型别致的塔状楼房，由于楼顶有一个小小的圆顶天文观测台，看上去格外引人注目。在底层大门的门楣上方，刻有三个红色的大字："仁之楼"——这是以侯仁之的名字命名的教学楼！

侯仁之，是母校的骄傲啊！

这"仁之楼"不仅借用了侯仁之的名字，其中尚有更深的含义。那是期望一代代的学子，都能以仁爱之心立世，以仁和之心修身，以仁厚之心待人，以仁德之心治学，像他们的学长侯仁之那样，成为"以仁义之心达济天下"的社会栋梁！

"仁之"，这名字真好！

眼前进出于"仁之楼"的学生们，一个个是那样活泼，洋溢着令人羡慕的青春朝气。在这些天真可爱的少男少女中间，说不定就有许多将来的侯仁之！后生可畏啊！

附录

侯仁之年谱简编

- 1911 年 12 月 6 日（农历辛亥年十月十六）生于河北省枣强县肖张镇。祖籍为原山东恩县。
- 1918 年，7 岁。在本镇入小学。因体弱多病而数次辍学。
- 1926 年，15 岁。入山东德州博文中学读书，初中毕业后转入济南齐鲁大学附属高中。因学潮，中断学习，又转回博文中学高中。
- 1931 年，20 岁。夏，转入河北通县潞河中学高三年级。
- 1932 年，21 岁。秋，参加北平燕京大学特别考试，获四年免费奖学金，入读历史系。
- 1935 年，24 岁。夏，长江中下游水灾，撰《记本年湘鄂赣皖四省水灾》，载于 10 月 16 日出版的《禹贡半月刊》第 4 卷第 1 期。
- 1936 年，25 岁。本科毕业，获文学士学位；毕业论文《靳辅治河始末》，载于燕京大学《史学年报》。留校做硕士研究生，兼任系主任顾颉刚的助理，协助古迹古物调查实习课；为顾颉刚主持编绘的《历史地图底本》做校对工作。夏，参加黄河后套水利调查团。
- 1937 年，26 岁。撰《陈潢治河》，载于 3 月 7 日《大公报·史地周刊》第 126 期。7 月 7 日卢沟桥事变，继而北平沦陷。

- 1938年，27岁。论文《明代宣大山西三镇马市考》，载于《燕京学报》1938年第23期。
- 1939年，28岁。8月7日，与张玮瑛结婚。论文《王鸿绪明史列传残稿——明史刊成二百年纪念》，载于《燕京学报》1939年第25期。
- 1940年，29岁。完成硕士研究生论文《续〈天下郡国利病书〉山东之部》，获文硕士学位，留校任助教；兼任学生生活辅导委员会副主席，协助赴解放区或大后方参加抗日工作的学生离校。
- 1941年，30岁。硕士论文《续〈天下郡国利病书〉山东之部》列为《燕京学报》专号之一，由哈佛燕京学社出版。12月8日，太平洋战争爆发，燕京大学被日本侵略者封闭。暂返天津；在天津遭日本宪兵逮捕，被押送至北平沙滩红楼日本宪兵队本部监禁。
- 1942年，31岁。2月10日，由沙滩红楼转押至东直门内炮局胡同三条日本陆军监狱候审。2月，长女侯馥兴在天津出生。6月18日，被判处有期徒刑一年、缓刑三年，取保开释。寓居位于天津法租界的海大道60号岳父张子翔家。秋，到位于英租界的私立达仁商学院授课。
- 1943年，32岁。4月，完成《北平金水河考》初稿。从事有关天津历史与地理的研究。秋，转到法国天主教会创办的天津工商学院任教，并在该学院创办的女子文学院兼课；应邀为“学生俱乐部”作“黄河故事”的讲演。
- 1945年，34岁。《天津聚落之起源》作为《天津工商学院特刊》出版。8月15日，日本战败投降。参加复校工作委员会工作；10月10日，燕京大学重新开学。
- 1946年，35岁。《北平金水河考》载于《燕京学报》第30期。8月，长子侯方兴在北平出生；同月，赴英国利物浦大学地理系进修，师从著名历史地理学家达比（H. C. Darby，也译“德贝”）。先后担任留英中国学生会副主席和留英中国学生会利物浦分会主席。
- 1949年，38岁。夏初，论文《北平的历史地理》通过答辩，获哲学博士学位。从海上经香港回国，9月底回到北京。10月1日，参加中华人民共和国开国大典。在燕京大学任副教授、教授。
- 1950年，39岁。应梁思成之邀到清华大学建筑系讲授“市镇地理基础”课程。应聘为北京市都市计划委员会委员（至1954年）。作题为“北京海淀附近的地形、水道与聚落——首都都市计划中新定文化教育区的地理条件和它的发展过程”的考察报告。建议教育部将“大学历史系课程目录中”的“中国沿革地理”改为“中国历史地理”。7月，《中国沿革地理课程商榷》一文载于《新建设》第二卷第11期。

- 1951年，40岁。燕京大学由教育部接管。迁入燕南园61号居住。《北京海淀附近的地形、水道与聚落——首都都市计划中新定文化教育区的地理条件和它的发展过程》载于《地理学报》1951年第18卷。
- 1952年，41岁。院系调整，燕京大学与北京大学合并，任北京大学副教务长兼地质地理系主任。当选为全国民主青年联合会常务委员、中国地理学会副理事长兼历史地理专业委员会主任委员。
- 1953年，42岁。《迎接北京建都800周年》载于《地理知识》1953年第1期。
- 1954年，43岁。8月，当选为北京市人民代表大会代表（至1988年）。
- 1955年，44岁。《北京都市发展过程中的水源问题》载于《北京大学学报》第1期。
- 1956年，45岁。2月，次子侯凡兴在北京出生。
- 1957年，46岁。夏，由教育部派往南斯拉夫贝尔格莱德大学出席“今日的大学”国际讨论会。《历史时期渤海湾西部海岸线的变迁》载于《地理学资料》1957年第1期。
- 1958年，47岁。出席在呼和浩特市召开的“西北六省区治沙会议”。当选为北京市人民委员会委员（至“文革”）。《历史上海河流域的灌溉情况》载于《地理学资料》1958年第2期。
- 1959年，48岁。《中国古代地理名著选读》由科学出版社出版，担任主编。《关于古代北京的几个问题》载于《文物》1959年第9期。任第三届全国政协委员（至第七届）。
- 1960年，49岁。夏，赴宁夏河东沙区考察。
- 1961年，50岁。夏，赴内蒙古乌兰布和沙漠考察。《徐霞客》（“中国历史小丛书”之一）由中华书局出版。
- 1962年，51岁。夏，赴内蒙古及陕西榆林地区的毛乌素沙漠考察。《历史地理学刍议》载于《北京大学学报》自然科学版1962年第1期。5月，《历史上的北京城》由中国青年出版社出版。7月，主编的《中国古代地理学简史》由科学出版社出版。9月，《步芳集》由北京出版社出版。
- 1963年，52岁。夏，赴内蒙古乌兰布和沙漠考察。
- 1964年，53岁。夏，赴陕西榆林地区及毛乌素沙漠考察。《从人类活动的遗迹探索宁夏河东沙区的变迁》载于《科学通报》1964 年第 3 期。《在所谓新航路的发现以前中国与东非之间的海上交通》载于 1964 年 11 月《科学通报》。

- 1965 年，54 岁。夏，主持完成有关北京城地下埋藏古河道的研究，被选送在北京举行的全国科技研究成果展览。9 月，到北京西郊门头沟下清水村参加“社会主义教育运动”。《历史地理学在沙漠考察中的任务》载于《地理》1965 年第 1 期。《乌兰布和沙漠北部的汉代垦区》（合作者俞伟超、李宝田）载于中国科学院治沙队《治沙研究》1965 年 11 月第 7 号。
- 1966 年，55 岁。“文化大革命”爆发，受到人身迫害。
- 1969 年，58 岁。秋，下放至北京大学设在江西鄱阳湖鲤鱼洲的干校劳动改造。
- 1971 年，60 岁。秋，回北京，在校内继续劳动。年底得到通知，停止劳动。
- 1972 年，61 岁。《文物》《考古》复刊，编者来家中约稿。
- 1973 年，62 岁。《从红柳河上的古城废墟看毛乌素沙漠的变迁》，载于《文物》1973 年第 11 期。《乌兰布和沙漠的考古发现和地理环境的变迁》（合作者俞伟超），载于《考古》1973 年第 2 期。
- 1974 年，63 岁。应约在邯郸市工作，经实地考察后，写成《邯郸城址的演变和城市兴衰的地理背景》。
- 1975 年，64 岁。应约在承德市建设局工作，写成《承德市城市发展的特点和它的改造》。
- 1976 年，65 岁。应约在淄博市工作，写成《淄博市主要城镇的起源和发展》。《从考古发现论证陕北榆林城的起源和地区开发》（合作者袁樾方），载于《文物》1976 年第 2 期。
- 1977 年，66 岁。应约为中国科学院自然科学史研究所主编的《中国技术史》“城市建设”章撰“元大都城与明清北京城”，后转载于《历史地理学的理论与实践》。与吴良镛合著《天安门广场：从宫廷广场到人民广场的演变和改造》，载于《文物》1977 年第 9 期。
- 1978 年，67 岁。3 月，出席全国科学大会。6 月，参加中国科学院沙漠研究综合考察队，重返西部沙漠考察，重点考察了内蒙古的居延城废墟和古居延泽，以及甘肃的汉龙勒城和阳关故址。9 月，带领研究生应约赴芜湖市参加城市规划工作，进行城市历史地理专题研究。
- 1979 年，68 岁。9 月，《历史地理学的理论与实践》由上海人民出版社出版。

12 月，参加“三北”防护林体系建设学术讨论会，作“我国西北风沙区的历史地理管窥”的学术报告。《城市历史地理的研究与城市规划》载于《地理学报》1979 年第 34 卷第 4 期。

- 1980 年，69 岁。3 月，应加拿大不列颠哥伦比亚大学之约，作为客座教授前往讲学；随后代表北京大学向美国匹兹堡大学赠送明代北京城砖；往美国波士顿拜见洪业老师。6 月，加入中国共产党。12 月，再次赴美，与雷洁琼教授应邀出席在新奥尔良举行的美国社会科学学会成立 60 周年大会。《我国西北风沙区的历史地理管窥》载于中国林学会编《1979 年三北防护林体系建设学术讨论会论文集》。当选为中国科学院学部委员、院士。《北京史话》（合作者金涛），由上海人民出版社出版，获 1980 年“爱国主义历史读物”优秀奖。
- 1981 年，70 岁。5 月，根据文化交流的协议，应邀前往加拿大维多利亚和多伦多等大学作讲演；后去美国华盛顿考察。《步芳集》由北京出版社再版。《敦煌县南湖绿洲沙漠化蠡测——河西走廊祁连山北麓绿洲的个案调查之一》载于中国科学院兰州沙漠研究所《中国沙漠》1981 年第一卷第 1 期。11 月至 1982 年 2 月，作为福布赖特学者，应邀到美国伊利诺大学（厄巴特）地理系讲学。
- 1982 年，71 岁。《历史地理学的理论与实践》由上海人民出版社再版。
- 1983 年，72 岁。《论北京旧城的改造》载于《城市规划》1983 年第 1 期。
- 1984 年，73 岁。1 月至 9 月，作为路斯基金学者，应邀到美国康奈尔大学城市与区域规划学院进行北京与华盛顿在城市设计主题思想上的比较研究，并到华盛顿考察。在此期间，于 7 月前往英国，由利物浦大学授予荣誉科学博士学位。《历史上的北京城》由中国青年出版社出版第 2 版。
- 1985 年，74 岁。被聘为首都发展战略顾问组顾问。4 月，在第六届全国政协第三次会议上以全国政协委员资格与政协委员阳含熙、郑孝燮、罗哲文联合签名，提出建议我国尽早参加《世界文化和自然遗产保护公约》的书面提案，获得通过；12 月，中国成为《世界文化和自然遗产保护公约》缔约国。5 月，出席北京发展战略讨论会，作“试论北京城市规划建设的两个基本原则”专题发言。《北京旧城城市设计的改造》载于《城市问题》1984 年第 6 辑。
- 1986 年，75 岁。任国务院学位委员会第一届学科评议组成员。8 月，被聘为国际地理学会以及科学的历史与哲学国际协会所属的地理学思想史专业工作委员会常任委员，出席在西班牙巴塞罗那举行的学术讨论会。

- 1987 年，76 岁。《从北京到华盛顿——城市设计主题思想试探》，载于《城市问题》1987 年第 3 期。10 月，作为北京市文物古迹保护委员会主任委员，出席在美国华盛顿举行的“文物古迹与遗址国际会议”第八届会议，在会上作题为“新时代的万里长城”的发言。后应邀出席在夏威夷举行的“亚洲及太平洋诸岛屿文化遗产国际讨论会”第三次会议。
- 1988 年，77 岁。担任主编的《北京历史地图集》第一集历时八年，由北京出版社出版。11 月，《燕园史话》由北京大学出版社出版。《历史地理学概述》载于《百科知识》1988 年第 3 期。
- 1989 年，78 岁。《北京历代城市建设中的河湖水系及其利用》载于《环境变迁研究》第 2、3 合辑。
- 1990 年，79 岁。《迎接北京建城 3035 周年》载于《地理知识》1990 年第 2 期。《论北京建城之始》载于《北京社会科学》1990 年第 5 期。《记英国国家图书馆所藏雍正北京城图》载于《历史地理》1990 年第 9 期。
- 1991 年，80 岁。7 月，赴荷兰乌得勒支市，出席国际地理学会联合会所属地理学思想史工作委员会会议。9 月，再访美国康奈尔大学，作有关北京和华盛顿在城市设计主题思想上比较研究的报告；又应邀顺访旧金山南海艺术中心，数次作介绍北京城的报告。12 月，《侯仁之燕园问学集》由上海教育出版社出版。《古都北京》（合作者金涛）中文、日文、英文版（各一部），由人民美术出版社和外文出版社出版。《北京城的兴起——再论与北京建城有关的历史地理问题》载于《燕都》1991 年第 4 期。
- 1992 年，81 岁。8 月，赴美国出席第 27 届国际地理学大会在弗雷德里克斯分会举行的地理学思想史专业委员会会议；后应约访问加拿大多伦多大学地理系和美国的达慕斯大学及加州大学地理系，分别做学术报告。《再论历史地理学的理论与实践》载于《北京大学学报》历史地理学专刊。
- 1993 年，82 岁。《历史地理学研究中的一些认识问题》载于《北京大学学报》哲学社会科学版 1993 年第四期。《北京紫禁城在规划设计上的继承与发展》载于北京大学中国传统文化研究中心《国学研究》第一卷。
- 1994 年，83 岁。《历史地理学四论》由中国科学技术出版社出版。
- 1995 年，84 岁。《奋蹄集》由燕山出版社出版。

- 1996年，85岁。5月，应邀赴美国，出席克莱尔门特·麦基纳学院召开的“燕京大学的经验与中国的高等教育”国际讨论会，后前往波士顿，为洪业老师扫墓。
- 1997年，86岁。《北京历史地图集》第二集由北京出版社出版。《试论元大都的规划设计》载于中国城市规划学会《城市规划》1997年第3期。
- 1998年，87岁。《从莲花池到后门桥——保护古城发展起源、改善城市生态环境》载于《规划建设》1998年第2期。4月，为北京市委市政府领导作“从莲花池到后门桥”的报告。作为“北京大学院士文库”之一的《侯仁之文集》，由北京大学出版社出版。
- 1999年，88岁。10月，获何梁何利基金科学与技术成就奖。11月，获美国地理学会授予的乔治·大卫森勋章。
- 2000年，89岁。5月，主编的《北京城市历史地理》由燕山出版社出版。《海淀镇与北京城——历史发展过程中的地理关系与文化渊源》（合作者岳升阳），载于《北京规划建设》2000年第1—2期。《未名湖溯源》载于燕京研究院《燕京学报》新10期。11月，为台湾沈祖海建筑文教基金前来北京的学者作“关于历史上的北京城及北京城市规划建设中的三个里程碑”的学术报告。12月20日，出席北京市重建莲花池与后门桥的竣工仪式；建议后门桥改用原名万宁桥。
- 2001年，90岁。5月，《侯仁之学术文化随笔》由中国青年出版社出版。9月，《晚晴集》由新世界出版社出版。10月，获美国国家地理学会颁发的“研究与探索委员会主席奖”。
- 2003年，92岁。9月，《侯仁之讲北京》由北京出版社出版。
- 2005年，94岁。1月，《侯仁之讲北京》由北京出版社出版第二版。3月，为纪念郑和下西洋600周年，《在所谓新航路的发现以前中国与东非之间的海上交通》一文被《郑和下西洋研究》创刊号（2005年第一期）以中、英文两种文字重新发表。
- 2009年，95岁。3月至5月，《北京城的生命印记》《历史地理学的视野》《我从燕京大学来》由生活·读书·新知三联书店陆续出版。
- 2013年10月22日，侯仁之逝世，享年102岁。11月，侯仁之1949年以英文所写的博士论文《北平历史地理》经邓辉、申雨平、毛怡译成中文，由外语教学与研究出版社出版。
- 2015年10月27日，侯仁之的夫人张玮瑛逝世，享年100岁。

后 记

几十年来，多少也算写了一些东西，但唯有此书所用精力较多。分析其中的原因，主要是有许多困难需要克服。

第一个困难，是心理上的障碍。

要说采访名人也不是第一次了，但在侯先生面前，我却总是感到自己的渺小。

其实，侯先生与他的夫人张玮瑛，本是极为谦和的老人。凡是拜访过他们的人，都对一个细节留有深刻的印象：每次告别，侯先生因腿脚不便，只能合掌道歉，拄杖送至客厅门口；而张先生则是无论冬夏，一定要送出大门，鞠躬致意，并目送客人远走至看不见背影为止。

后来去得多了，我已不必过于拘礼而一定要郑重其事地道别，所以，往往待话题一落，便立即起身，对张先生说一句："您千万别送，我自己关门！"然后拔腿便"逃"，连头也不回。——若是跑得慢一些，张先生肯定要跟出来的。

长此以往，每去一次，敬重之心便增加一分，反倒形成了莫大的思想压力。最直接的表现，就是下笔之时，总是"先生"长、"先生"短。始终保持这样一种"仰视"的姿势，如何放得开，如何写得好？

因此痛下狠心，把已经写毕的那几章从计算机里调出来，将"侯仁之"名下的"先生"二字统统删掉。——说实话，在后来的很长一段时间里，我难以适应这种直呼其名的写法，似乎总有一种负罪感，觉得自己像个没教养的狂妄小子。

但是，慢慢我就发现，去掉这一尊称，并不仅是表面的文字游戏。一个作者与自己的写作对象只有处于"平视"的角度，才能有冷静、准确的观察，

▲ 2005 年 6 月，侯仁之与张玮瑛在燕园未名湖畔。（吴英南摄影，侯仁之提供）

才能写出客观、真实的东西。这也是一种对读者负责的态度。再天才、再伟大、再了不起的人，在呱呱坠地的那一刻与其他新生婴儿并无任何差别，更何况在他自孩提至成人再到有所作为，这期间还有很长的路要走呢，有资格被人尊称“先生”，绝非朝夕之间的事情。作者无权强迫读者顺从自己，而只能通过平和的叙述引领读者，在逐渐了解一个人生命历程的过程中品味真正的感动。

采取了这样的措施之后，心态有所调整，笔端顿感流畅。当然，内心的那份敬仰之情还是始终存在的，只是徐缓了许多。如今正文已经写完，我应当赶紧回归原位，恢复后辈与长者的关系。在这里呼一声侯先生、张先生：此前多有失敬，恳请谅解！

第二个困难，是专业知识的匮乏。

侯先生是一位学者，在叙述个人经历的同时，不全面、系统地介绍他在学术上的业绩与成就，是万万说不过去的。要想做到这一点，第一步，需要真正掌握必要的专业知识；第二步，需要使用通俗易懂的语言加以表述。这本书的对象并不局限于学界中人，而是广大的一般读者，如何把一门学问讲述得妙趣横生而不致枯燥乏味以致让读者产生厌倦之感，是一个必须解决的重大问题，否则，无异于对这门学问的亵渎。

我已多次言明，在历史地理学方面，自己是一个完全的门外汉。尽管用了很多时间、花了极大力气补习，总有难以弥补的欠缺。首先，在基本理论的理解上，就曾长时间地徘徊在误区里。比如，对于“历史”、“地理”、“历史地理”这三者的关系，我总是搞不清楚。其实，早在60年前，侯先生的导师达比教授就说过:“地理学与历史学之间的界限，是很不容易划分的。”为此，我亟盼有名师点拨。所幸，经侯先生推荐，我拜访了他原先的学生、如今北京大学城市与环境学院的教授邓辉博士。第一次见面，邓老师便用了整整两个小时的时间，给我上了一堂十分生动的历史地理启蒙课。其中启发最深的，是他说：“要想正确理解‘历史地理’的含义及其研究对象，其实只要加一个字，即‘历史的地理’。”这一个“的”字，令我茅塞顿开。此后经数次请教，多受教益，使我终于开始对历史地理学有了逐渐深入的了解。在此，对邓辉老师表示由衷的感谢。

不过，如今书已写完，我心中仍不免忐忑。如果在学术问题上存在谬误，那自然是我过于愚钝的缘故。希望邓辉老师及其他专家不吝赐教，予以指正。

说到感谢，侯先生自不必说；他的夫人张玮瑛先生也是一位颇有造诣的历史学家，多有译著，尤其英文功底极为厚重，对我的写作给予了很多指导和帮助。每次我去，她要么悄悄地忙来忙去，要么默默地坐在一旁倾听，遇有侯先生记忆有误，她会轻声地予以纠正。有时我与侯先生聊天，她静静地坐在旁边看我带去的稿子，往往我们只聊了几句，她那边已经发现了数处错误，并以极工整的字迹把正确的内容用铅笔标在旁边；若是英文译名有误，她则会写出完整的英文全名，留供我参考。对于提供给我的资料，她总是整理得井井有条，再一项一项向我交代清楚……

还有他们的女儿侯馥兴、儿子侯方兴与侯凡兴，也都是极谦和的人。方兴、凡兴二位先生性格开朗，许多家中的细微小事，都是从他们那里“挖掘”出来的。而馥兴老师最为认真。当我前十章的初稿写成后，应侯先生的要求送去审阅，恰值馥兴老师自美国回来短暂停留。她用了几天时间，将稿子为父母读了一遍，讨论之后，又专门约我面谈，提出详细而中肯的意见。返回美国后，她始终关注着我的写作进度，对我发去的初稿逐章审读，不仅修订了很多疏漏，还补充了大量生动的素材。没有她的帮助，这书是写不成这个样子的。对此，仅用“感谢”二字，已无法表达我的心情。

客观而言，这本书之所以不敢妄自称“传”，不仅是因为它与通常的“传记”体例有别，主要还是因为仅凭我一人之力，难以写得全面，在书中尚留有许多空白等待填补。侯先生的子女亲友、同事学生，应当对他本人以及他的学问有更深、更全面的了解，希望他们将来会从不同的角度写出更好、更完美的《侯仁之传》。因为侯仁之代表了特定历史时期里一代中国知识分子的命运，这是一个很大的题材。

尽管是抛砖引玉之作，但回顾三年来的努力，我自认还是尽力而为了。

侯先生数十年笔耕不辍，不仅发表了大量学术专著、科普文章，还写了许多回忆往事的文字，这对我的写作提供了理想的基础。当然，仅靠案头工作是远远不够的。我仍要重复侯先生的那句话：历史地理学的研究，“是需要‘读书’和‘行路’的”。写“侯仁之”，“行路”自然必不可少。许多特殊的感触是只有在“行路”的过程中才能品味得到的。

比如张家口。70年前侯先生随顾颉刚老师乘火车前往调查实习，在他第一次登上张家口上堡的万里长城后，偶然发现一处古代建筑，由此深入研究，写出论文《明代宣大山西三镇马市考》。关于这段经历，我在书中已有叙述。侯先生说：“这篇论文是我第一次把一处古代遗址的研究扩大到一个地区的开始，也就是‘从点到面’的开始。”

后来他曾发感慨：

> 尝读英国史家吉本自传，方其壮年，只身作罗马古城之游，一日傍晚，独步踟蹰于坛庙废墟间，见虔诚跣足之修道士，歌颂晚祷于罗马神殿前。一念所中，不禁有华屋邱山之感。自是乃淬砺心志，卒成《罗马帝国衰亡史》。文笔绚烂，史法谨严，为近代西方史学一大巨著，150年来，无能过之者。史迹感人之深，有如斯者。

2005年7月至8月，我沿循侯先生的足迹，两次前往张家口大境门一带考察，看到因风雨侵蚀，城门与城墙经多次修葺，显然已不是当年的模样，但在城内居然还保留着一个很小的城圈，当地称之“市圈”，街名即为“市圈大街”。后经一位在张家口新结识的朋友赵大坪先生继续调查，了解到那小城圈有甬道通向大境门东侧的城墙，曾单开一门名“西境门”，并设有“千斤闸”。据当地老者介绍，原先“市圈”确是关内外百姓进行商业贸易的处所。根据地形及地名判断，这里似乎就是侯先生当年偶然而至、“一念所中”的地方。但是，这“市圈”与“上堡”是何关系？那单为“市圈”而设的小城门明明在大境门东侧，为何却名“西境门”？经70年变迁，当地的地理环境都有哪些变化？……对一个考察者来说，这些待解的谜团的确具有无穷的诱惑。由此方可领会“史迹感人之深，有如斯者”。

▲ 张家口“市圈”的“永顺门”。（摄于2005年8月）

而那年三次去天津的经历，却是“别有一番滋味在心头”。

1942年，侯先生被日寇判处缓刑后，寓居天津岳父家中。据张玮瑛先生回忆，她父亲的家在原法租界的海大道60号。被日寇逮捕判刑，是侯先生经历的第一次人生大劫难。此后流寓天津的三年，在他一生中有特殊的意义。我想，对故地的寻访，还是很有必要的。

天津海大道，如今称“大沽路”。2005年4月9日，我与妻子小敏顶着大风到达天津后才发现，这大沽路又分为“大沽南路”与“大沽北路”，自北向南延伸，直抵天津南郊，足有一二十公里的长度。要想在这么大的范围内寻找一栋老屋，实在困难之极。更何况大沽北路正在拆迁，沿街房屋多成废墟，找到那处旧居的希望实在渺茫。

迫于无奈，我只得找了个背风的地方，打电话询问侯先生。

令人佩服的是，尽管已年过九旬，侯先生的记忆仍是十分清晰。他还记得当年是住在海大道北端的法租界，旁边是新学中学，附近有个“马大夫医院”。他骑自行车到工商学院上班需要 20 多分钟，出家门向南不远就是法英租界交界处，当时还有铁栅栏。他有些懊恼地说：“要是有张地图就好了，我可以讲得清楚些……”我赶紧安慰他：“没关系，我相信一定会找到的。”

话虽如此说，但看到大沽路的现状，我已经失去了信心。时间紧迫，我们只有赶快直奔马场道的原天津工商学院去了。

马场道原属英租界，环境十分优美，整洁异常的马路两边，是一栋栋造型各异的小洋楼，红顶白墙，令人赏心悦目。原天津工商学院现为天津外国语学院，校园保存完好，诸多老建筑巍峨耸立，完全不像是经历了多年沧桑的样子。

下午我们匆匆返回大沽北路，自南向北，重新开始搜索。根据侯先生提供的线索，首先应当找到“新学中学”。但大沽北路只有一所“天津十七中学”，看那楼舍的样式，分明是 20 世纪 80 年代以后所建，根本不会有太长的历史。这实在令人失望！

首次天津之行，虽不是无功而返，但总有许多遗憾。最大的教训是事先准备不够。因此，回到北京后，我立即开始着手搜集资料。

据资料介绍，自第二次鸦片战争开始，外国列强便在天津强占租界。至 1902 年，天津已有英、法、德、日、俄、意、奥、比八国的租界。其中法租界最初的面积有 360 亩，后来逐步扩张到 2836 亩，具体的范围是：北至秋山街（现锦州道），东至海河，西至西小埝（现新兴路）、西大埝（现四平西道）与日租界相连，南至圣路易路（现营口道）与英租界为邻。

因此，根据侯先生与张先生的记忆，我应当把目标锁定在大沽北路、原英法租界交界处的营口道以北这段路上。

继续再查资料，了解到的情况使我又懊悔又高兴：原来那“十七中”的前身就是侯先生的弟弟侯硕之的母校新学中学！

关于新学中学早期的沿革情况，我在正文中已有介绍。它的老校舍是仿照英国牛津大学的模样建设的，为欧洲古城堡式建筑，设施极为完备。可惜的是，1976 年唐山大地震波及天津，老校舍被毁，现在的校舍是后来重建的。

掌握了这些情况后，我们立即于 4 月 13 日再赴天津。

尽管仅隔了几天时间，大沽北路的拆迁进行得异常迅速。令人失望的是，十七中学周边沿街的房屋要么已经成为废墟，要么是一些临时性的平房商店，绝无住宅的痕迹。我抱有一丝幻想，希望侯先生的记忆有误，因此从营口道开始，从南向北，直至大沽路北端的哈尔滨道，把街道两边类似住宅的建筑用照相机统统拍下来，待回到北京后再让侯先生夫妇一一辨认，看看能否存在偶然“误中”的侥幸。

4 月 19 日上午，我带着扩印出来的照片，前往燕南园。

侯先生与张先生事前显然进行了仔细的讨论。他告诉我，张家是一座二层小楼，距海大道有几十米的距离，有一条夹道从马路通向院子，南面一墙之隔便是新学中学，马路对面是马大夫医院。侯先生怕我听不明白，索来纸笔，给我画了一张平面图。由于帕金森病的折磨，他的手抖得厉害，写字很困难，但那张图画得很清楚，我一眼就看出，那正是大沽北路与赤峰道相交处的地形！

我的手也有些抖了。摊开那些照片，我抽出两张：“侯先生，您看这是不是？”

侯先生扶着眼镜细细看了半天，然后递给张玮瑛：“你看看。我觉得像！”

张玮瑛也看了很久，然后慢慢说：“是

▲ 陈光中在大沽北路 50 号院内。这是对这老宅的最后纪念。（王小敏摄于 2005 年 7 月 23 日）

的。就是这里……”

我好后悔！

那栋小楼位于十七中学的北面。如侯先生所说，它离开马路还有一段距离，所以始终没有引起我的注意。但也许正是因为它不在马路边上，才逃脱了被拆的厄运。第一次去，我只拍了路边的那些废墟，其实只要镜头再向左偏移一点点，便是这小楼的院门了；第二次去，起初它仍然被忽略了，幸亏后来我不分青红皂白把所看到的建筑逐一都拍了下来！

它的门牌是“大沽北路 50 号”。

可惜，我只拍了两张照片！

两天后，张玮瑛打来电话说，那两张照片经她的嫂子看过，确认无误。

无须犹疑。7 月 23 日，我与妻子小敏再赴天津。

记得上次来时，那小楼前院晾着衣物，似乎是有人居住的样子，因此未敢擅入。这次我希望能遇到那里的住户，看看他们是否会了解过去的事情。

没想到，刚到路口，我便看见十七中的校舍塌了半边，一台推土机高居于小山般的瓦砾堆上，时时发出轰鸣。不过，瓦砾堆一侧探出那小楼的屋顶，使我心中还存有一线希望。疾步奔至近前，顿时心中一凉：院门旁边，那株老槐还在，但小楼已门窗俱无，只剩四堵砖墙挑着一个屋顶立在那里，楼内已拆除殆尽。只不过三两个月的时间，情况便发生了这样大的变化，若是再晚来几天，只怕连这小楼的残躯也见不到了！

在这里，我使用了较长的篇幅叙述在天津寻访的经过，实在是因为其间的感触太多。在短短的 60 年时间里，仅大沽路这一小小的区域，地理环境便发生如此巨大的变化，可以想见，作为历史地理学家，要在更大的范围里面“使今日的地理情况还原它原来的面目”，将是一件多么困难、又是多么有意义的事情！

相比之下，在江西鲤鱼洲的调查则出人意料地顺利。

“文革”中的经历，是侯仁之先生的第二次人生大劫难。在江西“干校”的两年，给他留下终生难忘的痛苦记忆。在本书写作初始，我便决定：鲤鱼洲是无论如何也要去一次的！

然而，由于种种原因，这件事情拖延了很长时间。2005 年 7 月，侯先生因病住院，我在去医院探望的时候又同他谈起“干校”生活，这才感到不应当再拖下去了。

鲤鱼洲是一个很小的地方，在 120 万分之一的地图上根本找不到它的踪影。若上网去查，则会发现全国各地叫“鲤鱼洲”的地方有好几处。而我要去的鲤鱼洲应当离南昌不远，经再三查证，唯有一个地处南昌市东郊、名叫“五星垦殖场”的地方较为相近。经电话联系，证实那里正是我要找的地方。

7 月 7 日晨，我抵达江西省省会南昌。在频繁更换了无轨电车、长途班车、“拐的”等各种交通工具之后，终于到达五星垦殖场五分场——当年北京大学“五七干校”的所在地。

所谓“拐的”，实际上就是带拖厢的三轮摩托，与北京街头的“摩的”类似，我是在五星垦殖场总场场部门口乘上那辆“拐的”的。司机名叫涂建菊，非常健谈，提到北大、清华的干校，简直有说不完的话题。他 1965 年出生，应是 40 岁，按说北大在这里建立干校的时候他才不过四五岁，不会有太深的记忆。不过他父亲是当地干部，曾协助过干校工作，他便听到了许多过去的事情。这些年经常有北京的来客，许多人都乘过他的“拐的”。印象最深的是去年来了一位北大的老教授，80 多岁了，身体还很硬朗，带着老伴儿、儿子

▲ 牌子上写的是“北京大学江西试验农场旧址”。（摄于 2005 年 7 月 7 日）

和儿媳妇，专门到大田边，一家人站在稻田里拍了好几张合影。

与路上所见的农舍相比，五分场的大门很漂亮，镶着白瓷砖，装有球形灯。两侧的门柱上各有一块铜牌，一块上写着“南昌市五星垦殖场五分场”，另一块上写着“北京大学江西分校旧址，六九年六月～七一年十月”。据小涂说，这些都是几年前北大来的人投资搞的。

场部的院子里绿树葱翠，有几个农工在树荫下歇息。小涂径直把车开进了院子，指着迎面的房子说：“这都是北大原来的老房子，这儿还有块牌子呢！”

那是钉在墙上的一块破旧木牌，由于风吹雨淋，字迹已看不太清楚，上面还贴着半副红纸对联，遮去了大半边。小涂不分青红皂白，上去就动手撕那对联。此时一个敦实的中年人从屋里走出来。小涂连忙介绍：“这是五分场的施场长，对你们北大可有感情了！这牌子就是他保护的……”

施场长名叫施小毛，待人的确十分热情，听说我要为牌子照相，很爽快地说：“照吧照吧！把那对联撕下来！”

小涂进屋找了把椅子，又抄来块抹布，连撕带擦，忙了20多分钟，终于把牌子整干净了。

与大门口那块铜牌相比，这块木牌的年龄要长许多，看样子大概是“文革”结束以后不久写的，牌子上的内容也有所不同，写的是：“北京大学江西试验农场旧址，1969年6月～1971年10月。”

这样一来，就产生了一个问题：当年北京大学干校的正式名称究竟是什么？应当是“北京大学江西五七干校”，还是“北京大学江西分校”，或是“北京大学江西试验农场”？

据施场长说，这院子原来是干校的“校部”所在地，房子都是干校学员自己动手盖的，那些树也是他们栽的，现在已经长得高耸云天了。当年干校留下的遗迹有很多，比如场部西面的老仓库，是第一批学员住过的地方。干校学员刚来的时候相当艰苦，那里还是一片旷野，只有那么两座仓库，正好男女各住一所。后来他们自己盖房子、打机井、修路、种树、开田……条件才慢慢好起来了。

说着，我们走出大门，施场长指着门前的路说，这些路都是当年北大人修的，当时是土路，这水泥路面是近年新铺的，不过仅铺到场部门口，西面还是原先的土路。那路的名字就叫“五七路”。

幸亏有施场长指点，我们逐一看过了老仓库、“五七路”，还有远在几里地外鄱阳湖大堤边的排灌站。坐“拐的”的滋味实在难受！身在车中，浑身颤抖，上牙与下牙相磕，像机关枪似的“嗒嗒”狂响。若是遇上一个土包，整个车身猛跳一下，即使两手抓得很紧，人也会突然飞到半空中，然后重重地落回到板凳上，砸得屁股生疼。

在从大堤回来的路上，田野里有几座破旧的房屋引起了我的注意。屋前是一片很大的空场，两根水泥柱各连着一截短墙，形成一个大门的形状。根据那房屋的建筑形式和所使用的材料判断，可以确认这一定是当年北大干校的驻地之一。如今房子破败不堪，且大部分已经废弃，屋里屋外堆放着许多杂物，檐下一架老式扬谷机显然搁置多年了，那机身像一张饱经沧桑的面孔，布满了深浅不一的裂纹。

在屋外的空场上，有一个稻草垛。侯先生曾经回忆，当年在干校“劳改”的时候，作为被“管制”的对象，他没有参加政治活动的权利，“革命群众”在屋里开会的时候，他只能回避，到野外的小路上跑步。遇上雨天，就躲到草垛里暂避。那是一段充满辛酸的记忆……

在路过一处小河沟的时候，我突然想起侯先生的另一段回忆。一次在田间干活，远处失火了，大家都去救火。情急之下，他竟直接从河沟里蹚了过去。回来以后，他受到严厉“批判”，不过，那“批判”是为他好：水里有血吸虫，是万万蹚不得的！算他运气不错，居然没有感染。

对侯先生来说，这小河沟也是一种特殊的纪念。我连忙喊小涂停车，想下去把它拍下来，但在马达的轰鸣声中，连喊数声他才听见，等到车停下的时候，离那河沟已很远了。小涂问我有什么事，我犹豫了一下，摆摆手说：“本来想拍几张照片的——算了！省得再返回去。”

这时小涂说了一段话，使我非常感动。他说：“这你就见外了。车是咱自己的，想怎么开就怎么开，只要你一句话！你也不想想，好不容易从北京那么远的地方来一趟，下次还不知什么时候再来呢。想照什么就放开了照，别留遗憾！”

他毫不犹豫地掉转车头，轰隆轰隆地开了回去……

还有件小事要说一下。

记得那年那天我去燕南园61号，作这本书定稿前的最后一次采访。结束后骑车返回，临出园门，突然想到，来了这么多次，我自己居然没有在侯家门前留影纪念，于是又拐了回去。到了楼前钉有“燕南园 61”门牌的树下，恰有一位年轻的女学生路过，便请她为我拍张照片，她欣然应允。拍照时她随口问我：“你知道这是侯仁之先生家吧？他们可好了，待人特别热情。一次有位侯先生早先的学生从美国回来，要来看望，侯先生提前一个小时就站在这棵树下等了，那学生也已是白发苍苍，看到老师这么郑重，感动得连话也说不出来了……侯先生吃过好多苦，他在‘干校’劳动时用过的小扁担，始终留在身边作为纪念……”

我非常惊讶，不知她为何对侯家的事情了解得如此详细。接下来聊了几句，得知这位名叫王珍慧的姑娘正在北大读书，因偶然的机会，不久前在侯先生隔壁的邻居家借住过半年。其实她原先与侯家并无关系，只是出于仰慕之心，贸然闯进 61 号的楼门，由此结识了侯先生和张先生，并多有来往。她说，他们都是特别好、特别有学问的老人，自己有什么生活上、学习上的问题，总要向他们述说，他们对自己像对待自家的小辈一样……她真是很幸运！

▲ 侯仁之（右）与陈光中。（萧东发摄于 2004 年 12 月 6 日）

我不禁想到，当初我与萧东发也像这姑娘一样，连个招呼都没打，就冒冒失失地找上门去了……

想说的故事还有很多很多。种种感受都已经写在这本书里。感谢妻子小敏——作为最忠实的合作者和第一读者，她曾付出了与我同样多的汗水和心血，使这本书终于得以呈现在读者面前。如果人们在合上这最后一页的时候能够觉得还有一些值得回味的地方，我就知足了！

谢谢我的读者。我的一切工作，都是为你们而做的。

2017 年 5 月修改于北京会城门

插图索引

十六　重新开始学术研究

十七　老骥犹有千里志

十八　中国“申遗”第一人

十九　钟情北京

二十　心系燕园

二十一　“名利于我如浮云”

后记